Marcus Hernig
China

Marcus Hernig

China

Ein Länderporträt

Ch. Links Verlag, Berlin

Für Eva Siao, die *laowai* im Osten,
und Lin Yutang, den *baixing* im Westen

Die Deutsche Nationalbibliothek verzeichnet diese Publikation in der Deutschen Nationalbibliografie; detaillierte bibliografische Daten sind im Internet über www.dnb.de abrufbar.

2., vollständig aktualisierte Auflage, September 2012

Schönhauser Allee 36, 10435 Berlin, Tel.: (030) 44 02 32-0
www.christoph-links-verlag.de; mail@christoph-links-verlag.de
Covergestaltung unter Verwendung eines Fotos von der Skyline Shanghais (imago/blickwinkel)
Lektorat: Dr. Stephan Lahrem/Günther Wessel, Berlin
Druck und Bindung: Druckerei F. Pustet, Regensburg

ISBN 978-3-86153-689-5

Inhalt

Vorwort

»Die Menschen sind es!«
Eva Siao

China war ein Superlativ, China ist ein Superlativ, und China wird ein Superlativ bleiben. China ist das Land der Gegensätze, die einander nicht ausschließen, sondern auf merkwürdige Weise oft komplementär sind.

Viele aktuelle Berichte aus und Bücher über China erwecken dabei den Eindruck eines faszinierenden und zugleich erschreckenden Landes. China ist zwar »nur« der drittgrößte, dabei aber immer noch bevölkerungsreichste Staat der Welt. China ist ein gewaltiger Markt wirtschaftlicher Möglichkeiten, Hersteller von Technologien für erneuerbare Energien, dabei aber immer noch der weltweit größte Emmitent von CO_2.[1]

China ist das Land mit der längsten kontinuierlichen Geschichte und den meisten Hinrichtungen. China predigt Sozialismus und praktiziert knallharten Kapitalismus. China ist gefährlich nah, wenn chinesische Firmen Arbeitsplätze in Europa zerstören oder ausrangierte Brauereien und Stahlwerke abmontieren, wie vor Jahren in meiner Heimatstadt Dortmund geschehen. China ist aufregend nah, wenn deutsche Kinder beginnen, in den Schulen Chinesisch zu lernen und dafür Französisch oder Italienisch verschmähen. China ist gut, und China ist schlecht. China kreiert Begeisterung, wenn es in TV-Sonderberichten seine Glitzerwelten und beispiellosen architektonischen Möglichkeiten zeigt, China erzeugt Empörung, wenn es Blei in niedliches Kinderspielzeug mischt.

Und die Chinesen? Chinesen tragen heute Armani, Louis Vuitton und Lacoste und steckten gestern noch in billigen blauen Baumwollanzügen. Chinesen sind höflich und lächeln immer, Chinesen sind hart und unfreundlich im Alltag. Chinesische Frauen sind hübsch. Chinesen sind Allesfresser, essen sogar Hunde, schlürfen ihre Nudeln und spucken wie Lamas. Chinesen kaufen deutsche Produkte und nehmen den Deutschen die Arbeitsplätze weg. Mit den Chinesen müssen wir rechnen, egal ob als Käufer oder Verkäufer.

Die Liste solcher Stereotype und Halbwahrheiten könnte leicht fortgesetzt werden. Stereotype von anderen Menschen und Ländern aufzubauen ist menschlich. Viele tun das, und je weiter ein Land von einem anderen entfernt ist, desto häufiger. Chinesen bilden da keine Ausnahme. In meinen Seminaren für chinesische Mitarbeiter deutscher Firmen kann ich mir zu Beginn jedes Mal ein Bild davon machen, »wie Deutschland ist und die Deutschen sind« – Vorstellungen, die von »bewundernswerter Qualität« und »Planungsfertigkeit« bis zu »bornierter Starrköpfigkeit« reichen.

Die Globalisierung eröffnet enorme Chancen, solche Stereotype abzubauen und »ganz normal« zusammenzuleben. In Shanghai, »meiner Stadt« in China, und in der Yangtse-Region zwischen Nanjing und Ningbo lebt eine ständig steigende Zahl Deutscher, mindestens um die 12 000. Das ist eine Schätzung, denn genaue statistische Angaben fehlen. Umgekehrt studieren in Deutschland rund 30 000 Chinesen, die größte Gruppe unter den ausländischen Studenten. Hunderttausende Chinesen leben und arbeiten langfristig zwischen Hamburg und München, Aachen und Dresden. Häufig unbemerkt sind die einst so fernen Chinesen zu Nachbarn geworden, und das nicht nur, weil man in der Zwischenzeit schneller nach China oder Deutschland fliegen kann, als man mit dem Zug von Hamburg nach Rom fährt.

Nachdem ich rund ein Drittel meines Lebens in China verbracht habe, bemerke ich trotz des raschen Anstiegs der Ausländerzahlen in China noch immer kaum ein wirkliches Miteinander. Ausländer, bis heute überwiegend als Experten ins Land geladen, leben in luxuriösen Wohnanlagen für sich. Wohnen sie unter Chinesen, dann meist besser und geräumiger als diese. Kontakte zwischen *laowai* und *baixing* – Fremden und Einheimischen, Ausländern und Inländern – beschränken sich in der Regel auf das Geschäftliche, Freundschaften sind eher selten. So bleibt man häufig einander aus Unkenntnis fremd.

Eine gute Freundin, die 50 Jahre lang in China gelebt hat, hat mir vor Jahren als jungem Studenten ihre Überzeugung mitgegeben: »Die Menschen sind es, Marcus!« Daher gebührt den Menschen, Ausländern und Einheimischen, die in China zusammenleben und China zusammen erleben möchten, auch der Ehrenplatz der beiden ersten und längsten Kapitel des Buches.

Das Leben im gegenwärtigen China wirkt oft genug wie ein großer Strom, der alle und alles mitreißt. Nicht selten ziehe ich mich dann in »meinen« Stadtteil Hongkou zurück, wo ich seit vielen Jahren lebe. Der alte Stadtteil mit vielen Häusern aus der ersten Hälfte des 20. Jahrhunderts ist ein kleines Stück noch sichtbarer chinesischer Vergangenheit. Damit ist er eine Art Symbol des ungleichzeitig Gleichzeitigen, denn unter der wogenden modernen Oberfläche des Landes steckt viel Geschichte, die die Gegenwart mitbestimmt.

Dieses Buch beabsichtigt, Grundstrukturen chinesischen Lebens in ehrlicher Weise, ohne Stereotype und Superlative, aufzudecken. Zu diesen Strukturen gehört, miteinander zu konkurrieren, dabei reich werden zu wollen, sich von der ländlich-agrarisch geprägten zur städtischen High-Tech-Gesellschaft zu wandeln und den anstrengenden Formen des Alltags grenzenlos kreativ zur Freude des Bauches zu trotzen. Das leben und erleben Menschen im ganzen Land, das in den beiden Metropolen Shanghai und Peking seine Vorbilder sieht.

Chinesen legen noch immer viel Wert auf Zahlensymbolik: Angefangen mit den Menschen, den *laowai* und *baixing*, formen insgesamt acht Themen die Struktur »meines China«. Das ist eine bewusst subjektive Auswahl. Lücken sind angesichts der gebotenen Kürze und Komplexität der Einzelthemen nicht zu vermeiden.

Shanghai/Kyoto, im September 2012 Marcus Hernig

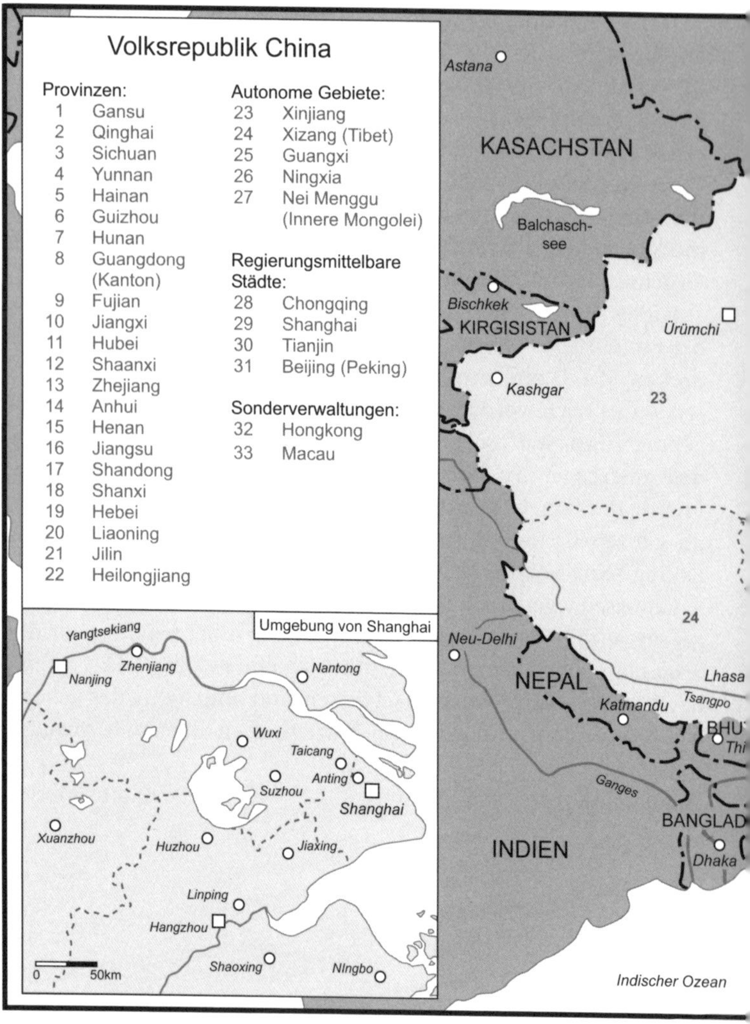
Volksrepublik China
Provinzen:
1 Gansu
2 Qinghai
3 Sichuan
4 Yunnan
5 Hainan
6 Guizhou
7 Hunan
8 Guangdong (Kanton)
9 Fujian
10 Jiangxi
11 Hubei
12 Shaanxi
13 Zhejiang
14 Anhui
15 Henan
16 Jiangsu
17 Shandong
18 Shanxi
19 Hebei
20 Liaoning
21 Jilin
22 Heilongjiang
Autonome Gebiete:
23 Xinjiang
24 Xizang (Tibet)
25 Guangxi
26 Ningxia
27 Nei Menggu (Innere Mongolei)
Regierungsmittelbare Städte:
28 Chongqing
29 Shanghai
30 Tianjin
31 Beijing (Peking)
Sonderverwaltungen:
32 Hongkong
33 Macau
Umgebung von Shanghai
Yangtsekiang
Nanjing
Zhenjiang
Nantong
Wuxi
Taicang
Anting
Suzhou
Shanghai
Xuanzhou
Huzhou
Jiaxing
Linping
Hangzhou
Shaoxing
Ningbo
0
50km
Astana
KASACHSTAN
Balchasch-see
Bischkek
KIRGISISTAN
Ürümchi
Kashgar
23
24
Neu-Delhi
NEPAL
Katmandu
Lhasa
Tsangpo
Ganges
INDIEN
Dhaka
Indischer Ozean

RUSSLAND
Baikal-
see
0
500 km
N
Amur
22
Harbin
Ulan-Bator
MONGOLEI
21
27
20
Beijing
(Peking)
NORDKOREA
Pjöngjang
Datong
31
30
Seoul
1
19
Jiaxian
SÜDKOREA
26
Yulin
Gelber Fluss
Jinan
Qingdao
18
17
Yan'an
16
Xi'an
Luoyang
Kaifeng
12
15
Huai-Fluss
Nanjing
Han-Fluss
14
Shanghai
29
11
Wuhan
28
Hangzhou
13
s. Ausschnitt
Chengdu
Ostchinesisches
Meer
Mekong
3
Chongqing
Yangtsekiang
10
7
Taibei
(Taipeh)
9
6
Xiamen
TAIWAN
25
Guangzhou
(Kanton)
8
Shenzhen
Pazifischer
Ozean
4
Perlfluss
Hongkong
32
Macau
33
ANMAR
IRMA)
Hanoi
LAOS
VIETNAM
5
Südchinesisches
Meer
PHILIPPINEN
Vientiane

Basisdaten	China	Deutschland	EU
Fläche (km²)	9 596 960	357 021	4 324 782
Bevölkerung (Mio.)	1336,718	81,47	492,387
Mittleres Alter (Jahre)	35,5	44,9	k. A.
Wachstumsrate der Bevölkerung (%)	0,49	-0,2	0,1
Geburten je 1000 Einwohner	12,29	8,3	9,8
Sterbefälle je 1000 Einwohner	7,03	10,92	10,33
Kindersterblichkeit je 1000 Lebend-Geburten	16,06	3,54	5,61
Lebenserwartung			
gesamt	74,68	80,07	78,82
Männer	72,68	77,82	75,7
Frauen	76,94	82,44	82,13
Bruttoinlandsprodukt (BIP) (in Mrd. $)	5878	3316	16 070
BIP-Wachstumsrate (%)	10,3	3,5	1,8
BIP pro Kopf ($)	7600	35 700	32 700
Arbeitsfähige Bevölkerung (Mio.)	815,3	43,49	227,5
Arbeitslosigkeit (%)	6,1	7,1	9,6

(Quelle: The World Factbook, Washington 2012/INDEXMUNDI)

老外
Laowai – Ausländer

Herr Wai kommt nach China

»To have an old friend come from afar, isn't it a joy?«, fragt ein Plakat hinter der breiten Reihe von Kontrollschaltern. Gezeichnet ist es mit »Konfuzius«, dem großen Philosophen, der vor rund 2500 Jahren in diesem Land lebte. Mit einem zehn mal acht Zentimeter großen Stückchen Papier, schief eingeklebt in den wenig größeren Reisepass, erreiche ich am Internationalen Flughafen Pudong die Grenzwache. Meinen deutschen Familiennamen kann hier kaum jemand aussprechen. Doch das macht nichts. Die Chinesen kennen mich längst und haben mir einen neuen Familiennamen gegeben: *laowai*, wörtlich »alt außen«, der »alte« Ausländer oder einfach Herr Wai.

Wai heißt in China sonst niemand. Nur ich, der Fremde, trage diesen Familiennamen. Anders als zu Zeiten des Konfuzius reitet Herr Wai heutzutage allerdings selten über umwölkte Bergpässe hinein ins sagenumwobene Reich der Mitte, sondern strömt gemeinsam mit vielen anderen Menschen gleichen Familiennamens in großen Gruppen durch die stahlgläsernen Eingeweide modernster Flughäfen zu den Spalieren der Kontrolleure, die sich seines Ausweises und des Aufklebers annehmen. Fleißige Beamte mit schwarzen, festen Haaren, manchmal braun oder rotbraun eingefärbt, lesen seine Daten in ihre Maschinen ein. Endlich ist es geschafft: Der Grenzwächter gibt das wichtige Eintrittsdokument zurück. Rot gestempelt. Rot ist offiziell, verleiht jedem Dokument Gewicht und symbolisiert außerdem Glück. Ich atme auf, haste weiter zu den Gepäckbändern, die mir meine mitgebrachte Habe wiedergeben sollen. Auch das ist nach 15 weiteren Minuten erledigt. Es fehlt nichts – trotz Air-China-Fluges.

Nun liegt nur noch der Durchgang mit dem roten und dem grünen Ausgangsschild: »declare goods« oder »nothing to declare«, vor mir. Ich zögere kurz, schließlich sind drei Flaschen Wein und der heimische Schinken aus Westfalen im Gepäck. Standen da nicht eben zwei große Schilder, die das Mitführen von Lebensmitteln jeder Art verboten haben? Soll ich nachfragen? Das deutsche Gewissen regt sich, ich zögere. Doch alle anderen strömen wie selbstverständlich durch den grünen Durchgang, Menschen mit beachtlichen Gepäckmengen, meist Chinesen. Die müssen es wissen. Also einfach hinterher. Die Flughafenzöllner sehen mich nicht einmal an, als ich mit unsicherem Blick meinen schweren Koffer hinter mir herziehe. Gelangweilt sitzen sie auf billigen Klappstühlen oder warten hinter Pulten in »Habt-acht-Stellung« darauf, dass einer der Reisenden ungewöhnlich viel Gepäck bei sich hat. Das wird dann schon einmal genauer inspiziert. Sonst gibt es keine weiteren Kontrollen, keine Fingerabdrücke, keine Schnüffelhunde, die nach meinem Schinken suchen. Auch keine argwöhnischen Fragen, wie lange man vorhabe, in diesem schönen Land zu verweilen. Keine dezenten Hinweise, dass man willkommen sei und wissen müsse, wann man wieder zu gehen habe. In Sekunden bin ich durch: *»Huanying nin dao Zhongguo lai, pengyou!«* – »Willkommen in China, mein Freund!«

Neben Hongkong hat China zwei Haupttore, durch die die meisten Ausländer das Land betreten. Den 2001 erweiterten und modernisierten Hauptstadtflughafen Peking und den im Jahr 2000 eröffneten Shanghaier Flughafen Pudong. 2011 wurden allein im Hauptstadtflughafen 77403000 Passagiere abgefertigt. Damit liegt Peking, oder offiziell Beijing, auf Rang zwei in der Welt und deutlich vor Tokyo an der Spitze aller asiatischen Großflughäfen. Frankfurt, der größte deutsche Flughafen, rangiert im Gesamtpassagieraufkommen deutlich abgeschlagen nur auf Rang neun der weltweiten Statistik.[1]

Wer heute durch die futuristischen Hallen des gewaltigen Flughafens läuft, empfindet trotz der Statistik eine gewisse Leere. Wo sich der britische Architekt Norman Foster heute mit seinem Design verwirklichen durfte, landeten die Flugreisenden Anfang der 90er Jahre des letzten Jahrhunderts noch auf einem ackerlandartigen Areal und wurden mit Hilfe von Traktoren weiterbefördert. Dabei soll die Nummer zwei aller internationalen Großflughäfen dieser Welt nach dem US-amerikanischen Atlanta mit drei Terminals an ihren Kapazitätsgrenzen angelangt sein. Die Folge: Man baut bis 2015 am besten einfach einen weiteren Großflughafen im Süden der Stadt. Dann wird Peking endgültig das Drehkreuz der Welt sein, durch das jährlich mehr Passagiere geschleust werden als das Nachbarland Japan Einwohner hat.

Die Logik des chinesischen Wachstums im 21. Jahrhundert erinnert in guter Parteitradition an die ehrgeizigen Pläne des Kommunisten Mao Zedong (1893–1976), der China bereits in den 60er Jahren zur führenden Weltmacht machen wollte. Die Grundideen ähneln einander, selbst wenn sich die Umstände, Mittel und Objekte des Konkurrenzkampfes völlig verändert haben.

Der Flughafen Pudong und die dazugehörige Stadt Shanghai streben ebenfalls nach Superlativen. Als Güterumschlagplatz rangierte der Airport 2010 bereits hinter Hongkong und dem US-Flughafen Memphis an dritter Stelle in der Welt.[2] Und Pudong ist extrem ausbaufähig: Wer hier ankommt, wird überrascht sein, dass das alte Flughafengebäude des Jahres 2000 entlang einer Mittelachse gespiegelt wurde und sich 2008 einfach verdoppelt hat. Weiteres Wachstum ist vorgesehen. Modernes chinesisches Bauen wirkt organisch, weil ständig gebaut wird. Das funktioniert nach dem Prinzip der Zellteilung: Aus eins mach zwei, aus zwei mach vier etc. Anders als zu Zeiten, da China noch Agrarland war und die Aufteilung des Bodens den Bauern nichts als immer kleinere zweidimensionale Parzellen übrig ließ, plant das moderne, urbane China der Zukunft dreidimensional, also in Kubikmetern. Und die lassen erstaunlich viel noch freie Nutzfläche zu. Weder in Pudong noch im Hauptstadtflughafen reißt der Strom der *laowai* ab. In immer kürzeren Zeitabständen landen die Maschinen, die die beiden Metropolen ansteuern. Die Freunde aus aller Welt, die hier chinesische Erde betreten, kommen längst nicht mehr nur aus Tokio, Seoul, Pjöngjang, Los Angeles, New York, London, Moskau oder Frankfurt, wie noch vor einem Jahrzehnt. Karatschi, Neu-Delhi, Istanbul, Dubai und andere Destinationen haben längst das Erscheinungsbild der Ausländer in China bunter gefärbt – selbst wenn die meisten Ankömmlinge mit den üblichen kantigen Business-Koffern oder -Trolleys ausgestattet sind, die auf ähnliche Absichten schließen lassen.

Ich mache es mir in meinem Taxi bequem. Glücklicherweise ist es grün lackiert. Die grünen, die türkis- und goldfarbenen sowie die metallicblauen Taxis genießen in Shanghai absolutes Vertrauen. Sie gehören den großen Taxifirmen, die sehr gut organisiert sind. Ihre Fahrer sind meist höflich und verfügen über gute Ortskenntnisse. Am schlechtesten organisiert sind die dunkelroten Taxis der Kleinunternehmer. Die lasse ich gern leer vorbeifahren oder steige nur ein, wenn ich absolut keine andere Wahl habe. Bei einem einheitlichen Fahrpreis von umgerechnet rund 30 Eurocent pro Kilometer kann ich entspannen. Keine volle S-Bahn wie daheim in Frankfurt, kein verzweifelter Kampf mit dem Fahrscheinautomaten wie in München. Beim Blick aus dem Fenster stelle ich erstaunt fest, dass die eintönigen Marschlandfelder, die Pudong noch vor wenigen Jahren kennzeichneten, schon wieder deutlich weniger geworden sind. Der Flughafen frisst sich ins Land, und wo er endet, erheben sich unzählige Fabriken und Firmenniederlassungen. Verloren und versprengt kauern unscheinbare Bauernhäuser dazwischen. Die letzten Biotope der »Ureinwohner« von Pudong. Der Taxifahrer beginnt mit mir einen Smalltalk, auf den der müde Ausländer sich gar nicht recht einlassen möchte: »Wo kommst du her? Wie lange bist du schon in China? Gefällt es dir?« Kurze Antworten nötigen dem Taxifahrer das Standardlob für jeden *laowai* ab, der ein paar Sätze Chinesisch zum Besten geben kann: »Du sprichst wirklich ein sehr gutes Mandarin.«

Für einen deutschen *laowai* ist die wichtigste Frage die erste: »Woher kommst Du?« Das knappe »*Deguo* – Deutschland« stärkt das Selbstbewusstsein, denn der Daumen des chinesischen Gesprächspartners schnellt für Sekunden in die Höhe. Dann setzt es Lobeshymnen auf deutsche Autos, deutsches Bier, deutsche Qualität und manchmal sogar bemerkenswerte deutsche Politiker namens Gerhard Schröder oder Adolf Hitler. Letzterer hat in den vergangenen Jahren in den Großstädten zu meiner Erleichterung an Popularität eingebüßt. Im Hinterland wie Anhui oder Shanxi aber gelten starke Führer weiterhin sehr viel.

Der VW Santana, der mich hinein in die Stadt trägt, vibriert stärker als vergleichbare Gefährte jüngerer Baureihen und Fabrikate. Dafür kann der Fahrer ihn selbst »schrauben«. Der Santana ist ein chinesisches Auto deutscher Herkunft und fährt nun schon in der dritten Modellgeneration durch die Stadt. Alle Teile können billig im Lande selbst produziert werden. Das macht ihn noch immer zum Volkswagen Chinas – seit 1988. 20 Jahre sind ein Jahrhundert für das schnelllebige Wirtschaftswunderland.

Mittlerweile haben wir die Yangpu-Brücke erreicht, die mit 7658 Metern Länge im Norden Shanghais den Huangpu-Fluss überspannt. »Two dragons playing the pearl«, sagt der Fahrer in gebrochenem Englisch. Der ausländische Freund wirft einen erstaunten Blick auf die Registrationsplakette im Volant des Fahrzeugs. Vier kleine rote Sterne weisen unter der fünfstelligen Nummer den fremdsprachenkundigen Elitefahrer aus, der auch einen Crashkurs in Touristik absolvieren durfte. Mit den zwei Drachen sind zwei der großen Brücken gemeint, die Yangpu- und die Nanpu-Brücke. Zwischen ihnen liegt die »Perle des Ostens«, der Fernsehturm, das Symbol des Fortschritts. Der *laowai* betrachtet prüfend die Silhouette des Turms, die im grau-feuchten Dunst der Stadt verschwimmt. Hier ist Chinas Kubikmeter-Architektur am dichtesten, im Uferschlamm des Huangpu entsteht das neue Zentrum, wo die Welt in Einheiten von hundert Höhenmetern gemessen wird. Seit dem letzten Besuch sind die Türme wieder gewachsen. Auch hier gibt China sich organisch. Immer im Wachsen, immer im Fluss, immer in der Gegenwart. »Ich wohne da drüben in Yangpu«, sagt der Taxifahrer und deutet in eine andere Himmelsrichtung, wo schäbige, betongegossene Hochhaustürme zu erkennen sind. »Das da hinten ist eure Welt, die der *laowai* und der Regierung, nicht unsere Welt.«

Die genaue Zahl aller ausländischen Firmen in China kennt niemand, denn jede Statistik veraltet umgehend, die Gegenwart ist zu schnell für gründliche Recherche. Das neue Zentrum Chinas heißt Lujiazui, was so viel bedeutet wie der »Weiler der Familie Lu«. Angehörige der Familie Lu bewohnten noch in der grauen agrarischen Vorzeit, das heißt vor wenigen Jahrzehnten, die sumpfigen und mückenverseuchten Gestade am Ostufer des Huangpu-Flusses. Chinas Regierung verwandelte den einstigen Weiler zur Hochfinanz- und Dienstleistungszone. Die Lus von Shanghai mussten wegziehen und leben nun wie mein Taxifahrer in den hoch- und längsgekanteten Betonquadern der Randbezirke. Pudongs Finanz- und Dienstleistungszentrum ist Prototyp und Ideal von Chinas gegenwärtiger Zeitbeschleunigung. James Kynge nennt das »Kompression von Entwicklungszeit«.[3] Das Ergebnis dieses Prozesses ist ein Patchwork der Lebenswelten, das man als das Gleichzeitige des Ungleichzeitigen bezeichnen könnte: Wir fahren, nun schon auf der alten Shanghaier Seite Puxi, was »westlich des Huangpu-Flusses« heißt, an Obst- und Gemüsehändlern mit Verkaufskarren vorbei. Die gab es ähnlich schon zur alten Kaiserzeit. Dahinter recken sich die Glas-Beton-Wolkenkratzer in die Höhe, organisch eben.

Hongkonger, Taiwanesen sowie die junge Generation des Landes treffen im Finanz- und Dienstleistungszentrum mit *laowai* aus der ganzen Welt zusammen. Sie repräsentieren das neue China, inklusive der 60-Stunden-Wochen für Manager in den Investmentobjekten einer sozialistischen Regierung. Hier ist eine der Lebenswelten für Ausländer in China entstanden. Peking dagegen ist eher eine Flächenstadt, wirkt amerikanischer in der Anlage. Doch im Grunde bietet die Hauptstadt in ihren langgezogenen Glas-Beton-Quadern Chinesen und Ausländern ein ähnliches Arbeitsumfeld. In Chongqing, Chengdu und Wuhan, den aktuellen Stars des Hinterlandes, finden sich vergleichbare Lebenswelten.

China interkulturell: East is East and West is West

Mittlerweile hat der Taxifahrer das Radio eingeschaltet. »Love Radio« plätschert aus dem Lautsprecher. Englische Schlager, Schlagworte und viel Unverständliches werden in lockerer Form dargereicht. Dies gehört zum Alltag eines Taxifahrers. Der Jetlag lässt mich dösen. Der Taxifahrer ist unerbittlich und versucht weiter Konversation zu treiben: »Du sprichst toll Chinesisch, nicht einfach für einen *laowai,* unsere schwere Sprache zu lernen. Wie viel verdienst du? 50 000 im Monat oder noch mehr? Ihr Ausländer seid reich, habt es schon geschafft. Wir sind eben noch auf dem Weg. Das ist ganz schön anstrengend. Sieben Tage in der Woche, zehn Stunden am Tag Fahren. Diese verfluchten Abgase, immer mehr Autos. Aber das Leben ist hart, nicht zu ändern. Meine Tochter muss zur Uni, die Uni ist verdammt teuer. Eine andere Wahl habe ich eh nicht – *mei you banfa.*«

Ich verstehe und nicke. So denken viele. *Mei you banfa* – Ich habe keine Wahl. Wenn ich überleben will, muss ich hart arbeiten. Für uns Ausländer gilt das nicht. Wir kommen aus einem *fada*-Land, einem entwickelten Land, einem Land, das es schon geschafft hat. Das es nicht erst noch schaffen muss wie China. Deshalb sind wir privilegiert. West und Ost sind gegensätzliche Himmelsrichtungen. Der ferne Westen ist Europa und Amerika, die Heimat der »echten« *laowai.* Deswegen sind sie auch weiß und nicht schwarz wie Afrikaner oder dunkel gebräunt wie Inder. Afrikaner und Inder sind zwar eindeutig Ausländer, aber für die Chinesen nicht *fada,* keine 100-prozentigen *laowai.*

Wir Ausländer leben in einer anderen Welt, in der allein die

Wohnungsmiete oft vier Durchschnittsgehälter eines Taxifahrers beträgt. In Peking eventuell noch mehr, denn in Chinas sozialistischer Hauptstadt klafft die Schere zwischen Arm und Reich noch weiter auseinander. Das ist für die, die nicht dazugehören, durchaus in Ordnung. Mit dieser Welt haben sie ohnehin nur insofern zu schaffen, als sie ihnen Verdienstmöglichkeiten bietet. Welchen anderen Sinn sollte Arbeit schließlich haben? Und wenn wir Ausländer Jobs schaffen, »dann passt das schon«, sagt der Taxifahrer. Sozialneid wie in Europa ist eher unbekannt. Die einen haben es eben geschafft, die anderen nicht.

Eine solche Einstellung ist gerade für uns Deutsche nicht leicht zu akzeptieren. Meine Bekannte Michaela arbeitet seit kurzem als leitende Managerin für ein deutsches Unternehmen in Suzhou, nahe Shanghai. Sie weiß, dass Chinesen gelegentlich private Dinge in die berufliche Kommunikation einstreuen, und möchte sich hin und wieder gern auf solche Gespräche einlassen. Doch sie hat ein Problem. Michaela sagt: »Ich weiß nicht, wie ich mich meinen Mitarbeitern gegenüber verhalten soll. Ich liebe es, durch China zu reisen, und wir könnten uns nett darüber unterhalten. Aber ich kann ihnen gegenüber doch schlecht von meiner letzten Hainan-Reise erzählen, wo ich in einem Fünf-Sterne-Hotel angenehm untergebracht war. Das klingt doch überheblich, eine andere Welt, die sicher Neid erzeugt.«

Viele Ausländer empfinden so. Sie sind ihre *fada*-Sozialisation gewohnt und schämen sich gleichzeitig ein bisschen dafür. Sie erleben grundsätzlich andere Welten, die den deutlich einkommensschwächeren chinesischen Kollegen verschlossen sein müssen. Dass das gar manches Mal nicht stimmt, beweisen allein schon die erstaunlich zahlreichen Festlandchinesen – nicht Taiwanesen oder Hongkonger –, die mit meiner Bekannten im selben Luxushotel abgestiegen sind.

Bescheidenheit ehrt. Bescheidenheit ist ein klassischer Wert des europäischen Puritanismus genau wie im alten China. Konfuzius war zufrieden mit zehn Streifen Trockenfleisch als Bezahlung, wenn ihn ein armer Mensch um Unterweisung bat. Doch das 21. Jahrhundert ist das neueste China. Und das predigt ein entgegengesetztes Verhalten: Reichtum erzeugt Status, und Status muss sichtbar sein. Deswegen wird der Reichtum ohne jegliche Scheu demonstrativ zur Schau gestellt. Hier trennt ein doppelter Kulturgraben den Chinesen – egal ob Taxifahrer oder Topmanager – vom

Ausländer deutscher oder schweizerischer Sozialisation: *Laowai* sind nicht nur per se *fada,* sondern wollen dieses *fada*-Dasein in falscher Bescheidenheit auch noch verbergen.

Nach einer Stunde Fahrt über Betontrassen und durch endlose Hochhausschluchten setzt mich der Fahrer zu Hause ab. Platanen schützen die kleine, doch viel befahrene Straße ein wenig vor der Sommerhitze, der Eingang zu unserer gemieteten Altbauwohnung aus den späten 30er Jahren des letzten Jahrhunderts, von Japanern erbaut, liegt geschützt hinter einem Tor. Bisher hat der Charme dieses Quartiers und noch mehr die Tatsache, dass wichtige Schriftsteller früher hier lebten, die Abrisskolonnen und wuchernden Hochhäuser auf Distanz gehalten. Noch. »Schöne Gegend«, meint der Taxifahrer, »in einer ähnlichen Ecke wurde ich geboren, und so sah Shanghai früher noch an vielen Stellen aus.« Ich zahle, ohne Trinkgeld zu geben, denn das ist nicht üblich, bedanke mich aber bei dem beredten Fahrer für die nette Unterhaltung und dafür, dass er mir den schweren Koffer noch auslädt. Der Santana reiht sich in den Verkehr ein und entschwindet meinem Blick. Die Nachbarn grüßen andeutungsweise, sonst beachtet mich hier niemand. *Laowai* sind in Shanghai ein sehr vertrauter Anblick geworden, und daran, dass ich hier Wai heiße, habe ich mich gewöhnt.

Was hat es nun auf sich mit diesem Familiennamen Wai? *Lao,* das dazugehörige Attribut, drückt nichts anderes aus als eine gewohnte, kumpelhafte Nähe, mit der viele Chinesen die Menschen in ihrer persönlichen Umgebung benennen. *Lao Wang* etwa ist der nette Nachbar oder gute Kollege, der ein paar Jahre älter ist oder eine höhere Wertschätzung verdienen sollte, daher *lao* – der »Alte«. Das ist durchaus positiv gemeint. Das Gegenstück zum *laowai* wäre eigentlich *xiao nei* – der »kleine Inländer«. *Xiao* – im Gegensatz zu *lao* – ist die umgangssprachliche Herabsetzung der eigenen Person gegenüber dem anderen, den man ehrerbietig vertraut mit »alt« bezeichnet. Deswegen nennen sich Taxifahrer bescheiden »kleiner Lu« oder »kleiner Wang«, selbst wenn sie auf die 50 zugehen. Aber sie sind eben nur Taxifahrer.

Wertschätzung für den Ausländer ist bei Chinesen also durchaus vorhanden. Problematisch für den Fremden ist jedoch, dass er die Bezeichnung *laowai* genauso früh lernt wie *ni hao* (Guten Tag). Von Beginn an als Ausländer identifiziert zu werden berührt nach westlichem Verständnis ein doppeltes Tabu. Das erste Tabu besteht darin, dass ein Fremder von seinen Mitmenschen nicht in aller Öffentlichkeit als Ausländer tituliert werden darf. Stellen wir uns nur einmal vor, wir träfen auf dem Potsdamer Platz mitten in Berlin plötzlich auf einen Menschen aus Sri Lanka und riefen ihn an: »Ach, der Herr Ausländer ist auch schon da!« Selbstverständlich würden unsere Mitmenschen auf der Straße, einschließlich des Angesprochenen selbst, uns voller Entrüstung Ausländerfeindlichkeit attestieren. Zumal wahrscheinlich ist, dass mindestens einer von fünf Passanten ebenfalls Ausländer ist. Das zweite Tabu besteht darin, dass Fremde eigentlich nicht das Recht haben, einen anderen direkt und ohne Umschweife kumpelhaft »anzuquatschen«, eine Gewohnheit, die das Wort *laowai* ebenfalls einschließt. Das verletzt nach Ansicht interkultureller Psychologen aus Europa und Amerika das Proximitätsgefühl des Angesprochenen, das Gefühl für seine Privatsphäre.

In letzter Zeit scheinen die Chinesen stärker auf die Forschungsergebnisse westlicher interkultureller Psychologen zu hören. Es gibt Erziehungsberechtigte, die ihren Kindern den überraschenden Gebrauch des Wortes *laowai* verbieten. Es sei schließlich nicht höflich, direkt einen Menschen, der fremdartig aussieht, mit *laowai* anzusprechen. Doch noch in den frühen 90er Jahren des letzten Jahrhunderts waren Ausländer eine echte Rarität selbst in Chinas Großstädten. Damals, als weder Peking noch Shanghai über ausreichende Straßenbeleuchtung verfügten, sah man sie selten auf den sozialistischen Boulevards. Und noch seltener in den dunklen Gassen, die im 21. Jahrhundert wie selbstverständlich als beliebte Ausländerwohnviertel gelten und wo heute sich in gleißendem Neon Bar an Bar reiht. Das hatte auch politische Gründe: Das China des späten Mao Zedong und selbst das der frühen Reform- und Öffnungspolitik Deng Xiaopings (1904–1997) zwischen 1978 und 1992 propagierten eine strikte Trennung, obwohl oder weil man die Ausländer brauchte. Zu Zeiten der Kulturrevolution (1966–1976) war alles Ausländische bis auf ganz wenige Ausnahmen tabuisiert, in den Jahren der frühen Reformen wirkte der wohlhabende westliche Ausländer oft als »Positivabzug« des eigenen Negativs.

Der *laowai* war ein Exot, der schon durch sein Äußeres immer auffiel: Er war weißer als man selbst, meist größer, war besser gekleidet, trug Markenprodukte, während man eigentlich nur »Made in Shanghai« als Marke kannte und gerade die erste McDonalds- und Kentucky-Fried-Chicken-Euphorie verarbeitete. Der *laowai* konnte – trotz aller Abendkurse – besser Englisch und verkehrte in Fünf-Sterne-Hotels, die damals für jeden Durchnittschinesen unerreichbar waren. Selbst als »armer Student« war er reich, denn die Regierung hatte für diese *laowai* gesonderte Kantinen, Wohnheime mit Doppelzimmern und ähnliche unglaubliche Luxusdinge kreiert. Da durfte man als Inländer nur hinein, wenn man sich von einem gestrengen Ordnungswächter registrieren ließ – und wer seinen Ausweis nicht dabei hatte, der hatte sowieso keine Chance. Äußerst problematisch waren engere Beziehungen zwischen *laowai* und den Einheimischen. Ließ man sich als Ausländer gar auf eine Liebesbeziehung ein, musste man sich unangenehme Kommentare, gar Beschimpfungen anhören und konnte froh sein, wenn man sie aufgrund der noch mangelnden Sprachkenntnis nicht verstand. Vielleicht waren die Leute nur überrascht und machten ihrer Überraschung Luft, weil sie keinen näheren Kontakt mit Menschen hatten, die sich damals noch eindeutig durch hellere Haare, spitzere Nasen und rundere Augen von der Masse der »ungestylten« Wangs, Xus oder Lis unterschieden.

Im 21. Jahrhundert kümmert sich in den großen Städten niemand mehr darum, ob weiße, schwarze oder andersfarbige Menschen Hand in Hand mit ihren chinesischen Freundinnen oder Freunden durch die Straßen spazieren. Dort hat ein starker Anpassungs- und Gewöhnungsprozess stattgefunden: Zum einen ist der zwischengeschlechtliche Umgang durch den Einfluss der Medien und die internationalen Kontakte weitgehend enttabuisiert worden. Auch zwischen jungen Chinesen ist es üblich geworden, Zuneigung öffentlich zu zeigen, manchmal in einer Offenheit, die viele *laowai* überrascht, die China bereits aus früheren Jahren kennen. Andere, die erst jüngst ins Land gekommen sind und die Vergnügungsstraßen der großen Städte gewohnt sind, denken, China sei schon immer so freizügig und Sex überall zu haben gewesen.

Allein in den Jahren zwischen 2002 und 2005 verdreifachte sich die Zahl der »ordentlich registrierten« Expatriates (Expats), der meist zeitlich befristet entsandten ausländischen Mitarbeiter internationaler Firmen, von 50 000 auf 150 000 landesweit.[4] Diese Entwicklung hat in den Metropolen wie Shanghai und Peking, aber auch in Städten wie Nanjing oder Wuhan zu einer entsprechenden Gewöhnung an den *laowai* im Stadtbild geführt. 2010 wurden laut der englischsprachigen *Shanghai Daily* insgesamt

593 832 Ausländer gezählt.[5] Die Art und Weise wie gezählt wurde, lässt jedoch erhebliche Zweifel an der Verlässlichkeit dieser Zahl aufkommen. Koreaner, US-Amerikaner chinesischer Abstammung und Japaner sind die drei größten Ausländergruppen. Die aber qualifizieren sich aufgrund ihrer auffallenden Ähnlichkeit mit den Festlands-Ureinwohnern nicht als *laowai*.

Der erste chinesische Kaiser Qin Shihuang (259–210 v. Chr.) war ebenso grausam wie klug bzw. hatte in seinem Kanzler Li Si einen noch klügeren Berater. Der hatte nämlich erkannt, dass Einheit und Einigkeit dann zu erzielen sind, wenn man das große Gemeinsame *(da tong)*, das alle verbindet, herausstellt und dabei trotzdem die kleinen Unterschiede *(xiao yi)* bestehen lässt. Diese politische Maxime wird heute in Bezug auf den *laowai* beherzigt. Interessanter als die großen Gemeinsamkeiten, dass auch *laowai* Menschen sind und eine zunehmend verständlichere Sprache sprechen, meist Englisch, sind jedoch die kleinen Unterschiede, die man bei häufigerem Kontakt immer deutlicher bemerkt. Kleine Schönheitsfehler des *laowai* wie übertriebener Bartwuchs oder zu strenger Körpergeruch werden durch andere Unterschiede wie etwa die bei Ausländern anzutreffenden blauen Augen wettgemacht. Immer mehr modebewusste junge Großstädterinnen kaufen gefärbte Kontaktlinsen, um ihre Augen größer erscheinen und bläulich schimmern zu lassen. Auch an den Haaren werden die Unterschiede festgemacht. Haare sind kein unwichtiger Wirtschaftsfaktor in der chinesischen Gesellschaft. Schließlich gibt es fast so viele Friseursalons wie Restaurants im Land. Schön sein ist »in« in China und beginnt bei den Haaren, die gelockt, geglättet, gesträhnt, gefärbt werden – bei Frauen und bei Männern, versteht sich. Vorbilder für das richtige Styling liefert der *laowai*, der in zahlreichen Friseursalons von bunten Plakaten herablächelt. Ähnliches gilt für die boomende Kosmetikindustrie des Landes: jung sein, schön sein, »in« sein. Auch in diesem Bereich dienen die Nasen, Gesichter und andere Körperteile der *laowai* als Ideal. Das hat zu einem veränderten äußerlichen Leitbild im neuen China geführt: Augen werden chirurgisch vergrößert, und manche junge Frauen lassen sich operativ die Beine verlängern, was oft schreckliche Verkrüppelungen zur Folge hat. Manchmal hat die Attraktivität der kleinen Unterschiede etwas Bizarres.

»Das kommt mir Chinesisch vor«

»Chinesisch lernen ist doch bestimmt sehr schwer, oder?« Davon ist nicht nur der Taxifahrer, sondern die Mehrheit der Chinesen überzeugt, und in vielen Fällen werden sie in dieser Überzeugung auch bestätigt. Obwohl sich der *laowai* redlich bemüht. Schließlich sollen mittlerweile fast 100 Millionen Nichtchinesen Chinesisch lernen, überall auf der Welt zwischen Chennai und Anchorage. Keine andere Sprache verzeichnet einen derartigen Zugewinn an Interesse – aber auch keine andere galt so lange als kulturelle Barriere. Noch heute wird nicht vorausgesetzt, dass ein Ausländer Chinesisch kann, selbst wenn er schon einige Zeit mit China zu tun hat. Es gibt Menschen, die partout mit Ausländern Englisch reden, auch wenn diese schon mehrfach ganze Sätze fließend auf Chinesisch geäußert haben. Die Annahme, dass *laowai* kein Chinesisch sprechen, ist zu tief verwurzelt. Umgekehrt loben manche Taxifahrer oder dienstbeflissene Verkäufer den Fremden bereits nach drei gebrochen geäußerten chinesischen Wörtern, wie »ausgezeichnet« er doch die chinesische Sprache beherrsche. Ein Paradox? Woran liegt es, dass auch viele Ausländer hartnäckig glauben, es sei schwierig bis unmöglich, Chinesisch zu lernen?

Im Prinzip sind es zwei Eigenschaften der chinesischen Sprache, die ihren Erwerb so schwierig machen: die Bedeutung *richtiger Betonung* und die eigenwillige *Schrift*. Chinesisch ist eine sogenannte Tonsprache. Das bedeutet, dass seine Wortbildung und Grammatik anders funktioniert als die der europäischen Sprachen. Viele Bedeutungsunterschiede werden über vier verschiedene Grundtöne geregelt. Diese Tonhöhen waren im alten Chinesisch, das viele Wörter mit nur einer Silbe kannte, fast ausschließlicher Schlüssel zum Verstehen. Der erste Ton wird gedehnt und gleichmäßig lang gesprochen wie: *aaa*. Der zweite Ton hebt die Stimme an wie eine Frage: *a?*, der dritte lässt die Stimme zunächst tiefer werden: *a.* und dann wieder höher: *a?*, während der vierte Ton wie bei der Beendigung eines Satzes kurz und knapp die Stimme nach unten fallen lässt: *a.* Ähnlich klingende Wörter erhalten durch die Aussprache in unterschiedlichen Tonhöhen eine gänzlich andere Bedeutung, was, wenn man es nicht berücksichtigt oder beherrscht, zu unfreiwillig komischen Situationen führen kann. So geschehen etwa vor einigen Jahren, als ich meinem chinesischen Freund Zhou zu erklären versuchte, dass ich mein gestriges Minigolf-Spiel verloren hatte und das auch noch besonders betonen wollte: *wo zuotian shi shu le* (ich-gestern-sein-verloren). Statt *shu* richtig im ersten Ton zu sprechen, traf ich dummerweise den vierten Ton. Und schon hielt es Zhou nicht mehr vor Lachen: »Haha, gestern warst du also ein Baum!« Abgesehen von einem kurzen Einblick in den chinesischen Humor wird an dieser Stelle das Tonsprachenproblem deutlich: Der falsch gewählte vierte Ton machte aus »verlieren« einen »Baum«! Jeder Ausländer, der in einer chinesischen Stadt Taxi fährt, wird ähnliche Erfahrungen des Missverstehens kennen. Während wir in den westlichen Sprachen in der Regel kein Problem damit haben, wenn ein Ausländer ein Wort nicht auf der ersten, sondern auf der zweiten Silbe betont, macht im Chinesischen der Ton »die Musik«, und eine falsche Betonung kann den gesamten Sinn entstellen. Aus »Bäumen« wird »verlieren«, aus einem berühmten Garten mit Pflaumenbäumen, den ich eigentlich besuchen wollte, werden US-Dollar. Der Taxifahrer versteht nicht und gibt sich der Illusion hin, in US-Dollar *(mei-yuan)* bezahlt zu werden, statt mich in den Pflaumenbaum-Garten *(mei-yuan)* am Taisee zu fahren, wo ich doch eigentlich hinwollte.

Die zweite Schwierigkeit des Chinesischen ist allgemein bekannt: die Schrift. Das ist ein wirkliches Problem für jeden, ob Chinese oder nicht, denn Schreiben muss mit großem Aufwand gelernt werden. Das umfangreichste Zeichenwörterbuch, das heute noch gebräuchlich ist, ist das *Große Lexikon der chinesischen Schriftzeichen (Hanyu da zidian)*. Es verzeichnet rund 50 000 Eintragungen. Davon sollte man die 10 000 wichtigsten schon beherrschen, wenn man sich auf akademischem Bildungsniveau bewegen möchte. Selbst die tägliche Zeitungslektüre verlangt dem Leser die zumindest passive Kenntnis von 4000 bis 5000 Schriftzeichen ab. Die übrigen 40 000 Schriftzeichen des Zeichenlexikons werden heute übrigens kaum noch verwendet. Sie sind Relikte der langen Geschichte chinesischer Schriftsprache, die früher jedem Wort, jedem Phänomen der materiellen und geistigen Welt möglichst ein eigenes Zeichen zuwies. Das erklärt, dass selbst unter Ausnutzung der vier Töne – in manchen Dialekten sind es sogar bis zu acht Töne – immer noch sehr viele gleichklingende Wörter existieren. Die kann man letztlich nur durch Kenntnis der richtigen Schreibweise auseinanderhalten. Dafür paukten und pauken chinesische Schüler jahrelang Zeichen, wiederholen, memorieren, kopieren, lernen ganze Textpassagen auswendig.

Chinesische Zeichen wirken auf den ersten Blick beliebig. Das stimmt nur zum Teil, denn den Schriftzeichen liegt durchaus eine Systematik zugrunde. Nur ist diese nicht einheitlich, sondern, wie Sprache im Allgemeinen, historisch gewachsen. In der langen Geschichte des Landes haben sich sechs unterschiedliche Bildungsformen von Schriftzeichen *(liu shu)* herausgebildet, die den Menschen zwingen, sie auswendig zu lernen. Immerhin ist die sechste dieser Bildungsformen mit dem Namen *xingsheng,* das heißt »Bild und Laut«-System, am weitesten verbreitet. Die meisten chinesischen Schriftzeichen bestehen aus einem sinngebenden Radikal, wie 木 Holz oder 金 Metall, die grob andeuten, wie das durch das Zeichen bezeichnete Objekt unserer Welt beschaffen ist. Der andere Teil des Zeichens verrät dem Lernenden die Aussprache: Früher waren Maschinen aus Holz, so dass ein Zeichen wie »机 Maschine« aus dem Holz-Radikal besteht und wie das Zeichen 几 *(ji)* ausgesprochen wird.

Der Aufwand mit den Zeichen hat schon manchen ausländischen Lernwilligen resignieren lassen: »Das lerne ich nie.« Wer ein solches Schriftsystem entwickelt hat, müsse einfach anders »ticken«. Wirklich? Als deutscher Muttersprachler vergisst man leicht, warum Chinesen und viele andere das Deutsche für ähnlich schwierig halten: nicht wegen der Zeichen, sondern wegen der Grammatik – zum Beispiel wegen der komplizierten Bildung der deutschen Verben, die wir umgangssprachlich als »stark« bezeichnen. Ähnlich wie bei den vertrackten chinesischen Zeichen verfügt unsere Sprache über sieben verschiedene Bildungen dieser Verbformen, deren Ursprung ebenfalls in der Geschichte wurzelt.

Zugegeben – die Sache mit der komplizierten Schrift beschäftigt auch die Chinesen seit langem. Es gab viele Vorstöße namhafter chinesischer Politiker und Intellektueller, unter ihnen der große Schriftsteller Lu Xun (1881–1936)[6], das umständliche Schriftsystem doch endlich abzuschaffen und durch eine praktischere Buchstabenschrift zu ersetzen. Das konnte sich bis heute nicht durchsetzen. Das Einzige, zu dem sich Mao Zedong und seine Kulturpolitiker durchringen konnten, war die eher bescheidene Vereinfachung chinesischer Zeichen in den 50er Jahren. Das führte dazu, dass in der Volksrepublik China und in Singapur einzelne Zeichen mit weniger Teilstrichen geschrieben werden als in Hongkong oder Taiwan. Man unterscheidet seitdem sogenannte Kurz- und Langzeichen. Japan, das ebenfalls für sein Schriftsystem zu einem Teil chinesische Zeichen verwendet, hat wiederum eigene Kurzschreibungen eingeführt, die besser zu seinen sprachlichen Gewohnheiten passen.

Zum Glück hat das Chinesische auch eine einfache Seite: die Grammatik. Komplizierte Veränderungen der Verben wie in den europäischen Sprachen braucht das Chinesische nicht. Deutsche Verben verändern ihre Form, um Vergangenheit, Zukunft und Gegenwart auszudrücken, chinesische Verben bleiben immer gleich. Ähnliches gilt für die chinesischen Substantive: Einzahl und Mehrzahl werden nicht durch Wortveränderung ausgedrückt, und unterschiedliche Fälle kennt das Chinesische ebenfalls nicht. Die Satzstellung allein bestimmt, *wer wem* gegenüber *wen* vorstellt. Im Chinesischen sind das alles Nominative, von denen jeder seinen festen Ort im Satz hat. *Wen wer wem* gegenüber vorstellt – das geht nicht.

Selbst die Schrift macht das Leben einfacher, wenn man sie einmal in Teilen beherrscht. So können Japaner, Koreaner und Chinesen untereinander mit Hilfe der Schrift kommunizieren, ohne dass sie auch nur ein einziges Wort der jeweils anderen Sprache sprechen. Das ist der Vorteil einer Schrift, die sich anfangs aus Bildzeichen, Ideogrammen, entwickelt hat und deren Bedeutung sich unabhängig von der lautlichen Realisierung zumindest grob erschließen lässt. Es lag unter anderem an der Schrift, dass China sich über einen Zeitraum von mehr als zwei Jahrtausenden als relativ einheitliches Staats- und Kulturgebilde erhalten konnte. Dieses weltweit einzigartige Phänomen lässt selbst die sprach- und nationalbewussten Franzosen erblassen. Zwei Schrifttypen, eine für den offiziellen und eine für den Alltagsgebrauch, legten vor über 2000 Jahren den verbindlichen Standard fest. Beherrscht man die Schrift, kann man selbst Tücken der Aussprache umgehen: Ein klärendes Wort, eingetippt in das stets mitgeführte Handy oder den Handheld-Computer, löst dann augenblicklich allen Ärger mit der Aussprache und erzeugt ein klärendes Lachen und »Aha« auf beiden Seiten. Dann hat sich der fleißige Ausländer sein Lob wirklich verdient.

In China arbeiten: *laowai*-Karrieren

Wie integriert sich ein Ausländer in die chinesische Gesellschaft und wird beliebt? Meine Empfehlung lautet: »Werde Schauspieler oder Unternehmer.« Es gibt eine ganze Reihe *laowai,* denen das tasächlich auf diese Weise gelungen ist. Zwei davon sind der »Große Berg« *(Da Shan)* und der »Kleine Wohlstand« *(Xiao Kang),* zwei, die ihre selbstgewählten oder erhaltenen chinesischen Namen zum Programm gemacht haben. Einen persönlichen chinesischen Namen bekommt übrigens jeder Ausländer, und einige suchen sich wahre Künstlernamen aus.

Der »Große Berg« kokettiert damit, der »berühmteste Ausländer Chinas« zu sein. Das verkündet zumindest seine Webseite[7] und dürfte wohl auch stimmen. Vor rund drei Jahrzehnten, irgendwann in den noch fast ausländerfreien 80er Jahren, kam der kanadische Prototyp des *laowai* nach China. Er lernte schnell, akzentfrei und fließend Chinesisch mit Peking-Idiom zu parlieren. Da Shan, der eigentlich Mark Rowswell heißt, bewies: Ausländer können perfekt Chinesisch lernen – »West meets East«. Doch er ging noch einen entscheidenden Schritt weiter und machte sich dabei zwei chinesische Leidenschaften zunutze: die Vorliebe für das Schauspielern und die Manie, ständig vor dem Fernseher zu sitzen. In den späten 80er Jahren traf er damit ins Schwarze: Es gab nur wenige staatliche Fernsehsender, kein Internet und schon gar kein exhibitionistisches Facebook. Chinesen hatte keine Wahl. Wollten sie allein schon jemanden sehen, der anders aussah, interessante Frisur, große Augen.

Da Shan lernte *xiangsheng* – eine Peking-typische Art chinesischer Sketch-Darbietung, die eine perfekte Beherrschung des Hauptstadt-Idioms erfordert. Und er traf damit den chinesischen Humor. Das stellt eine beachtliche Leistung dar, denn kaum etwas trennt Chinesen und *laowai* so stark voneinander wie ihr unterschiedlicher Humor. Ein Ausländer, der gut genug Chinesisch spricht, weiß bereits schon Sekunden vor der Pointe, was da zum Lachen sein soll. Entsprechend lächelt er dann mitfühlend, wenn Chinesen kurz darauf losbrüllen. Umgekehrt ist mancher Chinese entsetzt über die Geschmacklosigkeit vieler westlicher Witze, die oft genug mit einem gesellschaftlichen Tabu – dem Tod – kokettieren. Das erklärt, warum Meister des Schwarzen Humors wie die Komikertruppe Monty Python bisher so selten auf raubkopierten DVDs präsent sind. Ein Engländer macht da allerdings eine Ausnahme: Nach Da Shan hat kein Geringerer als Mr. Bean, alias Rowan Atkinson, es ohne jegliche Sprachkenntnisse geschafft, Chinesen wirklich zum Lachen zu bewegen. Seine Situationskomik ist überall präsent.

Auch der berühmteste *laowai* der Gegenwart passt sich an neue mediale Möglichkeiten an: Da Shan als Mao-Freund und linker Journalist Edgar Snow im revolutionären Yan'an der späten 30er Jahre; Englisch lernen mit Da Shan; elektronische »Da-Shan-Englisch«-Vokabeltrainer; etc. Die Kanadier haben sich damit bereits schon vor den Spielen in Peking die Goldmedaille für kulturelle Empathie gesichert – dank des »Großen Berges« in den eigenen Reihen. Doch leider leistet sich nur das Team Canada einen »Kulturbotschafter«. Da Shan, den unter seinem westlichen Namen Mark Rowswell kaum jemand kennt, ist die heutige Ikone des ausländischen Freundes: mitfühlend, gebildet, freundlich, verständlich, geschäftstüchtig und erfolgreich. Laut Umfrage kennen ihn acht von zehn aller Chinesen aus dem Fernsehen. Da Shan lächelt viel, Da Shan wirkt ehrlich, Da Shan hat ein Gefühl für China. Ein hoher Emotionalitätsquotient kann einem *laowai* in China manchmal mehr Erfolg bescheren als ein hoher Intelligenzquotient. Beides zusammen ist Patentrezept und Erfolgsgarantie.

Ausländer treten im Fernsehen besonders in der Weihnachtszeit auf, wenn die Gemüter milder gestimmt und die Fernsehgeräte auf Dauerbetrieb geschaltet sind. Dann ist die Zeit Da Shans und seiner Freunde gekommen. In traditionelle chinesische Kleidung gehüllt, bevölkern Menschen mit weißer und schwarzer Hautfarbe die Bühnen. Dabei zeigen sie, was sie draufhaben, und schauspielern *(biaoyan)*, was das Zeug hält. Wer in China als Ausländer wirklich eine Marke *(pinpai)* werden möchte, muss in die Medien. Das gilt auch und gerade für die Geschäftsführer großer Unternehmen. Er oder sie sollte so auftreten, wie das Fernsehen, seine Macher und die Zuschauer es mögen: Tang-Gedichte vortragen, Sketchkunst präsentieren, Fremdsprachen lehren. Ein aus Luxemburg stammender Engländer in Shanghai hat die reichsten Chinesen porträtiert und dem Publikum vorgestellt. Auf einmal gab es eine »Fortune-Society« der Reichen und Schönen. Das alles ist möglich für schlaue *laowai*. Schwieriger wird es, wenn ein Ausländer die glänzende Moderne des Landes öffentlich kritisiert oder den Erfolg des Bildungssystems während einer Talk-show in Frage stellt. Dann wird diese Stelle garantiert zensiert und der Betreffende beim nächsten Mal nicht mehr auf die Bühne des allmächtigen chinesischen Fernsehens geholt. Wer sich allerdings gewisse Ehrlichkeiten verkneift oder sie geschickt sprachlich verklausuliert, der kann es in Chinas Medien als *laowai* weit bringen.

Das zweite Feld, auf dem Ausländer durchschlagende Erfolge feiern können, ist der Bereich des »Business«. Darum bemühen sich in den letzten Jahren immer mehr *laowai.* Wenn sie nicht in einem Tochter- oder Joint-Venture-Unternehmen arbeiten, dann eröffnen sie Start-Ups oder Boutiquen. Das klappt am besten unter dem Namen ihrer chinesischen Ehepartner. So spart man Steuern, denn auch im Fall der Besteuerung existieren in China »kulturelle Unterschiede« zwischen *laowai* und Inländern. Während der deutsche Ausländer zum Beispiel mit 33 Prozent Einkommenssteuer rechnen muss, zahlt seine chinesische Frau als Inhaberin der gemeinsamen Firma nur zehn Prozent. Vorteil Heirat, auch und gerade in China.

Auch im »Business« gibt es einen Prototyp des *laowai,* der nicht ganz so bekannt und vielleicht auch nicht ganz so erfolgreich ist wie Da Shan. Der chinesische Name des 1960 geborenen Paul Condrell ist Xiao Kang. Ein programmatischer Name, denn *xiaokang* bedeutet »kleiner Wohlstand« und ist neben Harmonie *(hexie)* das Schlagwort im offiziellen China. Nach dem Stufenplan ihres historischen Materialismus sieht die Pekinger Regierung China nun in der Phase des »kleinen Wohlstands« angekommen. Condrell ist wie Mark Rowswell alias Da Shan in den 80er Jahren zum Chinesischlernen nach China gekommen. Wie der Kanadier im Bereich Kultur und Medien wurde der US-Amerikaner im Bereich der Wirtschaft ein Trendsetter. Seine 1993 begründete Versandfirma *Xiaokang zhi jia* (»Wohlstands-Heim«) brachte China die bis dato unbekannte Form des Versandhandels. Damit war der wagemutige amerikanische China-Unternehmer recht erfolgreich, auch wenn er sich heute in Zeiten des Internethandels mit seinen eher schnelllebigen als besonders hochwertigen »Made in China«-Produkten einer verstärkten Konkurrenz gegenüber sieht. Mittlerweile gibt es eben viele Nachahmer, gerade auch unter den *laowai.* Doch auf eines haben der Amerikaner »Kleiner Wohlstand« genauso wie der Kanadier »Großer Berg« erfolgreich gesetzt: Beherrschung des Chinesischen einschließlich seiner Schrift und ein bereitwilliges Eintauchen in die chinesische Welt des Konsums und des guten Gefühls. Und sie waren früher da als andere. Schließlich befreiten sie die *laowai* noch von einem Stigma: ewig »temporärer Experte« für irgendetwas zu sein.

Früher waren Ausländer in China nur als zeitweilig im Land lebende Experten *(zhuanjia)* oder Studenten denkbar. Sie sollten ihr Wissen im Reich der Mitte lassen, wurden dafür exklusiv versorgt und konnten dann nach einigen Jahren des Experten-Daseins wieder gehen. Das hat sich geändert: Wer bleiben will, der kann – als »ausländischer Arbeitnehmer« *(waiguo yuangong)*, wie es nun in den neuen Arbeitsbestimmungen für Ausländer heißt. Die Visa gelten zwar meist nur für ein Jahr und damit genauso lang wie chinesische Arbeitsverträge, sie können aber immer wieder verlängert werden. Im Unterschied zum Experten hat man einen geringeren Status, dafür aber keine zeitliche Beschränkung und mehr Normalität. Immerhin. Will man gar eine Million US-Dollar investieren, ist eine Berühmtheit des öffentlichen Lebens oder lebt bereits länger mit einem chinesischen Ehepartner finanziell gut versorgt in China und hat eine Wohnung gekauft, dann besteht die Chance, eine chinesische »Green Card«, die unbefristete Aufenthaltserlaubnis, zu erhalten. Die Möglichkeiten, mit welchem Status sich ein Ausländer in China aufhalten kann, sind mittlerweile sehr differenziert.[8]

Nach China auswandern? – *laowai*-Schicksale

Ausländer hat es in China zu allen Zeiten gegeben, auch und gerade in der Volksrepublik China. 1994 machte ich in Peking die Bekanntschaft mit einer bemerkenswerten Deutschen. Sie war eine *laowai* mit 50 Jahren Lebenserfahrung in China. Eva Siao, 1911 in Breslau als Eva Sandberg geboren, hat die gesamte Geschichte der Volksrepublik China, des »Neuen China«, wie sie stets betonte, bis zum Jahr 2001 selbst erlebt.[9] Große deutsche Taschenbuchverlage hatten Evas aufregende Lebensgeschichte in mehreren Auflagen publiziert, und ich hatte ihr einen begeisterten Brief geschrieben. Sie antwortete einfach: »Kommen Sie doch bei mir vorbei, besuchen Sie mich, wir reden dann mal darüber.«

Bei einem Peking-Besuch bot sich dann die Gelegenheit dazu. Ich verließ die drangvolle Enge der muffigen U-Bahn an der Haltestelle Muxidi und stand – mitten im Beton, zwischen Hochstraßen, der breiten Fuxingmenwai-Straße und langgezogenen Plattenbauten sowjetischer Prägung. Menschen in dicken grünen Armeemänteln und russisch wirkenden Pelzkappen vervollständigten das Bild. Eva Siao wohnte im 14. Stock eines solchen Wohnschiffes, Fuxingmenwai-Straße 22, Eingang 3. Nachdem mich die Aufzugchauffeurin vor die Wohnungstür gefahren hatte, drückte ich den Klingelknopf. Ein langer Moment des Wartens folgte, dann öffnete sich die stählerne Sicherheitstür. Eine unglaublich zierliche, höchstens 1,50 Meter kleine Frau stand mir gegenüber. Ihren trotz zahlloser Falten noch immer anmutig geschwungenen Mund umspielte ein leichtes Lächeln: »Sie sind Marcus. Kommen Sie – mein Sohn und die Schwiegertochter sind nicht zu Hause. Wir haben den Nachmittag für uns.« Das geräumige Wohnzimmer war nach chinesischer Art vollgestellt mit Fernseher, Videorekorder, Büchern und dem letzten gemeinsamen Bild mit ihrem Ehemann, dem Dichter Xiao San, wie ich später erfuhr. Eva Siao begann zu erzählen. Ich lauschte den Erinnerungen an Yan'an, die Endstation des Langen Marsches der kommunistischen Partei zwischen 1934 und 1935, an ihre langen, harten Jahre in den Lößhöhlen bei Mao und seinem Gefolge in den frühen 40er Jahren. Ihre Geschichten erzählte sie den zahlreichen Besuchern immer wieder. Doch sie haben nichts von ihrer Ehrlichkeit verloren. Zwischendrin lächelte sie verschmitzt, nippte hin und wieder an einem Glas Wermut – fast ein Stück deutsche Gemütlichkeit.

Eva Siao war Fotografin. Sie hat alle ihre Besucher und Weggefährten fotografiert und in ihren Bildbänden festgehalten: ausdrucksstarke Porträts von Hoffnungsträgern eines internationalen Traumlandes China, in dem ausländische Linke und Intellektuelle von Frédéric Joliot-Curie über Pablo Neruda und Joris Ivens bis hin zu ihr selbst in Eintracht mit den kommunistischen Führern um Mao Zedong gemeinsam eine neue, hoffnungsvolle internationale Welt der Vielfalt bauen wollten. Dieses China war Eva Siaos Traum, der Traum einer Frau, die sich fließend auf Deutsch, Russisch, Schwedisch und Chinesisch verständigt und die die politischen Realitäten eines halben Jahrhunderts chinesischer Geschichte am eigenen Leib erfahren hat.

Sie lachte nicht, aber sie lächelte oft. Doch plötzlich wurde ihr Blick ernst: »Ich bin immer Ausländerin geblieben in diesem Land. Wissen Sie, ich kann heute kaum noch laufen, gehe am Stock. Aber wenn ich es noch einmal nach draußen geschafft habe, in diese hektische Straße, die mir fremd geworden ist, wenn ich noch einmal über den Markt laufe, dann rufen doch manche Händler: ›*laowai*‹ oder ›*laowai*-Oma‹ *(laowai laolao)*. Ich werde dann immer noch wütend. China ist seit über 50 Jahren meine Heimat. Trotzdem bin ich stigmatisiert. Ausländerin bis in meine letzten Tage.« Sie hielt inne. Die vom grauen Star bereits getrübten wasserblauen Augen schauten mich nachdenklich an. »China gab mir zwar einen Pass, aber keine chinesische Identität. Die werde ich auch nie haben. Die denken doch oft so pragmatisch, so oberflächlich – die Chinesen. Wissen Sie, kürzlich wollte ein chinesischer Verlag meine Geschichte, mein Buch, auf Chinesisch veröffentlichen. Doch es ging ihnen nur um das Geld, die wollten gar nicht mit mir über meine Geschichte reden, hörten gar nicht richtig zu, so wie Sie jetzt oder die Schweden, Deutschen, Amerikaner oder wer auch immer zu mir kommt. So viele Jahre lebe ich jetzt hier, aber ich verstehe dieses Denken einfach nicht – umso weniger, je länger ich in China lebe. Peking ist doch meine Heimat, nirgendwo anders als hier bin ich zu Hause, auch wenn ich gern und oft nach Deutschland oder in die Türkei oder nach Schweden fliege.«

Eva Siaos Leben zwischen 1911 und 2001 ist bemerkenswert. Gemeinsam mit Mao, dem späteren Ministerpräsidenten Zhou Enlai und den frühen Führern der kommunistischen Partei ging ihr Mann Xiao Emi San nach Yan'an. Sie folgte ihm aus Liebe und hielt dabei den Chauvinismus Mao Zedongs, seine Frauengeschichten und sein Herrschergebahren genauso aus wie die trockenheißen Sommer und bitterkalten Winter des Lößberglandes. Allerdings nur bis 1943, dann wurde es für die einzige langfristig in Yan'an lebende Ausländerin zu viel. Sie musste weg. Doch nach der Gründung der Volksrepublik China kam sie wieder mit Begeisterung zurück an die Seite des geliebten Mannes. Eva Siao war bis zuletzt eine Vertreterin der deutschen »Neoromantik«, begeisterungsfähig und jugendlich engagiert, mit einer Spur mädchenhafter Naivität, die sie sich bis zum Schluss bewahrt hat. Ihr chinesischer Name Ye Hua passte zu ihrem Charakter: »Blatt« und »Blume«, ein kleines Stückchen Natur mitten im sozialistischen Großstadtmoloch Peking. Sie war Fotografin aus Bestimmung – schon die Mutter liebte das Fotografieren – und dokumentierte mit sehr persönlichen Bildern »ihr China«, das seltene Porträts des Dalai Lama, Mao Zedongs, Zhou Enlais und anderer chinesischer Führungspersönlichkeiten genauso einschließt wie ihre Gasse in einem alten Hutong-Viertel Pekings, die 26 Jahre lang ihr Zuhause war. Am wichtigsten war der *laowai* der Kontakt mit den Einheimischen, die sie überall dort porträtierte, wo sie mit ihnen zusammen war: »Wir haben immer mittendrin gelebt, mitten unter Menschen, und die sind einfach mein Thema: der Kesselflicker in der alten Gasse, die pfeiferauchende Omi im Zug nach Beidaihe, die Kinder im Beihai-Park. Das ist China, Marcus. Das ehrliche China, nicht das, was die da oben denken und treiben.«

Das Leben der Deutschen Eva Siao, geborene Sandberg, begann fast zwei Generationen früher als das von Mark Rowswell und Paul Condrell. Das China ihres Lebens war ein politisches China, das im Westen zum alternativen Lebensideal der 68er Studentenbewegungen stilisiert wurde. Eva Siao glaubte bis zuletzt an den Kommunismus, der für sie zu China gehörte: »Der Kommunismus ist doch nicht daran Schuld, was man mit ihm gemacht hat, man wird ihn schon irgendwann mal richtig machen. Ich meine, er muss nicht Kommunismus heißen. Hauptsache ist, dass man etwas macht, dass man die Welt verbessert, dass die Völker in Frieden miteinander leben und sich nicht gegenseitig totschlagen, dass alles, was es auf der Welt gibt, unter den Menschen gerecht verteilt wird. Dann würde es keine Armut geben und keine Kriege. Das verstehen wir unter Kommunismus, und dafür haben wir gekämpft.«

Das mag weltfremd klingen, aber die Worte sind ehrlich gemeint. Sie sind das Glaubensbekenntnis der Eva Siao, die Inhaberin eines chinesischen Passes war. Damit war sie formell Chinesin und keine Ausländerin, keine *laowai* mehr. Sie hat als Chinesin genauso leiden müssen wie Millionen ihrer Landsleute, die während der Kulturrevolution zwischen 1966 und 1976 inhaftiert und gefoltert wurden. Sieben lange Jahre Haft gestatteten ihr nur eine einzige Freude: Chinesisch lesen und schreiben zu lernen. In den frühen 60er Jahren, als Chinas Wirtschaft gerade begann, sich von den katastrophalen Hungersnöten der Jahre 1958 bis 1960 zu erholen, hungerte Eva mit ihrer Familie ebenso wie Millionen anderer Chinesen. Das einzige Privileg, das sie als »Frau Wai« von der Masse der Bevölkerung abhob, war ihre deutsche Herkunft, die sie damals oft in die Botschaft der DDR in Peking führte. Dort erhielt sie ein wenig Unterstützung, Essen und Kleidung für sich und die Familie.

Chinas Gegenwart schließlich konnte die gealterte und gehbehinderte Eva Siao nicht mehr verstehen. Sie traute sich kaum noch aus dem Haus. »Dieser Verkehr – und was hat die Regierung aus unserem Peking gemacht?« Ihre Wohnung im 14. Stock des riesigen Gebäudekomplexes war ihr einziges Refugium im anonymen, brandenden Verkehr der Hauptstadt, ein Stück persönliche chinesische Vergangenheit inmitten der grauen, zubetonierten Welt draußen. Eva Siao hat der Nachwelt »ihr China« in Tausenden von Fotos hinterlassen. Allein die Archivierung der Bilder wird Jahre intensiver Arbeit beanspruchen. Ein Teil der Fotos befindet sich in Deutschland, und dieser Teil bietet genug Stoff, um zu zeigen, wie *laowai* mit China verbunden sein können.

Ein Neuseeländer, der wie kein anderer *laowai* im 20. Jahrhundert zur Entwicklung des Bildungswesens in China beitragen durfte, war ein Zeitgenosse Eva Siaos. Auch Rewi Alleys Name steht dafür, dass Ausländer Chinas sozialistische Gesellschaft mitgeprägt haben. Der junge Alley kam über Shanghai als Abenteurer ins Land und gehörte zu den ersten Ausländern, die sich in den 30er Jahren kommunistischen Studiengruppen anschlossen, ähnlich wie das amerikanische Ehepaar Snow. Edgar Snows Buch *Roter Stern über China* gehört zu den bekanntesten Werken in China, die von Ausländern verfasst wurden. Rewi Alley reiste kreuz und quer durch das damals politisch zersplitterte Land und adoptierte auf seinen Reisen elternlose chinesische Kinder. Er half bei Überschwemmungskatastrophen, brachte Getreide zur Verpflegung kommunistischer Einheiten auf den Weg, beteiligte sich an englischsprachigen Publikationen über die bevorstehenden gesellschaftlichen Veränderungen im Land und nahm gewagte Touren auf sich, um für die Kommunisten finanzielle Transaktionen durchzuführen. Alley war immer »on the road«, ein rastloser Abenteurer, begeistert von der Idee des Kommunismus in China. Seine größten Verdienste erwarb er sich mit dem Aufbau der Gonghe-Kooperativen, die insbesondere in ländlichen Regionen dem Zweck dienten, in einem Land, wo Ochse und Pflug noch fast allen Menschen höchst bescheidene Existenzen sicherten, eine protoindustrielle Struktur aufzubauen. Alley verstand seine Aktivitäten von Beginn an als Bildungsaufgabe. Sie trieben ihn in entlegene Gegenden des Landes, in den noch heute vergleichsweise armen Nordwesten, wo er an der alten Seidenstraße die Bailie-Schule aufbaute, eine der ersten Berufsschulen Chinas. Anfänglich gegründet als Bildungsstätte für junge Arbeiter in den neuen Industriekooperativen des Landes, existiert die Schule in Shandan noch heute. Rewi Alley und seine ausländischen Kollegen etablierten eine Art frühes duales Ausbildungssystem, das sowohl auf gute praktische Fähigkeiten als auch auf fundierte Theoriebildung Wert legte. Bemerkenswert ist dies vor allem deshalb, weil das Bildungswesen gegenwärtig noch immer zu den Bereichen in China gehört, in denen Ausländer nur in Ausnahmefällen mitarbeiten dürfen.

Alley ist bis heute wohl der bekannteste Neuseeländer in China, nicht zuletzt deshalb, weil Neuseeland im Unterschied zu Kanada bisher keinen Da Shan hervorgebracht hat, der dem alten *laowai*-Kampfgefährten für den chinesischen Sozialismus den Rang streitig machen könnte. Da Shan ist das zumindest gegenüber seinem Landsmann, dem Arzt Norman Bethune, gelungen. Bethune gehörte ebenfalls zu jener Gruppe idealistisch motivierter linker Ausländer, die im Glauben an die Ideologie eines funktionierenden Kommunismus in und mit China gelebt haben.

Die Schrecken der Kulturrevolution und die für sie unverständliche Entwicklung, die China auf den neuen kapitalistischen Pfad führte, konnten diese *laowai* nicht von ihrer China-Begeisterung abbringen. Selbst dann nicht, als die pragmatisch eingestellten chinesischen Freunde ihnen auf einmal Privilegien absprachen oder ihnen neue auferlegten, wie zum Beispiel jenes »Vorrecht«, höhere *laowai*-Preise zu bezahlen. Bis 1994 mussten Ausländer viele Produkte in China mit einem speziellen »Ausländergeld« *(Foreign Exchange Certificates)* bezahlen. Dies war eine besondere Erfindung des chinesischen Geldgottes sozialistischer Prägung und half, den damals noch kapitalschwachen Osten vom besser gestellten Westen finanziell gut zu trennen. Im hohen Alter sollte der alte Kämpfer Rewi Alley nun mit Ausländergeld bezahlen – was er als Bezieher einer chinesischen Pension nicht besaß, genausowenig wie die Chinesin Eva Siao. Alley regte sich darüber derart auf, dass er einen tödlichen Schlaganfall erlitt. Diesem Sozialisten aus dem kapitalistischen westlichen Ausland konnten weder Guomindang noch Kulturrevolution etwas anhaben, doch die Kapitalisierung der Volksrepublik China in der zweiten »kulturellen Revolution« nach 1978 besiegte ihn. Das Ende klingt zynisch.[10]

Deutsche *laowai* und der Alltag

Eva Siao gehörte zu den prominentesten Deutschen in China. Doch zu ihrer Zeit lebten nur wenige langfristig im Land. Die, die kamen, gingen auch schnell wieder. Sie waren zumeist Geschäftsleute oder Touristen. Im 21. Jahrhundert macht sich ein neuer Trend breit: Die Deutschen kommen nicht nur in weit größeren Zahlen, sie bleiben auch.

Mittlerweile gibt es 6000 deutsche Unternehmen im Lande.[11] Tendenz steigend. Fachleute deutscher Unternehmen arbeiten statt in Hamburg oder München längst in Nanjing, Peking oder Shanghai. Praktikantinnen und Praktikanten aus allen Teilen der Republik suchen nach ersten China-Herausforderungen bei Volkswagen, Bosch oder dem Goethe-Institut. Jungmanager nehmen die betonierte Ödnis von ehemals unbedeutenden Städten namens Taicang oder Linping in Kauf, um ihre Karriere oder die Entwicklung ihres Unternehmens voranzutreiben. Erfolgreiche Langzeitunternehmer deutscher Provenienz beschäftigen mittlerweile bis zu mehreren Tausenden von Mitarbeitern.

Was treibt die Deutschen nach China, insbesondere nach Shanghai? Die Antwort lautet: die Herausforderungen der Globalisierung mit China im Mittelpunkt. Sie zwingt immer mehr Unternehmen dazu, ihre Kapazitäten und damit auch einen Teil ihrer Mitarbeiter auszulagern. Viele setzten dabei anfänglich auf die einfache Formel: riesiger Binnenmarkt, preiswerter Produktionsstandort China, preiswerte qualifizierte lokale Arbeitskräfte und minimale ausländische Verwaltung. Die großen Unternehmen waren die Vorreiter. Einige von ihnen, vor allem die der Maschinenbau-, Chemie- und Elektrobranche wie Siemens, Thyssen, Bayer, Bosch sind schon mehr als 100 Jahre auf dem chinesischen Markt präsent. Die enorme Binnennachfrage hat zur Ausweitung ihrer Angebotspalette geführt und lässt dabei immer verzweigtere Netzwerke entstehen, mit denen die großen Unternehmen das Land, in der Regel aus der Großregion Shanghai heraus, überziehen. In ihrem Gefolge kommen die Mittelständler seit Jahren ins Land. Trotz der Warnungen, dass zunächst einmal viel Kapital in China verschwindet, bevor der Markt Rendite abwirft. Man folgt, weil man folgen muss. Allein die boomende Automobilindustrie zieht zahlreiche Zulieferer der Branche aus dem Autoland Deutschland in die Zentren Chinas. Nicht nur nach Shanghai und Peking, sondern auch nach Chongqing und Chengdu. Das sind die neuen Boomstädte im chinesischen Westen, dem »Wilden Westen« des 21. Jahrhunderts. Viele Unternehmen haben inzwischen festgestellt, dass die einfache Daseinsformel der Anfangszeit – Binnenmarkt plus Standort plus Arbeitskäfte minus Verwaltung gleich unermesslicher Profit – in China nicht wirklich funktioniert. Insbesondere funktioniert die Verwaltung nicht. Auch sind die »qualifizierten lokalen Kräfte« nicht so qualifiziert, wie man es gern hätte, und verlassen bei einem geringfügig besseren Angebot eines Konkurrenten oft leichten Herzens ihren bisherigen Arbeitgeber. Viele begründen dies damit, dass der Wechsel einen attraktiver mache. Mit dem, was man in einer Firma gelernt hat, kann man bei einer anderen höhere Gehälter herausschlagen. So funktioniert Gehaltserhöhung in China.

Nicht zuletzt ist dies der Grund, warum die Zahl deutscher Manager in den letzten Jahren stark zugenommen hat. Idealerweise kommen sie als Single und arbeiten zu lokalen Konditionen, denn dabei kann viel Geld gespart werden. Die Erfahrung China wird zunehmend fester Bestandteil der Vita, und Praktikantinnen wie Praktikanten streben nach dem begehrten Eintrag »Auslandsaufenthalt China« in ihrem noch so jungen Lebenslauf. Das sind die Rahmenbedingungen für die Mehrzahl der Deutschen in China.

Daneben gibt es aber durchaus auch subtilere Faktoren, die Deutsche in das Land an Yangtse und Gelbem Fluss locken. Einer ist die Dynamik der gesellschaftlichen Entwicklung: In China passiert etwas, und keiner kennt das Ergebnis. Das nährt die Kritik der Skeptiker und fördert den Entschluss der von Europa Gelangweilten. Bürger satter Gesellschaften können unter Chinesen wieder träumen. So wie einst Eva Siao und Rewi Alley träumten. Viele bisher verplante, abgesicherte und in der Routine des Alltags verhaftete Deutsche überwältigen ihre Träume geradezu. In China herrscht die deutsche Antithese: Planlosigkeit, Luftschlossarchitektur, tägliche Überraschung, Spannung, wie es morgen weitergeht, Egomanie bis hin zur Besessenheit und schließlich herausfordernde Chancen zum Neuanfang – privat wie beruflich. Vor allem ungebundene, jüngere Existenzen aus Deutschland setzen auf die Nachfolge Xiao Kangs oder Da Shans: Sie gründen eigene Firmen und sparen dann noch die Steuern, wenn die chinesische Freundin oder Frau als Inhaberin auftritt. Insbesondere Juristen und Berater versuchen seit Jahren mit Erfolg, beeindruckende Honorare auf dem chinesischen Markt einzustreichen. Dabei kann man sich wieder auf die kompakte Präsenz der deutschen »Global Player« und auch der kleineren Unternehmen als Partner verlassen. Die sind nämlich hauptsächlich ihre Kunden. Junge und nicht mehr ganz so junge Deutsche riskieren plötzlich etwas, um zu gewinnen. Es scheint, als wecke das ferne China geheime Wünsche und Fähigkeiten. Deutsche agieren als Gründer wie einst an der Wende vom vorletzten zum letzten Jahrhundert im eigenen Land oder in den Zeiten der »New Economy« in der zweiten deutschen Republik.

Doch manchmal planen sie immer noch ein bisschen zu viel, und das bezeichnen chinesische Freunde und Kollegen als »Starrsinn« *(siban)*. Ein Bekannter hat sich bei mir einmal in deutlichen Worten beschwert: »Deutsche planen alles bis ins Detail. Am besten Monate im Voraus. China ist jedoch schlecht zu planen. Hier können sich Dinge in wenigen Augenblicken verändern und Ergebnisse sich im letzten Augenblick vor dem entscheidenden Stichtag ergeben. Das können und wollen Deutsche offenbar nicht verstehen.« Dabei wollen die so Gescholtenen doch alles richtig machen: die Vorgaben der Zentrale in Deutschland ausführen und sich trotzdem an die Gegebenheiten in China anpassen. Und dann dieses Urteil der chinesischen Kollegen! Diese gehen – im vertraulichen Gespräch mit Dritten, versteht sich – gelegentlich noch weiter: Sie bescheinigen den Deutschen einen solchen Starrsinn, dass es sich nicht lohne, mit ihnen überhaupt zu reden. Vorgefasste Meinungen und Entscheidungen könne man bei diesen Dickschädeln nicht verändern.

Doch zum Glück ist die Arbeit nur das halbe Leben. Das gilt auch für Deutsche. Die geheime Vorfreude, die viele immer wieder befällt, bevor sie nach China zurückkehren, wird nicht nur durch besonders erfolgversprechende Firmenbilanzen genährt. Die Liebe ist es und damit ein Gefühl, das Goethe »Wahlverwandschaften« genannt hat. Auch wenn es darüber keine verlässliche und gut recherchierte Statistik gibt. Daher handelt es sich bei den folgenden Zeilen um sehr subjektive Wahrnehmungen und Schlussfolgerungen: Es scheint eine spezifische Zuneigung zwischen Deutschen männlichen und Chinesen weiblichen Geschlechts zu existieren. Chinesinnen haben eine besondere Gabe, die oft versteckte Seite deutscher Lust und Romantik zu aktivieren, ohne dabei ihre Bodenständigkeit und Praxisorientierung aufzugeben. Chinesinnen verführen Deutsche mit einer Mischung aus körperbetonter Exotik, höchst flexibler Anpassung an den etwas anders gepolten *laowai* und einer erstaunlich diesseitigen Ausrichtung auf die wesentlichen Dinge des Alltags – mit etwas also, das die alten Philosophen des Landes *zhongyong*, das Prinzip »von Maß und Mitte«, genannt haben. Dem ach so gestressten, sich in der Heimat emanzipiert gebenden deutschen Mann nehmen chinesische Partnerinnen manch ungeliebte Aufgabe des Lebens wie Haushaltsführung, Behördengänge, Kindererziehung einfach ab. Das sind Dinge, zu denen der deutsche Mann sich augenscheinlich nur bedingt berufen fühlt. Endlich kann er wieder in seine bequeme Beschränktheit zurückfallen und sich scheinbaren Idealen widmen. Zudem belasten Chinesinnen die Beziehungen nicht mit komplizierten traditionellen oder religiösen Bindungen. Dieser reichhaltigen *zhongyong*-Rezeptur verfallen zahlreiche männliche *laowai*, nicht nur, aber besonders auch, deutscher Herkunft. Ihr eigenes verplantes Leben, ihr auferlegtes Pflichtbewusstsein, der kategorische Imperativ des rechten Verhaltens – die verinnerlichten deutschen Zwänge geraten mit einem Male ins Wanken, sorgsam aufgebaute Moralgebäude stürzen zusammen. Die innere Gefangenheit des männlichen deutschen Individuums macht es offensichtlich stärker anfällig für die Beziehung zu einer chinesischen Frau als manche europäischen Nachbarn. Franzosen sind in China fast ebenso zahlreich wie Deutsche, doch scheinen sie insgesamt widerstandsfähiger gegen solche Verlockungen zu sein.

Das letzte Element chinesisch-deutscher »Wahlverwandtschaften« deklamiert jeder Taxifahrer: »Deutsche haben die besten Produkte, die solidesten Autos, das beste technische Know-how.« Deutsche sind erfolgreich – ein ausgezeichnetes Volk *(youxiu minzu)*. Dass Deutsche sich beileibe nur selten als ein Volk fühlen, ist Chinesen unbekannt. Überhaupt bietet chinesisches Denken in diesem Punkt einen weiteren interessanten Komplementäreffekt: Deutsche betonen ihre regionalen Besonderheiten, die Vielfalt ihrer »Kulturen«, ohne sie in der Regel näher bestimmen zu können. Chinesen insistieren dagegen auf Einheit, klare Konturen einer Nation *(minzu)*, zu der auch so ganz andere Gruppen wie beispielsweise Tibeter oder Uighuren gehören. Das ist selbstverständlich. Daher sind für sie *die* Deutschen eben gut, genauso wie ihre Produkte, die Sauberkeit ihrer Städte und vieles andere mehr. Sie sind keine politischen Gegner wie *die* Amerikaner und verlässlichere Partner als *die* Franzosen, die – nach Meinung vieler Taxifahrer – den Chinesen in mancher Hinsicht doch näher stehen: »Ein bisschen *mahu* eben, ein bisschen nachlässiger, ein bisschen mehr konzentriert auf das Wesentliche im Leben, das Essen eben. Das kann die Deutschen wenigstens nicht davon abhalten, tolle Produkte herzustellen. Die kaufen wir gern und täten es noch lieber, wenn sie nicht ganz so teuer wären.«

百姓 Baixing – Inländer

Die hundert Familiennamen

In vielen Ländern der Welt unterscheidet man Menschen anhand ihrer Familiennamen voneinander. Auch in Deutschland. Dort verzweifelte man, wenn Schmidt, Müller, Meier und Schulze die einzigen möglichen Nachnamen wären. Gerade in Europa sind die Möglichkeiten der Bildung von Familiennamen unbeschränkt: Angestammte Wohnorte, Berufe, Charaktereigenschaften können phantasievolle und manchmal seltsame Nachnamen hervorbringen.

Nicht so in China: Menschen chinesischer Herkunft heißen schlicht »die alten hundert Familiennamen« *(lao baixing)*. Hundert(e) von Familiennamen sind aber nicht eben viel für eine derart große Bevölkerung. Millionen von Menschen tragen daher den Namen Wang, beinahe ebenso viele die Namen Li, Liu oder Xu. Wie sind diese »Meiers« und »Müllers« nun auseinanderzuhalten? Mit Hilfe der Vornamen selbstverständlich. Bei der Erfindung von Vornamen sind die *baixing* äußerst kreativ: Von Herrn Tang mit Vorname »8-1« bis Frau Yu mit Vorname »Himmlischer Schwan« reichen die Varianten. Vornamen lehnten sich früher noch an großartige politische Ziele wie den Aufbau und die Stärkung des Landes an oder erinnerten wie im Falle meines Bekannten Herrn Tang aus Chengdu an wichtige Ereignisse im »Neuen China«: Der 1.8. ist das Datum, an dem die Volksbefreiungsarmee gegründet wurde. Heute sind der Phantasie keine Grenzen gesetzt. Werdende Eltern durchstöbern die Zeichenvielfalt des *Großen Schriftzeichenlexikons* nach besonders glücksverheißenden Vornamen. Vornamen lassen den Menschen zum Individuum werden.

Ich kenne meine Nachbarin Li Hong nun schon lang genug, um das deutsche »Frau Li« zu vermeiden. Doch wie soll ich sie anreden? So wie es die Nachbarn tun, einfach mit Li oder sogar Lao Li (»alte Li«)? Das klingt unhöflich, denke ich immer noch – doch

Li Hong scheint das nicht sonderlich zu kümmern. Bei ihrem Mann habe ich mich schon daran gewöhnt. »Alter Zhang« geht mir leicht von den Lippen, und selbst Li Hong bezeichnet ihren Gatten manchmal vertraulich so. Mit ihrem chinesischen Vornamen Hong reden alte Bekannte meine Nachbarin allerdings nie an. Das klänge bei einsilbigen Vornamen ungewöhnlich und wäre zu intim. Besser ist es, die Kombination zu wählen: Ich entscheide mich schließlich für »Li Hong« und erhalte keinen Widerspruch. Wichtig ist, dass jeder weiß, wer unter den unzähligen Lis nun gemeint ist, ansonsten ist man sehr tolerant gegenüber der Anrede.

In Shanghai gab man sich schon vor 1949 englische Namen. Selbst mein Nachbar Herr Xing, pensionierter Englischlehrer, heißt David, und in den internationalen Firmen, in denen ich unterrichte, scheint die halbe Welt versammelt – den Namen nach. Manche Namen sind bizarr. Eine Kursteilnehmerin nennt sich »Tower«, ein anderer ist stolz, wenn ihn die Kollegen »Nokia« rufen. »Nokia« symbolisiert schließlich Erfolg. Junge Leute finden ihre englischen Namen oft in Wörterbüchern und folgen damit einer Tradition, die schon die Eltern bei der Suche ihrer chinesischen Namen anwandten. Auf dem Land liebt man Namen, die mit »reich werden« unmittelbar in Zusammenhang stehen: Mantang (»die gut gefüllte Halle«) oder Facai (»reich werden«) geben probate Vornamen ab. Für Städter klingt das dann doch ein wenig zu platt. Hier sind eher lyrische Bezeichnungen gefragt oder Namen, die Erfolg verheißen. Mein Neffe heißt Guanchu, der »Erste« oder »Champion«.

Die *lao baixing,* »die alten hundert Familiennamen«, mit ihren kreativen Vornamen stehen für das zahlreichste Volk der Welt, die Han. Han-Chinesen bilden mit 96 Prozent der Gesamtbevölkerung Chinas die mit Abstand größte zusammenhängende Volksgruppe auf dem Globus. Sie bevölkern nicht nur fast das gesamte Territorium der Volksrepublik China – und das sind immerhin 9,6 Millionen Quadratkilometer oder 27 Mal die Fläche Deutschlands –, sondern einen Gesamtraum von rund 15 Millionen Quadratkilometern zwischen Sibirien und dem indonesischen Archipel. Das entspricht eineinhalbmal der Fläche Europas. Der Abstand zwischen dem nordöstlichsten Siedlungsraum der Han, dem Amurgebiet an der Grenze nach Ostsibirien, und dem südlichsten, Singapur, entspricht dem zwischen Deutschland und Westchina. In vielen anderen Ländern Asiens sind die Han daher ebenfalls eine bedeutende Volksgruppe: In Singapur und manchen Städten des asiatischen Südostens bilden sie die Bevölkerungsmehrheit, in Indonesien, Malaysia, Thailand und Vietnam stellen sie wichtige Bevölkerungsanteile, die für das Bruttosozialprodukt dieser Länder einen Faktor darstellen, der nicht zu vernachlässigen ist. Neueste Siedlungs- und Einwanderungstendenzen machen selbst das noch weiter entfernte Australien zunehmend zu einem »chinesischen« Kontinent.

Indien, das zweite Milliardenland unserer Erde, wird auch bei weiter explodierendem Bevölkerungswachstum niemals mit China und seinen Han gleichziehen können, weil der Subkontinent extrem zersplittert in eigenständige Volksgruppen ist, die nicht nur eine eigene Sprache, sondern auch eine eigene Schrift besitzen. Auch die Han sind, ethnologisch betrachtet, alles andere als eine homogene Gruppe und sprechen Hunderte von unterschiedlichen Lokal- und Regionalsprachen, auch Dialekte genannt. Würde man in die geographische Mitte des Gebietes, das von Han besiedelt wird, einen gewaltigen Turm bauen und Vertreter aus den verschiedenen Regionen durcheinander reden lassen, so erhielte man die chinesische Variante des Turms von Babel. Kaum ein Dialektsprecher wäre in der Lage, sich in seiner Heimatsprache mit einem jeweils anderen zu verständigen, selbst wenn dieser nur 100 Kilometer von ihm entfernt wohnte. Doch dank der bereits erwähnten chinesischen Sprach- und Schriftreformen seit dem ersten Kaiser Qin Shihuang gibt es Lösungen für das Problem: Über 2000 Jahre alt ist die Geschichte jener Leuchtinschrift, die allabendlich von den Wolkenkratzern in Shanghais Pudong nach Puxi herüberstrahlt: »Sprecht Hochsprache, seid zivilisiert.« Wenn man nicht zivilisiert genug ist, dann helfen ja noch die Schriftzeichen.

Han-Chinesen sind traditionell sesshafte Ackerbauern, die nicht nur Reis anzubauen verstehen, sondern die unterschiedlichsten Getreidearten wie Weizen, Mais, Sorghum-Hirse und anderes. Hinzu kommt intensiver Gemüsefeldbau. Im Norden des Landes ist Reisanbau nicht möglich. Das führte zu der kulturhistorisch bedeutsamen Erfindung der Nudel, was Nordchinesen noch heute zu Weltmeistern im Nudelherstellen und -vertilgen macht. Dazu kam die wichtige Einführung der Sorghum-Hirse im 13. Jahrhundert. Diese Nutzpflanze, die besonders im Norden des Landes gut gedeiht, führt ein beständiges Vorurteil ad absurdum: Chinesen vertrügen aufgrund eines Enzymmangels prinzipiell keinen Alkohol. Sorghum-Hirse *(gaoliang)* wird traditionell zu hartem Schnaps *(baijiu)* vergoren. Der lässt chinesische »Nordlichter« gern zum Glase greifen.

Immer mehr Han-Chinesen leben heute in einer Stadtlandschaft, die sich von den Millionenstädten des chinesischen Nordostens, der alten Mandschurei, über das Ballungszentrum Peking–Tianjin, die Millionenstädte Jinan und Qingdao, die Yangtse-Region von Nanjing über Shanghai nach Ningbo und die Millionenstädte Hunans bis hinunter in das dicht besiedelte Perlfluss-Delta um Kanton und Hongkong zieht. Ihr Alltag besteht aus mindestens acht Stunden Arbeit am Tag an bis zu sieben Tagen der Woche. Die Bedürfnisse der gegenwärtigen Han mögen den Menschen in Europa oder Amerika ähneln, unterscheiden sich aber im wichtigsten Lebensziel: den einzigen Sohn oder die einzige Tochter auf eine Elitehochschule zu schicken. Landwirtschaft kennen viele Han-Chinesen nur noch von gelegentlichen Ausflügen aufs Dorf. Die Ärmeren, die in den Städten arbeiten, kehren lediglich zu den Erntezeiten auf das Land zurück. Die Stadt ist der Siedlungsraum der Zukunft, und die Verstädterungsprozesse laufen auf Hochtouren.

Minderheiten von Xinjiang bis nach Taiwan

Verbreitung von Schrift und Hochsprache sowie eine gezielte Siedlungspolitik haben dazu geführt, dass die anerkannten 56 Minderheiten des Landes sich zumindest teilweise chinesisch fühlen. Stabilität wird in China durch Bemühungen um den Aufbau einer nationalen Identität erreicht, die den Kirgisen, der 4500 Kilometer von Peking entfernt in den schroffen Bergzügen des Pamir-Gebirges Edelsteine sammelt, den Mongolen, der Schafherden mit dem Motorrad zusammentreibt, oder den Dai an der Grenze zu Laos, der sich bestens mit den Touristen aus dem verwandten Thailand versteht, einschließt.

Minderheiten führen im geographisch vielgestaltigen China ein sehr unterschiedliches Leben. Im Nordwesten Chinas, der westlich der Millionenstadt Lanzhou in der Provinz Gansu und fast 2500 Kilometer von Shanghai entfernt so richtig beginnt und weitere 2000 Kilometer westlich an den pakistanischen, afghanischen, usbekischen und kasachischen Grenzen endet, wird traditionell noch immer Viehzucht betrieben. Nomaden und Halbnomaden leben wie vor vielen Jahrhunderten neben der stark wachsenden Gruppe von Sesshaften. Chinas Ölhunger bietet den Minderheiten zunehmend Beschäftigungsmöglichkeiten im Energiebereich, und auch der Tourismus eröffnet ehemaligen Nomaden neue, lukrative Einnahmequellen. Ähnliches gilt für den äußersten Norden und Nordosten, die Innere Mongolei und den Südwesten, der traditionell von Tibetern besiedelt wird. Die subtropischen und tropischen Regionen im Süden und Südosten des Landes eignen sich für intensiven Nassreisanbau. Das vielen Ausländern exotisch erscheinende Antlitz dieser Reisbauern mit ihren geflochtenen Kopfbedeckungen führte zur weit verbreiteten Karikatur des Reisstrohhut tragenden, schlitzäugigen Chinesen mit vorstehenden Zähnen. Doch die Grundlage für dieses China-Klischee droht zu verschwinden. Das Leben der südchinesischen Verwandten der Thai, Laoten oder Vietnamesen verändert sich durch Tourismusgeschäfte und Großstadtalltag.

Trotz einer deutlich zu verspürenden Verflüchtigung traditioneller Lebensformen und einer starken Anpassung an das Alltagsleben der Han-Mehrheit existieren Spannungen zwischen der Bevölkerungsmehrheit und der jeweiligen Minderheit. Der erste Grund für diese Spannungen ist die Bedeutung von Religion für Alltagsleben und Selbstverständnis: Chinesische *baixing* sind traditionell kaum religiös gebunden, auch wenn mehr als 60 Millionen Christen, 100 Millionen Muslime, die dann als Hui bezeichnet werden, ethnisch aber Han sind, und mehr als 120 Millionen Buddhisten unter ihnen sind. Auf dem Land kann Religion noch ein Faktor im Leben der Menschen sein. Doch auch dort herrscht alles andere als religiöser Dogmatismus. Für viele *baixing* auf dem Land ist es kein Widerspruch, nacheinander den Beistand Marias, der buddhistischen Göttin der Barmherzigkeit, Guanyin, und der taoistischen Fruchtbarkeitsgöttin Songzi Niangniang zu erbitten. Dreifach hält besser, und die Chance auf guten Erfolg zum Beispiel in Sachen Nachwuchs vergrößert sich deutlich. Dieses Verhalten kennzeichnet die Einstellung vieler Han zur Religion – mit dem Fundamentalismus christlicher oder islamischer Prägung hat das wenig zu tun.

Den stärksten Widerstand gegen die politisch-ökonomische Bevormundung durch die ungläubigen Han-Chinesen leisten die

Volksgruppen des äußersten Nordwestens, die in der Autonomen Region Xinjiang leben. Die größte Gruppe unter ihnen sind die Uighuren, Verwandte der Türken, die nach den Thai-Verwandten Zhuang in Südchina immerhin die zweitgrößte ethnische Minderheit stellen. Sie sind oft strenggläubige Muslime. Kashgar, ganz im Westen des chinesischen »Reiches«, ähnelt von der Atmosphäre viel eher dem nahen Samarkand oder Peshawar als Peking oder Shanghai. Während der Taliban-Kämpfe in Afghanistan haben sich dann auch nicht wenige Uighuren mit den Muslimen im Nachbarland verbrüdert. Mit Hilfe von Schleppern gelangten die jungen Glaubenskämpfer aus China über die Grenze nach Afghanistan. Zu jener Zeit herrschte in Westchina erhöhte Alarmbereitschaft, und die Staatsmacht aus Peking engagierte sich im »Kampf gegen den internationalen Terrorismus«. Uighuren sind es auch, die ab und an einen Bombenanschlag verüben.

Das Selbstverständnis in Tibet – wie Xinjiang eine Autonome Region – gründet sich ebenfalls wesentlich auf Religion und die daraus entstandenen Lebensformen, die noch immer den Alltag vieler nomadisierender und sesshafter Tibeter bestimmen. An zahlreichen Orten existiert ein symbiotisches Verhältnis zwischen der bäuerlichen Bevölkerung und den Klöstern. Die Bevölkerung versorgt die Lamas in den Klöstern mit Nahrungsmitteln der Region, während sie dafür die geistige Nahrung erhält, die ihnen der tibetische Buddhismus bietet. Das ist ein festgefügtes Wechselspiel, das sich außerordentlich vom säkularen Leben der Han-Chinesen unterscheidet.

Es gibt einen zweiten entscheidenden Grund für Konflikte: Nationale Entwicklung bestimmt seit Anfang des 20. Jahrhunderts Denken und Handeln chinesischer Führungen von Sun Yatsen über Mao Zedong, der übrigens keineswegs so ausgeprägt national orientiert war, wie noch heute viele Chinesen glauben, bis hin zur gegenwärtigen Regierung. Nationale Entwicklung war und ist stark materiell geprägt. Unter Mao sollte China in Rekordtempo Industrieland und Atommacht werden, um die Führungsrolle im Weltkommunismus zu übernehmen, und heute wünscht sich Peking, dass das Land in die Reihe der führenden Industrienationen der Welt aufsteigt. Diese Ideologie des Fortschritts *(fazhan)*, die den Kindern schon in der Grundschule mit auf den Weg gegeben wird, macht auch vor Xinjiang und Tibet nicht halt.

Nachdem 2006 die Tibet-Eisenbahnlinie eröffnet wurde, verändert der stark wachsende Tourismussektor die Lebensgewohnheiten von Ackerbauern und Viehzüchtern. Traditionell genutztes Weideland in Form gewaltiger Hochlandsteppen verschwindet durch den Bau neuer Industrie- und Fertigungsanlagen, Schnellstraßen und eben den Ausbau der Eisenbahn. Die tibetische Hauptstadt Lhasa nähert sich immer mehr dem Pekinger Entwicklungsmodell an. Überwiegend von landesweit gleicher Einheitsarchitektur aus Beton geprägt, werden die Monumente der tibetischen Kultur wie der Potala-Palast zu ähnlichen Inseln einer musealisierten Kultur wie die Verbotene Stadt oder der Himmelstempel in Peking. Tibet, das noch in den 90er Jahren überwiegend das Ziel von ausländischen Touristen und alternativ denkenden Han-Chinesen, oft Künstlern, war, entwickelt sich derzeit zur neuen nationalen Hochburg des Tourismus. Und auch der ist geprägt von landeseinheitlichen *fazhan*-Konzepten, in der oft die lebendige Kultur der Minderheit nur noch als Folklore vorkommt.

Allerdings argumentiert das offizielle China aus seiner durchaus westlich geprägten Weltsicht des technologischen und zivilisatorischen Fortschritts heraus plausibel, wenn es dem sogenannten »Tibet-Problem« Ressentiments entgegenbringt: Tibet sei im frühen 20. Jahrhundert vor dem erneuten Beginn der chinesischen Verwaltung seit 1950 ein theokratisch regiertes Gebiet mit Leibeigenenstrukturen und kompromissloser Mönchsherrschaft gewesen, in dem »95 Prozent der Bevölkerung Leibeigene waren«, die mit zum Teil schweren Misshandlungen durch den Klerus zwecks Bestrafung zu rechnen gehabt hätten.[1] Die Entwicklung der Bevölkerung in der Autonomen Region Tibet von 1,14 Millionen auf 2,8 Millionen Menschen in den Jahren zwischen 1951 und 2008 wird genauso dem wirtschaftlichen Wachstum seitens han-chinesischer Verwaltung zugeschrieben, wie technologischer Fortschritt, Städtebau und spürbar gestiegener materieller Wohlstand. Zusätzlich reklamiert China, allein 700 Millionen Yuan (fast 90 Millionen Euro) allein in die Erhaltung und Renovierung tibetischer Kulturschätze und des Potala-Palasts in Lhasa investiert zu haben. Das Fortschritts-Konzept wendet die chinesische Regierung in Tibet genauso kompromisslos an wie in allen Teilen des Landes. Das Muster entspricht einem einheitlichen Entwicklungsgedanken, dessen Kern auf das Prinzip des »Großen Gleichen mit kleinen Unterschieden« des ersten chinesischen Kaisers zurückgeht.

Doch die Fortschrittsbegeisterung der Chinesen, über deren Anspruch, Tibet zu einem Teil des chinesischen Staatsverbandes zu erklären man durchaus mit historischen Argumenten streiten kann, trifft nicht auf uneingeschränkte Zustimmung aller Tibeter: In Tibet, ebenso wie in Xinjiang, existieren Parallelwelten von Einheimischen und dort immer stärker präsenten Han-Chinesen. Ihre Lebenskonzepte weichen häufig stärker voneinander ab als die einer traditionellen türkischen Familie und einer deutschen Durchschnittsfamilie in Berlin.

Daher empfinden nicht wenige Tibeter die Han als Fremde im eigenen Land. Folgerichtig kommt es immer wieder zu Konflikten, in denen etwa die Forderung nach der Rückkehr des Dalai Lama erhoben wird. 2007 stellte ein Nomade namens Rongye Adak plötzlich während des traditionellen Pferderennen-Festivals in der Stadt Litang, im Westen Sichuans gelegen, per Mikrofon die Frage an die Zuschauer, ob sie wollten, dass dieser nach Tibet zurückkehre. Heftige Zustimmung soll die Reaktion gewesen sein.[2] Rongye Adak wurde verhaftet. Schwere Unruhen, deren Ursprung oft in den großen Klöstern lag, in denen insgesamt nur ein sehr kleiner Teil der tibetischen Bevölkerung als Mönche lebt, folgten 2008 in verschiedenen tibetischen Gebieten der Nachbarprovinzen. Zwischen 2011 und 2012 wurde in den westlichen Medien immer wieder von Selbstverbrennungen tibetischer Mönche berichtet. Auseinandersetzungen zwischen chinesischen Sicherheitskräften und Tibetern mit Todesfolgen prägten die jüngste Tibetberichterstattung auch in Deutschland.[3] Dabei wird deutlich, dass »Tibet« weit größer ist als nur die »Autonome Region Tibet« mit der Hauptstadt Lhasa: Das kulturelle Tibet umfasst eine Gesamtfläche von über drei Millionen Quadratkilometern verteilt auf drei Provinzen und drei Autonome Regionen. Tibet ist heute territorial auf das engste mit China verbunden. Die jüngsten Unruhen fanden außerhalb der Autonomen Region in der Provinz Sichuan statt, in der bereits seit vielen Generationen Han-Chinesen und Tibeter nachweislich friedlich zusammenleben. Die tibetische Exilregierung in Indien und viele tibetische Organisationen im Westen einschließlich einiger unbedachter westlicher Medien sprechen von »annektierten« tibetischen Gebieten[4] und fordern so – bedacht oder unbedacht – eine »groß-tibetische« Lösung, die vermutlich den Zusammenbruch des chinesischen Staatsverbandes zur Folge hätte.

Schließlich gibt es noch einen dritten kulturell bedingten Faktor zu bedenken: Der amerikanisch-chinesische Autor Lin Yutang hat über die Han einmal geschrieben, dass sie »die fleißigste Nation der Welt«[5] seien. Han-Chinesen verfügen tatsächlich über die bemerkenswerte Eigenschaft, überall sofort Arbeit zu finden und alles Notwendige auf kleinstem Raum mit bewundernswerter Selbstdisziplin und Zähigkeit erfolgreich umzusetzen. Dazu können sie noch extrem schnell sein. Jeder, der Shanghais neue Wolkenkratzer im Zeitraffertempo wachsen sieht, kann sich davon leicht überzeugen. Diese Fähigkeit brachten die Han auch in ihre neue Heimat im Gebiet der Uighuren oder Tibeter mit. Das Ergebnis war, dass ihr Einkommen sehr schnell das der Einheimischen überstieg und die Han nun die Klasse der Wohlhabenden bilden, während viele Uighuren oder Tibeter mit den schlechteren und vor allem schlechter bezahlten Arbeitsplätzen vorlieb nehmen müssen. Zudem finden sich die Einheimischen, die aus einem traditionell agrarischen oder sogar nomadischen Lebensumfeld stammen, in den mit einem Mal städtisch geprägten Lebens- und Arbeitsformen nicht immer zurecht. Die daraus resultierende Benachteiligung der Minderheiten ist ein Faktor, der die schon bestehenden Spannungen verschärfen kann.

Doch trotz aller genannten Spannungen – und ungeachtet mancher Berichte in westlichen Medien – konnte etwa von einem ständigen Kampf des tibetischen Volkes gegen die Chinesen in den letzten beiden Jahrzehnten nicht die Rede sein. Die Mehrheit der Tibeter hat sich mit dem Status quo arrangiert. Viele junge Menschen leben ein weltliches Leben mit Smartphone und Computer wie ihre han-chinesischen Altersgenossen. Besonders trifft das auf die tibetisch besiedelten Gebiete im chinesischen Kernland wie in den Provinzen Yunnan, Gansu oder Sichuan zu.

Das war in den 50er Jahren anders. Nach der 1950 erfolgten Besetzung Tibets durch China erhoben sich zwischen 1956 und 1959 bis zu 60 000 Tibeter gegen Maos Versuche, das Land ideologisch für sich einzunehmen und ihm die notwendigen Naturalien für seine utopischen Industrialisierungsvisionen abzupressen. Der erbitterte Kampf der äußerst kriegerischen Khampa aus Osttibet, das an das chinesische Kernland grenzt, fügte den Truppen Maos empfindliche Verluste zu. Er endete am 17. März 1959 mit der Flucht des Dalai Lama nach Indien. Dass sich dieser Aufstand wiederholen könnte, ist ein Albtraum der chinesischen Führung, die seit eh und je das enorm rohstoffreiche Gebiet für ihre Entwicklungskonzepte braucht. Das erklärt nicht nur die heftige Reaktion aus Peking, wenn ausländische Regierungschefs den Dalai Lama offiziell empfangen, der für viele Tibeter immer noch die kulturelle Integrationsfigur ist. Das erklärt auch das kompromisslose Vorgehen der chinesischen Soldaten anlässlich der Unruhen.

Die meisten *baixing* wissen jedoch recht wenig über den fernen Westen des Landes und seine Völker und haben dementsprechend auch nur sehr oberflächliche Meinungen zur Situation in Xinjiang oder Tibet. Im Ausland ist Tibet als politisches Problem viel präsenter als in China selbst.

Im Unterschied zu Uighuren und Tibetern haben sich andere Minderheiten im jahrhundertelangen Neben- und Miteinander mit den Han gut assimiliert. Das trifft zum Beispiel auf die Mongolen zu, deren Autonome Region innerhalb der chinesischen Staatsgrenzen ungefähr genauso groß ist wie der nördlich angrenzende Staat Mongolei. Mongolen gelang es schließlich als einziger Minderheit gemeinsam mit ihren Verwandten, den Mandschus im Osten, zweimal, China zu regieren. Dabei gründeten sie Dynastien, die ganz China kontrollierten. Auch im Südwesten des Landes, der Provinz Yunnan, wo 29 der 56 anerkannten nationalen Minderheiten leben, kam es früh zu Assimilationsprozessen. Hanchinesische Siedler erschlossen sich neue Lebensräume, trieben Handel und vernetzten sich auf diese Weise erfolgreich mit den Minderheiten der Region.

Viele Jahre lang war der größte Separatist aus Sicht der chinesischen Regierung kein Führer der Uighuren oder Tibeter und schon gar kein Mongole, sondern ein Taiwanese mit dem han-chinesischen Namen Chen Shuibian, Taiwans Präsident von 2000 bis 2008. Taiwans Urbevölkerung stammt von austronesisch-polynesischen Siedlern aus der Inselwelt des Südpazifik ab. Da die Insel wie ganz China von einer Mehrheit aus Han-Chinesen bewohnt wird, besitzen auch die Urtaiwanesen als »Hochgebirgs-Ethnie« *(gaoshanzu)* einen Minderheitenstatus. Nun verfügt aber die ganze Insel aufgrund ihrer politischen Trennung vom Festland und einer eigenen, in fast 60 Jahren aufgebauten politischen Kultur ebenfalls über einen »Minderheitenstatus«. Praktisch drückt sich dieser in einem Mehrparteiensystem, der Präsenz Japans und Amerikas und einem höheren Lebensstandard aus.

In den deutschen Medien wurde das »Taiwan-Problem« *(Taiwan wenti)*, wie es in China überall genannt wird, gern als festlandchinesische Version der Hallstein-Doktrin bezeichnet, die – benannt nach dem bundesdeutschen Staatssekretär Walter Hallstein – von 1955 bis 1969 die deutsch-deutsche Außenpolitik prägte. Der Kern dieser Politik war der Alleinvertretungsanspruch der westdeutschen Regierung für alle Deutschen, der – mit Ausnahme der Weltmacht Sowjetunion – diplomatische Beziehungen zu all jenen Staaten verbot, die die DDR offiziell anerkannten. Doch die Analogie ist nur bedingt zutreffend, denn genau genommen ist der chinesische Alleinvertretungsanspruch keine exklusive Ein-China-Politik der kommunistischen Regierung in Peking, sondern drückt eine relativ moderne han-chinesische Grundhaltung aus, deren Entwicklung mit der Entstehung einer chinesischen Nation im 20. Jahrhundert verbunden ist.

Der 1949 aus dem Bürgerkrieg als Verlierer hervorgegangene und nach Taiwan geflüchtete Nationalistenführer Chiang Kai-shek und seine Guomindang-Partei, die Taiwan bis zum Jahr 2000 regierte, gab sich bis in die 70er Jahre zumindest in der politischen Agenda genauso starr wie die Festlandregierung: Auch von Taiwan aus wurde ein »nationalchinesischer« Alleinvertretungsanspruch für ganz China proklamiert. Dessen Grundlage leitete der 1975 verstorbene Chiang Kai-shek aus den »Drei Volksprinzipien« *(sanminzhuyi)* ab: Volksstaat, Volksherrschaft und Volkswohl. Der Volksstaat ist genau das, was Deutschland im 19. Jahrhundert zu erlangen suchte – eine nationale Einheit oder im Falle Chinas: ein »han-chinesischer« Einheitsstaat. In diesem Punkt war Chiang im Vergleich zu seinem Widersacher und Todfeind Mao immer der stärkere Nationalist. Wenn die Kommunisten von einer abtrünnigen Provinz sprachen, dann entgegnete Chiang, dass Taiwan das »wahre China« im Geiste der nationalen Revolution sei, die Musterprovinz für ein China, das das Festland erst noch werden müsse, sollte es einst wiedererobert werden. Es galt eben auch auf Taiwan die »Ein-China-Politik«, das Erbe Sun Yatsens. Von Demokratie war diese Haltung weit entfernt. Erst seit 1992 durfte man den Gedanken taiwanesischer Selbständigkeit frei äußern.

Politische Unabhängigkeit ist auf Taiwan seit Jahren kein aktuelles Thema mehr. Militärische Selbststärkung, die noch bis 2008 mit Hilfe der USA ein wichtiger Bestandteil taiwanesischer Politik war, ist ökonomischer Selbststärkung gewichen. Dazu führte nicht zuletzt ein höheres Maß an ostasiatischer Schicksalsergebenheit, die in die Einsicht mündete, dass man einer stark nachgerüsteten Volksrepublik ohnehin nichts Gleichwertiges entgegenzusetzen habe. Doch was Taiwan besitzt, ist eine gemeinsame Sprache mit dem Festland und ein hoch entwickeltes Wirtschaftstalent.

Der 2012 im Amt bestätigte Präsident Ma Ying-jeou hat den engen Austausch mit der Volksrepublik in den Mittelpunkt seines politischen Handelns gestellt. 2008 waren die ersten Direktflüge vom Festland auf die Insel ohne den zeitraubenden Umweg über Hongkong Wirklichkeit geworden. 2010 schloss man dann auch folgerichtig das »Economic Cooperation Framework Agreement«, das für China und Taiwan eine Art »Win-Win«-Situation ihrer ökonomischen Entwicklung schuf. Direktinvestionen auf dem Festland wurden für taiwanesische Unternehmen noch einfacher und umgekehrt konnten festlandchinesische Produkte und Dienstleistungen unter Wegfall tarifärer und nichttarifärer Schranken leichter auf die Insel gelangen. Das Festland wurde zu Taiwans Handelspartner Nummer Eins und Taiwan ebenfalls zu einem der wichtigsten Partner Chinas. Das geht mittlerweile so weit, dass sich Taiwan und die direkt gegenüber liegende Nachbarprovinz Fujian, aus der viele Taiwanesen stammen, immer enger verbinden. Reisen für Menschen aus Fujian nach Taiwan sollen erleichtert, das gemeinsame kulturelle Erbe immer mehr Thema einer engen Verbundenheit werden.

Die Menschen auf beiden Seiten der Meerenge von Taiwan sind der Schlüssel zu dieser sehr chinesischen, weil auf den praktischen beiderseitigen Nutzen gerichteten Entwicklung, die nach den früheren Spannungen nur als erfreulich bezeichnet werden kann. Mehr als eine Million Taiwanesen leben de facto auf dem Festland und bewohnen großzügige Appartements in Peking, Shanghai oder Shenzhen. Eine weitere Million nutzt die neuen Direktverbindungen und pendelt eifrig Geschäfte machend hin und her. Sprachkenntnisse und kulturelle Nähe bescheren ihnen oft wichtige Vorteile im harten China-Wettbewerb gegenüber Westlern und Japanern. Auch umgekehrt lockerte die früher gegenüber dem »rückständigen« Festland stark geschützte Insel ihre Restriktionen und erlaubte chinesischen Firmen und Investoren mehr Spielraum.

Dabei ist das Festland wichtiger für die Existenz Taiwans als umgekehrt: Taiwan verfügt seit 2009 über eine der niedrigsten Geburtenraten Ostasiens. Ohne frisches Blut vom Festland und aus anderen Ländern droht der Insel eine Zukunft der Überalterung ähnlich wie den Nachbarn Japan und Korea. Ökonomisch wie demographisch sind »beide Chinas« längst wiedervereinigt. Daran ändert auch das Bewusstsein von knapp Dreiviertel der Bevölkerung nichts, dass sie sich in erster Linie als »taiwanesisch« verstehen. Es ist eben ein durchaus selbstständiges Taiwan mit zunehmend chinesischer Prägung – und kulturell ohnehin das »bessere China«, wovon viele Taiwanesen überzeugt sind.

Die Gelben

Chinesen sind gelb. In dem Punkt sind sich In- und Ausländer einig. Bei genauerer Betrachtung jedoch fällt es schwer, das »Gelbe« eines chinesischen Gesichtes zu erkennen. Viele Chinesen haben einen eher blassen Teint. Manche Frauengesichter sind sogar ungewöhnlich weiß im Gegensatz zu den eher bräunlichen Gliedmaßen. Das rührt daher, dass viele Chinesinnen jüngeren und mittleren Alters sehr auf ihr Äußeres bedacht sind. Dazu gehört neben passendem Lippenstift und Nagellack auch die »Weißmach«-Creme, die die Hauttönung aufhellen soll. Die internationale Kosmetikindustrie hat auf die Anforderungen des chinesischen Marktes längst reagiert. Große französische Edelmarken bieten in ihren chinesischen Kollektionen diverse Cremes und Puder an, die alle auf ein Ziel ausgerichtet sind: gesunde, glatte weiße Haut zu erzeugen. Weiß ist »in«. Das gilt für China genauso wie für Japan, Korea und Südostasien. Das weibliche Schönheitsideal ist »weiß«, und starke Sonneneinstrahlung wird als Gefahr empfunden. Eine Frau, die Wert auf ihre Erscheinung legt, sollte daher nie ohne Hut und Sonnenschirm – auch ein Regenschirm erfüllt entsprechende Dienste – die Wohnung verlassen. Für schönheitsbewusste Chinesinnen ist es schlicht unverständlich, warum sich Europäerinnen ihre Haut in Sonnenstudios oder am Meeresstrand hässlich braun »braten« lassen. Das weiße Schönheitsideal entspringt einem Klassenbewusstsein innerhalb der *baixing*-Gemeinschaft. Wer weiß ist, muss nicht körperlich arbeiten, ist Unternehmerin oder Intellektuelle. Braune Menschen sind Bauern und tragen Reisstrohhüte, die sich Europäerinnen oder Amerikanerinnen als Andenken kaufen, um symbolisch zu zeigen, dass sie in China waren. Wenn die wüssten!

Bei so viel natürlichem Braun und künstlichem Weiß auf der Haut – woher kommt dann das Bild vom »gelben Chinesen«? Es gibt durchaus den einen oder anderen Menschen, dessen Hautfarbe einen gelben »Stich« aufweist. Auch ist Gelbsucht aufgrund der schieren Schlemmlust vieler Chinesen eine der am verbreitetsten Krankheiten im Land, vor allem zur Meeresfrüchte- und Krebssaison im Frühjahr und im Herbst. Im direkten Vergleich zum nordeuropäischen Durchschnittshauttyp tendiert der nordchinesische tatsächlich etwas stärker ins Gelbliche. Aber das alles sind vage und wenig befriedigende Deutungsversuche und erklären nicht das sich hartnäckig haltende Bild vom »gelben Chinesen«.

Mehr Aufklärung bietet die chinesische Kulturgeschichte. Was tatsächlich gelb *(huang)* an China ist, das ist die eigene Kulturtradition, denn innerhalb der chinesischen Kultur gibt es einige bedeutende »gelbe Phänomene«. Das erste findet sich in der historisch ungesicherten Frühzeit. Einer der frühesten mythischen Herrschergestalten des Landes war der sogenannte Gelbe Kaiser *(Huang Di)*. Sein Grab wird heute nördlich von Xi'an im Hochland der »Gelben Erde« *(huangtu gaoyuan)* verehrt und gehört zu den wichtigen Tourismuszielen der Region. Auch chinesische Politiker der Neuzeit haben es besucht und dort Reden über die Größe der »Gelben Kultur« Chinas gehalten. Der Gelbe Kaiser gilt als der Erfinder der traditionellen chinesischen Medizin, weil ein Buch überliefert ist, das unter seinem Namen Grundprinzipien der chinesischen Medizin beschreibt.[6] Die reale Existenz des Gelben Kaisers wurde jedoch niemals bewiesen. Jene 99 Jahre Regierungszeit zwischen 2697 und 2598 v.Chr. gehören wie die erstaunlichen Lebensalter biblischer Figuren in den Bereich der Mythologie.

In den letzten Jahren, in denen die Diskussion um das Eigene chinesischer Kultur wieder entflammt ist, wird der Gelbe Kaiser von politischen Führern zum Patron von Chinas »Gelber Kultur« erhoben. Das ist nichts wirklich Neues, denn bereits die »Gelben Turbane« *(huangjin)*, die einen »gewaltigen Aufstand«[7] zum Ende des zweiten Jahrhunderts nach Christi Geburt in Nordchina provozierten, verehrten den Gelben Kaiser. Mit den Idealen des mythischen Philosophen Lao Tse ausgestattet, erhoben sie Huangdi zu einer neuen Gottheit, den »Gelben Alten« *(Huang Lao)*, einer

Kombination aus *Huang*di und *Lao* Tse. Später kleideten sich die chinesischen Kaiser traditionell in gelbe Gewänder eines bestimmten Tones, der allein dem Kaiser vorbehalten war. Auch die Dächer des Kaiserpalastes in Peking sind mit gelben Ziegeln bedeckt, dem farblichen Symbol für den Herrscher und das politisch-kulturelle Zentrum des Landes.

Der Gelbe Fluss *(Huang He)* ist für viele Han-Chinesen ebenfalls Legende. Wenig weiß man von ihm und den Lebensformen derjenigen, die seine Ufer bevölkern, wenn man im 30. Stock eines Hochhauses in Shanghai wohnt. Doch die Legende umfließt die Geschichte des eigenen Volkes: Fluss und Hochland am Mittellauf des Gelben Flusses gelten als die Ursprungsregion der alten chinesischen Kultur. Die gelbbraune Farbe rührt von der Farbe des Löß her, einer eiszeitlichen Sedimentschicht, die ein riesiges Gebiet am Mittellauf des Flusses bedeckt. Diese »Gelbe Erde« ist der Nährboden chinesischen Lebens. Aus ihm entsteht bei guter Bewässerung fruchtbares Ackerland, dem die »gelben« *baixing* der »Gelben Erde« einen Großteil ihrer Existenz verdanken. Noch heute gilt der Gelbe Fluss und nicht der südlich gelegene Yangtsekiang als »Mutterfluss« *(muqin he)* der Kultur.

»Gelb« zu sein bedeutete auch, die richtige Abstammung und Ahnenreihe zu haben. Sie wies den Menschen als echten, bodenständigen Chinesen aus. Im 4. Jahrhundert nach Christus gab es bereits Probleme der Überbevölkerung. Im östlichen China lebten zu viele Einwanderer. Die Herrscher entschlossen sich daraufhin, diese in weißen Listen zu erfassen. Die alteingesessenen Bewohner registrierte man hingegen in gelben Listen, womit Privilegien der Siedlung und Bodennutzung gegenüber den Neuankömmlingen, den »Weißen«, verbunden waren. Die *baixing,* die schon lange in der Region lebten, erhielten damit eine Art »gelbe Staatsbürgerschaft« *(huangji).*

Gelb ist also die Farbe Chinas als Kulturnation. Lediglich vor einem Fettnäpfchen sollten sich beflissene *laowai* hüten, wenn sie gegenüber Einheimischen mit beifälligem »huangse«, der gelben Farbe, die Hochkultur Chinas preisen möchten: Mit *huangse* bezeichnet man heute auch Prostitution und Pornomedien aller Art.

Zwischenmenschliche Beziehungen: *guanxi* von Chef bis Freund

Mein Schwager ist Bauingenieur. Jeden Tag, auch Samstage und Sonntage, verbringt er auf einer der zahlreichen Baustellen seines Heimatortes Zhenjiang inmitten der dichtbevölkerten ostchinesischen Provinz Jiangsu. Mein Schwager ist ein Kenner der Branche. Sein Chef ordnet an, und er führt die entsprechenden Projekte erfolgreich durch. Nie klagt mein Schwager über die Belastung durch Wochenendarbeit. Der Chef ist ihm privat verbunden. Gelegentlich geht man gemeinsam in eine Karaoke-Bar oder trifft sich in einem Teehaus zum Kartenspiel. Mein Schwager ist nicht korrupt, nimmt keine Geldgeschenke oder Sachprämien entgegen, wie in der Branche sehr oft üblich. Doch er fühlt sich doppelt verpflichtet: dem Chef und seiner Familie gegenüber, für die er Geld verdienen muss. Umgekehrt weiß er, dass der Chef ihn mag und für ihn sorgt. Arbeitsprämien für gute Leistung sind ihm sicher, ebenso zusätzliche Leistungen der Firma, wenn er einmal krank werden sollte. Einmal befragt, wie er sein tägliches Arbeitsverhältnis beschreiben würde, antwortete mein Schwager: »Zu viel zu tun – aber harmonisch!«

Es wäre ein Fehler, China im 21. Jahrhundert als konfuzianisch geprägte Gesellschaft zu bezeichnen. Das trifft weit eher auf Taiwan, Südkorea oder Singapur zu, Nachbarregionen also, die keine kommunistische Revolution erlebt haben und deren Staatswesen noch heute auf klassischen konfuzianischen Prinzipien fußen. In Südkorea wurde der Konfuzianismus 1995 zur Religion erklärt, was er in China niemals war. Lediglich einige konfuzianisch inspirierte Politiker zum Ende des 19. Jahrhunderts trugen sich mit der Idee einer konfuzianischen Kirche. Doch auch in der Volksrepublik haben sich gewisse Grundmuster »konfuzianischen« Verhaltens im Alltagsgeflecht erhalten.

Kurz nachdem mir mein Chinesischlehrer das Wort für »Guten Tag!« – *ni hao* – beigebracht hatte, lernte ich bereits das Wort *guanxi*. »Dieses Wort ist wichtig, das müssen Sie behalten, wenn Sie wissen wollen, wie China funktioniert«, orakelte der Lehrer. Ich folgte dem Rat, schließlich soll man den Lehrer ehren, und in China ganz besonders. Was sich hinter diesem »Zauberwort«[8] verbirgt, wird erst deutlich, wenn man seine Geschichte betrachtet. Die ist, wie vieles in China, über 2000 Jahre alt und eng verknüpft mit der konfuzianischen »Lehre der fünf Beziehungen« *(wulun)*. Nach der Lehre des Meisters Konfuzius ist jeder »edle Mensch« in fünf Beziehungen zu seinen Mitmenschen eingebunden. Diese betreffen: Vater und Sohn, Herrscher und Untertan, Ehemann und Ehefrau, älteren Bruder und jüngeren Bruder, Freund und Freund.

Diese fünf Beziehungen machen den Menschen »edel« und erst zum sozialen Wesen. Sie dienen der Absicherung des Individuums in einer Gesellschaft, die bis heute, abgesehen von einer sehr kurzen »kommunistischen Phase«, niemals auf die Sicherheit eines Wohlfahrtsstaates vertrauen konnte. Sie dienen aber auch der sozialen Stabilität des »Reiches«, denn nur wenn das Individuum in feste Beziehungen eingebunden ist, wird es »berechenbar« und »funktioniert« zum Wohle der gesamtgesellschaftlichen Stabilität. Das ist in der praktischen chinesischen Politik wichtiger als Verfassung und Gesetze.

Das Handeln des Einzelnen wird festgelegt durch ein Wechselspiel von Geben und Nehmen, das Chinesen als *renqing* bezeichnen. *Renqing* bedeutet wörtlich »menschliche Gefühle haben«. Gefühle können beim Geben oder Nehmen durchaus eine Rolle spielen. Wichtig aber ist das Wechselspiel: Der Chef gibt Gehalt, Prämien und Einbindung und nimmt dafür Arbeitskraft, Können und Loyalität des Mitarbeiters entgegen. Die Beziehung zum Chef ist die politische Dimension im Leben eines ganz normalen *baixing*. Sie stellt die moderne Variante der alten Beziehung zwischen Herrscher und Untertan dar. Den Staat und dessen Führung kann man dabei getrost vernachlässigen, denn im Unterschied zu den Zeiten des Konfuzius, wo der politische Herrscher die wichtigste Rolle im Geflecht der sozialen Beziehungen einnahm, steht dieser im modernen China nur an zweiter Stelle. »L'etat c'est moi« (»Der Staat bin ich«) – diesen berühmten Spruch des französischen Sonnenkönigs kann sich heute ein chinesischer *laoban*, ein Firmenchef, viel eher als der Präsident des Staates zu eigen machen. Der Wirtschaftsboss hat in der modernen Gesellschaft Chinas das Zepter des politischen Herrschers übernommen. Er ist uneingeschränkte Autorität, die sich nicht mit Gewerkschaften und Arbeitnehmervertretern herumschlagen muss. Dem Chef ist der Mitarbeiter verpflichtet – und das ist fast jeder Erwachsene einer chinesischen Stadt, denn Männer und Frauen tragen gleichermaßen zum Familieneinkommen bei. Dafür ist der Chef zur Sorge gegenüber seinem Mitarbeiter verpflichtet. Die Prämien, die er über das Gehalt hinaus zahlen kann und will, entscheiden über Wohlfahrt und Wohlstand des Einzelnen. Das Denken des *baixing* kreist daher um seine Firma und seinen Chef. Dem Staat und seinen Funktionären bleibt auf dieser Beziehungsebene die Kontrollfunktion, eine mächtige Funktion. Kontrolle übt der Staat aus, wo er kann – durch Verpflichtungen zur Parteimitgliedschaft, durch Parteisekretäre, durch Inspektion von Firmen und Institutionen und nicht zuletzt im Bildungswesen, wovon noch ausführlich die Rede sein wird.

Die nächste Beziehungsebene ist die der Familie, zu der gleich drei der fünf grundlegenden Beziehungen gehören: die zwischen Ehemann und Ehefrau, zwischen Eltern und Kinder, zwischen den Geschwistern. Viele halten diese Ebene daher für das zentrale Element der chinesischen Gesellschaft, weil gerade traditionelle chinesische Unternehmen in Hongkong oder Taiwan Clan-Strukturen aufweisen. Abgesehen von dem Sonderfall der Stadt Wenzhou, deren Einwohner weltweit organisiert in weit verzweigten familiären Gemeinschaften China-Restaurants betreiben, Schuhgeschäfte aufbauen oder China-Handelshäuser eröffnen, sind Familienclans in der Volksrepublik China eher selten. Familie bedeutet auf dem Festland meist Familie in dem uns vertrauten Sinne der Kleinfamilie. Das Verhältnis von Ehemann und Ehefrau beinhaltete ursprünglich finanzielle und soziale Sicherheit für die Frau. Der Mann erhielt dafür täglich Nahrung und Zuneigung, nicht selten begleitet von einer Art »Gehorsam«. Heute trägt die Frau genauso zur finanziellen Absicherung der Familie bei wie der Mann. Trotz sehr moderner und starker Frauenrollen in den großen Metropolen ordnet sie sich noch immer eher unter: Sie ist es, die auch nach einem Acht-Stunden-Arbeitstag in der Küche steht und wie selbstverständlich ein üppiges Abendessen zubereitet, während er beim grünen Tee mit Freunden schwatzt. Auch die von Konfuzius hervorgehobene Vater-Sohn-Beziehung findet im modernen China noch ihre Entsprechung, allerdings ergänzt durch die zunehmend wichtigere Vater-Tochter-Beziehung, denn entgegen der alten, ländlichen Tradition, unbedingt Söhne haben zu wollen, wünschen sich mehr und mehr Städter ein hübsch anzusehendes Mädchen. Söhne und Töchter sind der Mittelpunkt der Familie, gleichsam die innerste der inneren Beziehungen.

Wie Motten das Licht umkreisen Eltern und Großeltern den meist einzigen Nachwuchs und haben entsprechend große Pläne: Mein Bekannter, der Ingenieur Liu Minghao, arbeitet hart. Sechs

Tage pro Woche á zehn Arbeitsstunden sind keine Seltenheit, seitdem er leitender Direktor der Forschungsabteilung geworden ist. Dabei geht es ihm nicht hauptsächlich darum, sich in dieser Firma »selbst zu verwirklichen«, wie sein deutscher Chef es ihm oft ermunternd nahegelegt hat. Ihm geht es um seine Tochter. Liu Lin lernt zwei Instrumente gleichzeitig. Das ganze Wochenende ist dafür verplant. Nun soll sie auch noch Deutsch lernen, damit sie ein Konservatorium in Deutschland besuchen kann. Das Beste natürlich. Geld spielt dabei nicht die entscheidende Rolle, denn dafür arbeitet Vater Liu schließlich hart. Das Leben des Nachwuchses ist teuer. Mehr als ein Kind kann man sich oft gar nicht leisten, was im kostspieligen Shanghai die Ein-Kind-Politik schon fast überflüssig gemacht hat.

Die Väter verlangen dafür von Sohn oder Tochter vor allem eins: Erfolg. Die Mütter achten auf die entsprechend guten Schulnoten, die den Weg zum Erfolg ebnen sollen. Die Ansprüche sind hoch, der Druck ist groß, manchmal zu groß, so dass einige Kinder ausbrechen und so die innerste der chinesischen Beziehungen gefährden. Doch die meisten ehren ihre Eltern und empfinden das auch als selbstverständliches Verhalten, wie mir Teilnehmer meiner Seminare immer wieder beteuern. Diese Unterordnung gegenüber den Eltern, Gehorsam, wenn man so möchte, ist die Gegenleistung, die dem Kind abverlangt wird. Dadurch funktioniert es in einer Leistungsgesellschaft, gegen die es sich nicht wehren kann und oft nicht will. Früher, zur Zeit des Kaisers, nannte man dieses komplexe Verhältnis *xiao*. Das bedeutet so viel wie Kindespietät, die auch die Fürsorge der Kinder für die Eltern, insbesondere im Alter, einschloss. Wenn Liu Lin erwachsen sein wird, dann werden sich allerdings nicht mehr ausreichend Kinder um die vielen alten Eltern sorgen können und wollen. Gelernt haben sie es jedenfalls nicht. Doch dem Vater, Ingenieur Liu, ist die Kindespietät selbstverständlich. Seine alte Mutter hat ein Zimmer in dem geräumigen, 180 Quadratmeter großen Reihenhaus am Rande der Stadt, das der Familie gehört. Niemals würde er die Mutter in eines dieser neuen Altenheime ziehen lassen. Das wäre ein Bruch mit der Pietät, und er würde sein Gesicht verlieren, sein Ansehen in der Nachbarschaft und im Freundeskreis. So ist die Mutter versorgt und hat mit ihrem Ersparten schließlich selbst auch zum Erwerb des Reihenhauses beigetragen. Geben und Nehmen bestimmt die Beziehungen auch in der Familie.

Die letzte der drei familiären Beziehungen beginnt auszusterben. Ältere und jüngere Brüder (oder Schwestern) gibt es noch in der Generation Ingenieur Lius und meines Schwagers. Doch bereits in der nächsten Generation der nach 1981 Geborenen, den »Nach-80ern«, wie die junge Generation der Einzelkinder heißt, wird das anders sein. In Ermangelung leiblicher Brüder und Schwestern sind viele *baixing* deshalb dazu übergegangen, ihre Cousinen und Cousins *gege* (älterer Bruder), *didi* (jüngerer Bruder), *jiejie* (ältere Schwester) oder *meimei* (jüngere Schwester) zu nennen. Auch die Freunde werden eingeschlossen. Das deckt sich dann mit der staatlichen Propaganda, die nicht müde wird zu betonen, dass ganz China eine große Familie sei.

Schließlich existiert noch die Beziehung der Freundschaft. Freund *(pengyou)* wird man in China sehr schnell, oft ohne sich zu kennen. *Pengyou* kann sein: der langjährige Schulfreund, den man immer wieder trifft, der Kumpan aus Armeezeiten oder auch der Geschäftspartner aus Deutschland, den man kurz zuvor in der neuen Bar kennengelernt hat. Die Kriterien der Freundschaft beginnen auf sehr niedrigem Niveau: Ein gemeinsames Geschäft und damit eine zeitlich begrenzte Beziehung zu beiderseitigem Nutzen reicht dazu schon aus. Das kann sich dann durchaus zu Freundschaftsverhältnissen entwickeln, die dem deutschen Empfinden entsprechen. Die meisten Freundschaften sind jedoch gemäß dem *renqing*-Prinzip auf gegenseitigen Nutzen hin ausgelegt: Der Freund kann behilflich sein, offiziell nicht mehr erhältliche Zugtickets oder Eintrittskarten doch noch zu bekommen, er öffnet geheime Türen zu wichtigen Kontakten, die benötigt werden, um ein Geschäft abzuschließen. Er lädt den *laowai*-Freund großzügig zu einem opulenten Essen oder einer entspannenden Urlaubsreise ein und erinnert sich dann Wochen später telefonisch an dessen gute Verbindungen zur deutschen Botschaft, von der seine Tochter ganz dringend ein Studentenvisum benötigt. Viele *pengyou*-Beziehungen werden irgendwann Gegenleistungen einfordern, denn wozu hat man schließlich Freunde?

Fühlt ein Chinese sich seinem *pengyou* emotional besonders verbunden, kann dieser zum *gemenr* werden, ein Ausdruck, der aus Nordchina stammt. Dieser Begriff enthält die Bedeutung von Bruder, also eine besonders innige Verbindung, die in der Regel mehr bedeutet als die Zweckfreundschaft. *Gemenr* zu werden stellt für den Ausländer eine gewisse Hürde dar, da nun wirklich tiefergehendes Verstehen gefragt ist. Ganz ohne Sprachkenntnisse und intensive Teilhabe am chinesischen Dasein geht das nicht.

Die Freund-Freund-Beziehung ist die zerbrechlichste aller Beziehungen, andererseits garantiert sie die größtmögliche Vernetzung und einen hohen praktischen Nutzwert. In diese Rubrik fallen die meisten Geschäftskontakte sowie die Gründe für viele kleine Erfolge im Alltag. Die alte Freund-Freund-Beziehung des Konfuzianismus ist das eigentliche Feld der gegenwärtigen *guanxi*. Hier kann das Prinzip des Gebens und Nehmens zur Bedingung der Beziehung werden. Ist die Bereitschaft dazu nicht in gleichem Maße auf beiden Seiten vorhanden, bricht diese Form der Beziehung auseinander. Das geht so weit, dass *guanxi* bereits als »Kapital« mitgebracht werden, um ein bestimmtes Ziel, eine Position, einen Geschäftsabschluss etc. zu erreichen. Wenn mein Netzwerk von Beziehungen, das ich in die neue Beziehung einbringen kann, attraktiv genug ist, das heißt die richtigen Personen in ausreichender Zahl präsent sind, dann habe ich selbst als *laowai* gute Chancen, einen wichtigen Platz an der Seite meiner chinesischen *pengyou* zu erhalten. »Gute Gefühle« sind mir sicher.

In einer Gesellschaft, in der sich kaum fest institutionalisierte, rechtlich abgesicherte und entsprechende nutzbare soziale Einrichtungen entwickelt haben, ist das persönliche Netzwerk lebensnotwendig. Nur so kann die chinesische Gesellschaft überhaupt funktionieren. Selbstverständlich wird dann auch einmal ein Geschenk überreicht, um sich einer bestimmten Beziehung nachdrücklich zu versichern. Wo Nord- und Mitteleuropäer schnell Korruption wittern, erhöht ein Chinese mit Geschenken letztlich nur die Wahrscheinlichkeit, dass eine wichtige Verbindung auch tatsächlich funktioniert. Einklagen kann er sie nicht. Das wäre ein verrückter Gedanke. Wenn ich junge Chinesen nach den herausragenden chinesischen Fähigkeiten frage, erhalte ich schnell die Auskunft, dass *renqing* ein auszeichnendes Merkmal des eigenen Volkes sei.

Harmonie im Gegensatz: die zwei Seelen der Chinesen

Auch China hat ein Wort des Jahres. Vor einigen Jahren lautete es Harmonie *(hexie)*. In großen Lettern ermahnt die Führung ihre Bürger zu mehr Harmonie. Neue Hochgeschwindigkeitszüge der

»Baureihe Harmonie« lassen auf wichtigen Fernverkehrstrecken Entfernungen dramatisch zusammenschrumpfen. Die Politstrategen in Peking haben eine einfache gesellschaftliche Gleichung aufgemacht: Harmonie gleich Beziehungen mal Erfolg. Wer die richtigen Beziehungen geknüpft hat und die mit entsprechendem Erfolg multipliziert, der kann am Ende nur ein harmonisches Leben führen. Wenn das Leben des Einzelnen harmonisch geworden ist, dann werden sich Abermillionen harmonischer Einzelzustände zur gesamtgesellschaftlichen Harmonie addieren. So legt es die einfache Mathematik der chinesischen Politik nahe. Wenn die Gleichung aufgegangen sei, dann würden die kleinen »Nickligkeiten« des Alltags, die lautstarken Streitereien auf den Straßen chinesischer Großstädte, das aggressive Gedrängel ansonsten freundlich-friedlicher Menschen in den U-Bahnen, bald verschwunden sein. Dann würde Harmonie einkehren, und Harmonie bedeutet Glück, wie die Vereinigung zweier Menschen in der Ehe oder die Zusammenkunft der Familie zum chinesischen Neujahrsfest.

Harmonie bedeutet traditionell aber auch Balance, Ausgleichen der Gegensätze. *Maodun,* die chinesische Bezeichnung für Gegensatz, bedeutet wörtlich »Speer *(mao)* und Schild *(dun)*«. Ein solches Paar verleiht nur zusammen dem Krieger Stärke: Angriffskraft und Abwehrkraft. Beide Elemente des Gegensatzes sind miteinander vereinbar und ergänzen sich. Diese chinesisches Grundauffassung entspricht dem bekannten deutschen Spruch: »Gegensätze ziehen sich an!«, geht aber über ihn hinaus, indem sie ihre Vereinigung mitdenkt. Das ist genau das, was dem berühmtesten chinesischen Gegensatzpaar von *yin* und *yang,* dem weiblichen und dem männlichen Prinzip, dem kosmischen Prinzip von Mond und Sonne, zugrunde liegt. Gegensätze in sich vereinen zu können bedeutet, Harmonie zu finden.

Auch Lebensanschauungen sollten nach dem Harmonieprinzip austariert sein. Konfuzianismus und Taoismus haben China niemals in Glaubenskriege gestürzt wie Katholizismus und Protestantismus zur Zeit von Reformation und Dreißigjährigem Krieg in Deutschland. Fundamentalismus ist ein einseitiges, totales Prinzip, das sich mit nichts anderem aufaddieren lässt. Daher ist es selten in China anzutreffen. China baut auf Zweiseitigkeit und darauf, dass man Dinge addieren oder teilen kann: Ein gebildeter Chinese konnte zur Kaiserzeit Konfuzianer und Taoist zugleich sein oder beides eben immer zur Hälfte. Die eine Hälfte, der Konfuzianismus, sicherte dem Menschen Amt, Familie und Freunde, einschließlich der entsprechenden Beziehungen. Sie machte ihn überlebensfähig in der Gesellschaft des Materiellen und der Politik.

Anders als im Fall des Konfuzianismus haben die alten Chinesen aus dem philosophischen Taoismus auch eine Volksreligion mit Geistern, Göttern, Dämonen und Heiligen geschaffen, die noch heute in entsprechenden Tempeln bewundert werden können. Doch mit der philosophischen Grundhaltung des Taoismus hat das wenig zu tun. Die Freiheit, die der philosophische Taoismus schafft, ermöglicht es, die Welt spielerisch zu begreifen, Dinge anders zu sehen, als sie gewöhnlich erscheinen, sich auch einmal ganz zurückzuziehen und »nicht zu handeln«. Den Dingen einfach ihren Lauf zu lassen. Zum Einsiedler zu werden. Das Materielle als unwesentlich zu begreifen. Genau wie die europäische Erfindung des Sozialismus die Antithese des Kapitalismus, so scheint der Taoismus die Antithese des Konfuzianismus zu sein. Nach der chinesischen Harmoniegleichung aber ergänzen sich beide im Individuum. Das Ergebnis ist der ausgeglichene Mensch. Der Taoismus kompensiert die ungelösten Probleme, die konfuzianisch geprägtes Verhalten erzeugen. Er bekämpft sie aber nicht. Bekämpfen ist das Resultat eines analytisch geprägten Denkens, wie es Europäern und Amerikanern stärker eigen ist. Kompensieren ist die chinesische Alternative. Ein Denken, das eher synthetisch angelegt ist, nach der Verbindung der Dinge sucht und nicht nach dem Trennenden. Daher ist es auch für die Chinesen nicht so wichtig, genau zu definieren, was Taoismus oder Sozialismus nun eigentlich ist. In einer sehr diesseitsbetonten Welt wie der chinesischen ist die Suche nach Ausgleich naheliegend, vielleicht sogar notwendig, um gesund zu bleiben. Mein Schwager ist dann ein moderner Taoist, wenn es ihm selbst in der Hektik der Großstadt gelingt, nicht ganz dem Stress zu erliegen: »Der Eremit in der Stadt ist der großartigste unter allen Eremiten.« Davon war bereits Lin Yutang überzeugt.[9]

Dieses halb Konfuzianer, halb Taoist sein ist selbstverständlich ein Ideal und wird von immer weniger Menschen in Chinas hektischen Metropolen erreicht. Ein tiefgründiges Wissen um das Prinzip des harmonischen Ausgleichs ist nicht verbreitet, aber ausgeglichen zu leben ist noch immer ein Grundinstinkt der *baixing*. Manch erfolgreicher Geschäftsmann oder manche erfolgreiche

Geschäftsfrau haben wieder begonnen, den Lao Tse und die Prinzipien des Taoismus zu studieren, um dieses Element in ihr Leben zurückzubringen. Die meisten funktionieren zu »konfuzianisch«. *Renqing* zu praktizieren, *guanxi* zu bilden, verschiedene dieser Beziehungen auszuhalten, Druck und Stress nachzugeben sind allesamt sehr gesellschaftsbestimmte Tätigkeiten. Da fehlt es oft an Rückzugsmöglichkeiten und innerer Ruhe. Beides richtig auszupendeln, keiner Seite zu stark zuzuneigen, das wird als Prinzip von »Maß und Mitte« bezeichnet. Im alten China gehörte das Buch von »Maß und Mitte« *(zhongyong)* zu den wichtigsten Klassikern, die jeder Gebildete kennen musste.

Der Lauf des Lebens

Kindheit

Wird in China ein Kind geboren, dann glauben die stolzen Eltern noch immer, Höhepunkt und Bestimmung ihres Lebens erreicht zu haben. Das gilt uneingeschränkt auch im China des 21. Jahrhunderts, denn Kinder stehen im Mittelpunkt dieses Beziehungsgefüges. Früher wurde das Ereignis der Geburt gefeiert, indem man rote Eier, Symbole des Glücks und der Fruchtbarkeit, an Freunde und Verwandte verteilte. In den noch ländlich geprägten Gesellschaften des chinesischen Binnenlandes, insbesondere in der Region um den Gelben Fluss, haben sich bis heute entsprechende Bräuche bewahrt. Traditionell kreiste das Denken der Familie immer um den männlichen Stammhalter, der die Kontinuität der Familie sicherstellte. Der Nachwuchs trägt bis heute stets den Familiennamen des Vaters. In den letzten Jahren hat sich diese Denkweise jedoch merklich verändert. Auch Mädchen sind nun willkommen und – zumindest in den großen Städten – immer häufiger Wunschkinder. Auf dem Land herrscht dagegen noch stärker der traditionelle Glaube an den unentbehrlichen männlichen Stammhalter vor. Das führt bisweilen dazu, dass Schlepperbanden in Großstädten Jungen rauben und auf das Land entführen, wo sie zahlungskräftigen Landbewohnern übergeben werden. Das kommt zwar recht selten vor, doch wenn ein entsprechender Fall bekannt wird, schlagen die Zeitungen Alarm, und die Bevölkerung ist verängstigt. Angst vor Kindesraub ist neben dem zunehmenden Straßenverkehr der

Hauptgrund, warum chinesische Eltern in den Großstädten ihre Kinder ungern allein nach draußen lassen. Schulfreunde spielen auch am Wochenende kaum auf der Straße oder in Parks, selbst dann nicht, wenn der seltene Fall eintritt, dass die Kinder einmal keine Hausaufgaben machen oder keine Klavierstunde haben. Bei meinen Spaziergängen durch den Lu-Xun-Park gleich hinter unserem Haus beobachte ich allerdings seit Jahren, wie kinderlieb die Menschen sind und selbst fremde Kinder wie die eigenen behandeln. Trotzdem bleibt die Angst vor dem Fremden.

Die Ein-Kind-Politik in China ist ein weiterer Faktor, der die chinesische Kindheit in den großen Städten zu einer außerordentlich behüteten macht. Seit der Regierungszeit des ersten Mao-Nachfolgers, Hua Guofeng, genauer: seit dem Jahr 1981, gibt es eine Verordnung, nach der die Bevölkerungsmehrheit, die Han also, nur ein einziges Kind zur Welt bringen dürfen. Das führte und führt weiterhin zur Entwicklung der Generation der Einzelkinder. Verstöße gegen das Gesetz wurden mit Geldstrafen, Herabstufungen, Karriereeinschnitten und dem Wegfall oft lebenswichtiger Prämien geahndet. Die Staatsmacht griff mit diesem Gesetz tief in die Privatsphäre des Einzelnen ein, zumindest nach europäischen Vorstellungswelten. In der Praxis war die Ein-Kind-Politik in den Städten bis dato erfolgreich und konnte erstmals gelockert werden: In Shanghai, das wie Deutschland schon seit Jahren ein negatives Bevölkerungswachstum verzeichnet,[10] darf auch wieder »mehr« geboren werden. Die Ein-Kind-Politik hat einen mächtigen Verbündeten der Familienplanung erhalten, der den Erfindern dieser Politik noch unbekannt war: die Preissteigerung. Kinder sind für die Familie in den Städten ein enormer Kostenfaktor. Sie verschlingen bis zur Hälfte des Familieneinkommens allein durch die notwendigen Kindergarten- und Schulgebühren sowie die Freizeitkosten. Ein ungewolltes Kind abtreiben zu lassen ist leicht. Komplexe Indikationen sind nicht vonnöten, was schon daher rührt, dass die Gesellschaft keine Tradition wie das Christentum kennt, bei der ein universaler Lebensspender namens Gott den Menschen das Leben zum Geschenk gemacht hat, das man nicht einfach in ungeborener Form entsorgen darf. Es geht hier nicht um eine moralische Wertung, sondern lediglich um die Tatsache, dass aufgrund dieser fehlenden Tradition in China keine ethische Diskussion um den Wert und Unterschied zwischen ungeborenem und geborenem Leben geführt wird.

Ein Beispiel mag dies verdeutlichen: Frau Meng war die Sekretärin eines guten deutschen Bekannten in Peking. Eines Tages rief sie ihren Chef an und erbat sich einen halben Tag Urlaub. Der Grund: Sie müsse zum Arzt und habe eine kleine Unpässlichkeit zu behandeln. Mein Bekannter gewährte ihr bereitwillig den Urlaub. Am Nachmittag erschien Frau Meng dann müde lächelnd im Büro. Sie wirkte blass und hatte kaum Kraft, die Aufgaben des verbleibenden Tages zu bewältigen. Ihr Chef schickte sie früher nach Hause. Am nächsten Tag begann sie ihre Arbeit wie gewohnt, die »Unpässlichkeit« des Vortags schien vergessen. Erst viel später erfuhr mein Bekannter von der Abtreibung. Entsetzt bat er Frau Meng zu sich und sprach sie darauf an. Sie lächelte nur und sagte: Er könne sich beruhigen, für sie und ihren Mann sei es einfach noch nicht der richtige Zeitpunkt gewesen, ein Kind zu bekommen. Die Sache sei erledigt. Das Kind, das irgendwann einmal geboren werde, solle am Ende schon ein möglichst perfektes, qualitativ »ausgezeichnetes« *(youxiu)* Wunschkind zum passenden Zeitpunkt sein.

Für einen Deutschen, der sich noch an die grausam-absurde Rassen- und Menschenzuchtpolitik der Nationalsozialisten erinnert, klingen solche Worte zynisch. Doch in China zählen das Diesseits, die Gegenwart und die Chance auf bestmöglichen Erfolg zum richtigen Zeitpunkt. Diese Grundhaltung ist wichtig für den Nachwuchs. Kommen trotz des Anspruchs, »hochwertige« Kinder zu gebären, doch einmal behinderte Menschen zur Welt, so werden diese oft der Öffentlichkeit vorenthalten. Das gilt besonders für geistig behinderte Kinder, die in der Umgangssprache noch immer als »schwachsinnige Kinder« *(ruozhi ertong)* bezeichnet werden. Man versteckt sie, hält sie zu Hause. Ein Leben in der Öffentlichkeit, wie es für Behinderte in der westlichen Welt Wirklichkeit geworden ist, ist in China noch ferne Zukunft.

Zwei Situationen, die ich in den 90er Jahren erlebte, sind mir noch gut in Erinnerung geblieben: Menschen wichen verängstigt und angeekelt vor mir zurück, nachdem ich einem Schwerstbehinderten mitten auf Pekings bekannter Antiquitätenstraße Liulichang, der sein Dasein auf einem Rollbrett auf der Suche nach Essensresten fristete, die Hand gedrückt hatte. Und kurz nachdem AnDi 1999 geboren war, hätten wir gleich ein weiteres Kind mit leicht deformiertem Schädel und sehr wahrscheinlicher geistiger Behinderung aus dem Krankenhaus mitnehmen können – die Eltern hatten es einfach zurückgelassen. Dank Globalisierung und internationaler Veranstaltungen wie den Special Olympics in Shanghai 2007 ändert sich das Bewusstsein zumindest in den Städten. Der Begriff »spezielle Kinder« *(teshu ertong)* setzt sich allmählich durch, gepaart mit der Losung: »Ich kann's auch!«

Doch Abtreibung in China kann noch immer einen weiteren Grund haben: Der Nachwuchs ist ein Mädchen. China heute verfügt noch immer über einen signifikanten Mangel an Mädchen in seiner Bevölkerungsstatistik und Pränataldiagnostik macht es leicht, das Geschlecht des Kindes vor der Geburt zu bestimmen. Obwohl sich die Regierung dieser Tatsache bewusst ist Pränataldiagnostik zur Aussonderung von Mädchen gesetzlich verboten hat, verfügt China über das unnatürliche Geburtsverhältnis von 118 Jungen zu 100 Mädchen.[11] Natürlich wäre ein Verhältnis von rund 105 zu 100. Das wirkt befremdend, gerade wenn ich auf das glitzernde Gegenwartschina schaue, dass sich im Hochgeschwindigkeitszug-Tempo urbanisiert und damit die alten agrarischen Strukturen des Landes in Windeseile auf den Müllhaufen der Geschichte zu werfen scheint. Doch sind Menschen bekanntlich deutlich langsamer in ihrer Entwicklung als Städte und kühne architektonische Pläne. Anthropologen haben nachgewiesen, dass Kindstötungen in allen Gesellschaften immer schon Bestand hatten und solche Formen von Selektion auch bei Primaten nachzuweisen sind, die evolutionsgeschichtlich dem Menschen am nächsten stehen. China hat im Laufe seiner eigenen Kulturgeschichte dabei stärker als andere Kulturen das Phänomen der Mädchentötung herausgebildet. Schon bei Han Fei (ca. 280–233 v. Chr.), einem der bedeutendsten Staatsphilosophen des Landes, heißt es: »Was Kinder anbetrifft, so wünschen sich Vater und Mutter gegenseitig Glück, wenn ein Sohn geboren ist, aber wenn sie ein Mädchen gebären, dann vernachlässigen sie es.«[12] Han Fei liefert auch gleich die schlüssige Erklärung für dieses Verhalten: »Das kommt daher, weil die Eltern an ihre späteren Vorteile denken und dabei kalkulieren, was langfristig profitabel ist.« Wenn sie schon ihren eigenen Nachwuchs ungleich behandeln, im schlimmsten Falle sogar töten, wie der chinesische Philosoph Fung Yu Lan (1895–1990) das chinesische Wort *sha*, hier vorsichtiger als vernachlässigen wiedergegeben, wörtlich nahm, so sind Menschen nun einmal von Natur aus schlecht und müssen in ihrem Verhalten mittels staatlicher Gesetze reguliert und sanktioniert werden.

Das ist übrigens eine wichtige Grundlage auch heutiger chinesischer Politik. Han Fei schloss die Notwendigkeit dazu unter anderem aus der ungleichen Behandlung von Söhnen und Töchtern – bis hin zur Möglichkeit des Kindsmordes.

Die Beobachtung des chinesischen Philosophen ist bis heute hochaktuell, erklärt sie doch noch immer uraltes chinesisches Denken, dass sich vor allem in ländlichen Regionen bis heute gehalten hat. Söhne garantieren Versorgung, denn es war und ist bis heute dort immer noch üblich, dass Eltern mit ihren Söhnen zusammenleben und diese sich später um die Altersversorgung kümmern. Das hat nichts damit zu tun, dass Chinesen keine Mädchen mögen, sondern schlicht mit dieser simplen, aber für das eigene Überleben und den Fortbestand der Familie höchst pragmatischen Überlegung. Töchter wurden traditionell »wegverheiratet« und fehlten dann den Eltern als spätere Versorger in einer primär von der Familie geprägten Gesellschaft, die vom Staat bis heute nicht viel an Sozialleistungen erwartet. Die Geburtenkontrolle des Staates wirkte da oft kontraproduktiv. Für viele traditionell denkende Chinesen war es seit Beginn der Ein-Kind-Politik 1981 nun noch wichtiger geworden, dass ein Sohn geboren wurde. Ihr Lebensumfeld und die Strukturen ihres Daseins hatten sich im 20. Jahrhundert gegenüber der Zeit eines Han Fei vor über 2000 Jahren kaum verändert.

Doch die Urbanisierung deutet einen Wandel an. Es wird immer weniger üblich, dass Söhne und Eltern später zusammenwohnen. Kleinfamiliäre Strukturen lösen die »Mehr-Generationen«-Familie ab. Finanzielle Belastungen für den Kauf einer angemessenen Wohnung für den Sohn in der Stadt sind extrem gewachsen, während Töchter keine Wohnung garantieren müssen, sondern oft eine solche erhalten. Und man hat festgestellt: Töchter kümmern sich besser und aufmerksamer als Söhne, wenn man tatsächlich alt geworden ist. Chinas Jahrtausende alte Fixierung auf den lebenspraktisch wichtigen männlichen Nachwuchs wird sich daher in den kommenden Jahrzehnten signifikant verändern.

Im übrigen weiß nicht nur China das Problem einer unausgewogenen Geschlechterratio zugunsten von Knaben auf. Auch Indien verfügt über dieses Problem, so dass dort, mangels Ein-Kind-Politik, oft solange abgetrieben und/oder getötet wird, bis der erwünschte Junge geboren ist. In Indien spielt die traditionell hohe Mitgift, die Frauen bei der Heirat mitbringen, eine wichtige monetäre Rolle dafür, dass Jungen neben ihrer Funktion als Stammhalter beliebter sind als Mädchen. Obwohl diese Mitgift-Tradition bereits 1961 vom Staat verboten wurde, ist sie bis heute in bestimmten Schichten meist ländlicher Herkunft noch immer gefragt, ebenso wie die in China wichtige Frage späteren Zusammenlebens von Eltern und Söhnen. Anders als chinesische Großstädte wie Shanghai oder Peking ist die Mädchentötung auch in der Hauptstadt Delhi ein signifikantes Problem, wo mit 112 Jungen gegenüber 100 Mädchen unter sieben Jahren ein überdurchschnittlich hohes Ungleichgewicht gemessen wurde.[13]

Chinesen sind trotz ihrer kulturgeschichtlichen Problematik sehr kinderlieb. Dabei spielt es keine Rolle, ob der Nachwuchs nun männlich oder weiblich ist. Ganz selbstverständlich erobert er sich den zentralen Platz in der Familie. Das Kind, um das die Familie manchmal wie um einen Stern mit ausgesprochen starker Gravitationskraft kreist, ist Objekt aller Wunschprojektionen der Eltern: Für den Nachwuchs ist nur die beste Ausbildung, die das Beherrschen von Musikinstrumenten und fremden Sprachen einschließt, gut genug. Da verwundert es nicht, wenn viele Eltern in der Erziehung dem Prinzip des Laisser-faire folgen, was noch durch die Haltung der Großeltern, die häufig die Kindesbetreuung mit übernehmen, unterstützt wird: Was der »kleine Kaiser« oder die »kleine Kaiserin« wünscht, wird erfüllt und gekauft! Hinzu kommt ein Prinzip, das *zhaogu* heißt, was frei übersetzt so viel bedeutet wie die Fähigkeit, sich kümmern oder sorgen zu können. *Zhaogu* ist die geduldige und stets besorgte Fürsorge um einen Menschen, *zhaogu* ist für viele Chinesen, besonders Frauen, ein Kernelement chinesischer Kultur. *Zhaogu* wird gegeben wie entgegengenommen von Menschen, die einem nahestehen. *Zhaogu* ist das Warten vor einem Aufzug, bis man sicher ist, dass der anvertraute Fremde in besten Händen ist, genauso wie das besorgte Erkundigen des Ehepartners nach dem Ergebnis eines Arztbesuches und vor allem die Sorge der Eltern um das Kind.

Zhaogu ist wie *guanxi* eine moderne Form oder Fortsetzung der alten »Lehre der fünf Beziehungen«. Frauen sind in diesem Punkte chinesischen Männern deutlich überlegen, was sie im alten China durchaus zu den besseren Konfuzianerinnen gemacht hätte, wenn man sie als solche anerkannt hätte. Per kaiserlichem Dekret wurden Frauen jedoch nur dann als Vorbilder für ein Verhalten gemäß den fünf Beziehungen geehrt, wenn sie nach dem Tod des Mannes jedem Gefühl für einen anderen entsagten und nicht wieder heirateten. Einflussreiche Familien durften dafür dann einen Ehrenbogen errichten lassen.

Die kann man heute noch in manchen ländlichen Gegenden als Sehenswürdigkeiten der Vergangenheit bewundern. Was man dort nicht immer bewundern kann, das ist der Erfolg der Ein-Kind-Politik. An ihre Stelle trat auf dem Land das gelockerte Prinzip des »weniger und besser Gebärens« *(shao sheng you sheng)*. Im zweiten Teil des Slogans wird die Vorstellung von lebenswerterem Leben deutlich, die sich im Zeugen gesunder, nichtbehinderter Kinder ausdrückt. Die Regierung plant für das Land Verbesserungen, und welch fragwürdigen Einflüsse die Gentechnologie, die in China sehr stark gefördert wird, in Zukunft dabei haben könnte, bleibt der Phantasie des Lesers überlassen. In vielen Regionen des Binnenlandes sind die staatlichen Geburtenplaner jedenfalls schon froh, wenn eine Familie nur zwei Kinder hat statt der früher üblichen vier oder fünf. Noch gibt es auf dem Land keine Furcht vor Kindesraub. Die Kinder tummeln sich wie ihre europäischen Altersgenossen im Schmutz der Straßen und nerven mit ihren Streichen manch ältere Dorfbewohner, indem sie Waschschüsseln im Dorfteich versenken oder Bandenkriege ausfechten. Hier scheint die Kinderwelt weitgehend normal. Im westlichen Sinne zumindest.

Heirat und Ehe

Das Heiratsalter in China ist wie überall auf der Welt gesetzlich geregelt. Allgemein dürfen Frauen mit 20 und Männer mit 22 Jahren heiraten. Damit liegt das chinesische Heiratsalter über den Bestimmungen der meisten anderen Staaten der Welt, in Deutschland ist Heirat ab 18 gesetzlich erlaubt – wenn der Partner 18 oder älter ist, sogar bereits mit 16 Jahren. Das späte Heiratsalter, eine Konzession an die Geburtenkontrolle wie die Ein-Kind-Politik, gilt auch auf dem Land. Dort wird die Heiratsalter-Vorschrift allerdings oft von den Eltern mit Hilfe persönlicher Beziehungen gemäß der bekannten Maxime umgangen: »Menschen sind lebendig, Gesetze tote Materie.« Studenten durften bis vor kurzem während ihrer Ausbildung nicht heiraten, auch wenn sie älter waren. Das ist seit kurzem wieder gelockert worden. Doch viele Städter heiraten ohnehin oft deutlich später. Wer über 25 ist, für den wird es Zeit. 30 ist die Schmerzgrenze, auch in der Großstadt. In Städten wie Shanghai haben Männer statistisch gesehen diese Schmerzgrenze bereits überschritten: Frauen heiraten durchschnittlich mit knapp 30 Jahren, während Männer erst mit über 32 das rote Hochzeitszertifikat in Empfang nehmen. Die Hauptstadt Peking heiratete Anfang 2012 laut einer Meldung der englischsprachigen China Daily zwar mit rund 27 Jahren deutlich früher, allerdings war auch hier seit 2008 ein Anstieg um ein ganzes Jahr zu verzeichnen.[14]

Trotzdem glauben viele junge Menschen in China noch immer daran, dass Heirat das zweite Lebensziel nach Studium und noch vor dem Nachwuchs ist. Die Frage ist nur, wann das Schicksal den passenden Partner sendet – und viele warten da schon geraume Zeit. Wenn es dann soweit ist, dann können die Kosten für eine Hochzeit leicht 10 000 Euro übersteigen. Für das meist von den Eltern entrichtete Geld bekommt man einen Hochzeitsmoderator, 50 bis 100 Gäste, ein gemietetes Hochzeitsauto und ein üppiges Bankett. Das Geld kann allerdings wieder eingenommen werden: Jeder Gast wird dem Brautpaar einen roten Beutel schenken, der ordentlich mit Barem gefüllt ist. Manchmal machen die Frischvermählten sogar einen Gewinn. Dann ist die Hochzeit *heli* – hat sich also gelohnt. Ich erinnere mich noch gut an die eigene Hochzeit.

In einem kleinen, etwas schäbigen Hinterzimmer, der »Registratur« einer Nanjinger Bezirksverwaltung, unterzeichneten meine Frau und ich rote Ausweise in Kunststoffumschlägen, mit Staatswappen der Volksrepublik China und einem groß gedruckten Doppelglückszeichen *(shuangxi)* versehen. Ein gemeinsames Foto lächelte uns aus diesem Papier schwarz-weiß entgegen. Wir waren als Paar registriert, waren freundlich ermahnt worden, ein »hygienisches« Liebesleben zu führen, und aufgrund des schriftlich nicht fixierten Minderheitenstatus von Deutschen in China nahm man uns von den Regularien der Ein-Kind-Politik aus.

Das Hochzeitsbankett folgte. Das glückliche Brautpaar konnte gut 50 Hochzeitsgäste empfangen, vier deutscher, die anderen chinesischer Herkunft. Artig wurden Hände geschüttelt. Die Bescheidenheit meiner neuen Familie brachte »nur« fünf Tische zusammen. Die Details des Banketts verschwimmen ein wenig im Nebel einer durch starken Alkoholgenuss beeinträchtigten Erinnerung.

Denn trinken, anstoßen und immer wieder trinken ist auf einer Hochzeit unausweichlich. So zogen wir von Tisch zu Tisch, ich stets mit gefülltem Glas und eifrigem *xiexie* (»Danke«) für die mir erwiesene Ehre, so viele Gäste empfangen zu dürfen, meine Frau Dandan stets den Gästen Zigaretten anzündend. Ein Hochzeitsbrauch für vollendetes Glück.

Im Zentrum des Festes stand Dandan, die es sich wie keine chinesische Braut nehmen ließ, Bräutigam und Gäste mit verschiedenen Hochzeitskleidern zu beglücken. Sie hatte sich dabei die chinesisch-deutsche Kulturverstrickung besonders zu Herzen genommen: Ein westlich geschnittenes Hochzeitskleid flammte zwischen den eher einfach gekleideten Gästen in strahlendem chinesischen Glücksrot, während das ebenso elegant geschnittene wie raffiniert geschlitzte chinesische Qipao-Kleid an die unschuldsweißen westlichen Brautfarben und Sehgewohnheiten anschloss.

Meine eigene ist ein durchaus typisches, wenn auch bescheidenes Beispiel für eine chinesische Hochzeit. Wer mehr auf sich hält, der bestellt einen Moderator, der durch das »Programm« des Hochzeitsbanketts führt. Programme sind fester Bestandteil chinesischer Feiern, eine Feier ohne Programm ist langweilig. Stehpartys deutscher Machart, bei denen nonstop geredet wird, sind in China wenig geschätzt. Erweitert werden kann das Programm noch um eine Fahrt im gemieteten weiß lackierten und bunt geschmückten Hochzeits-Cadillac mit großem roten Doppelglückssymbol und eine Feier in der Kirche. Letzteres kommt immer mehr in Mode und setzt nicht unbedingt den getauften Christen voraus. Wichtiger ist der Effekt westlicher Romantik, den man zu erfahren wünscht. Unentbehrlicher Bestandteil einer echten chinesischen Hochzeit ist das Hochglanz-Hochzeitsalbum. Hier werden vor farbenfrohen Hintergründen romantische Brautpaarszenen in immer wieder anderen Hochzeitskleidern festgehalten. Die Bilder ähneln denen türkischer Hochzeiten, die man in Fotostudios im Berliner Bezirk Wedding bewundern kann. Auch Europäer kommen langsam auf den Geschmack einer chinesischen Hochzeit, einschließlich Hochglanz-Fotoalbums, wie Beispiele aus dem engeren Freundeskreis belegen.

Ausländische Paare können in größeren Städten in eigens dafür vorgesehenen Ämtern zur Registrierung von Hochzeitsangelegenheiten heiraten. Gegen besondere Gebühren versteht sich. Dafür erhält man ein etwas feierlicheres Zeremoniell der behördlich legitimierten Eheschließung und ebenfalls den wichtigen roten Heiratsausweis mit dem romantischen Zweierporträt und dem Doppelglückssymbol. Die Eheschließung in China – und Gleiches gilt für die Heirat mit einem chinesischen Partner – muss allerdings durch die zuständige Auslandsvertretung, Konsulat oder Botschaft, legitimiert und beglaubigt werden.

Festzuhalten bleibt: Für die meisten Männer und Frauen ist die traditionelle Familie die einzig akzeptable Lebensform. Berichte aus Deutschland von »Patchwork«-Beziehungen Geschiedener mit Kindern oder Single-Haushalten rufen noch immer Verwunderung hervor, auch wenn in Shanghai sich aufgrund immer schwierigerer Paarfindung ähnliche Tendenzen abzeichnen. Doch in diesem Fall ist Shanghai wirklich nicht China. Wer unverheiratet ist, lebt häufig noch bei den Eltern, selbst wenn er oder sie längst schon arbeitet und damit ein eigenes Einkommen bezieht. Die Ehe ist der Regelfall für den Schritt ins eigene Leben, die Schwelle zur Selbständigkeit. Gemeint ist stets die heterosexuelle Ehe. Trotz toleranterer Gesetzeslage sind homosexuelle Beziehungen noch immer weitgehend tabuisiert und gelten zumindest dem Durchschnittschinesen als entartet. Damit erübrigt sich in China die Frage nach der Homo-Ehe. Dass Homosexualität in China eine lange Tradition hat und Shanghai vor 1949 in diesem Punkt eine der freizügigsten Städte der Welt war, ist im kollektiven Gedächtnis nicht verankert.

Scheidung

Die Ehe war in China niemals ein »heiliger Bund«, wie das etwa noch vor einer Generation häufig in Deutschland üblich war. Trotzdem hatte sie ziemlich festen Bestand und wurde sehr selten geschieden. Das hatte unterschiedliche Gründe. Seit 1950 hat China drei Ehegesetze erlassen. Das erste beinhaltete im Wesentlichen die Freiheit der Partnerwahl. Das stellte eine bedeutende Reform dar, denn jahrhundertelang wurden Ehen arrangiert und bereits zwischen Minderjährigen geschlossen. Vorausgeplante Familienbande machten sogar Verheiratungen minderjähriger Frauen mit bereits verstorbenen Ehegatten möglich. 1981 trat ein zweites Ehegesetz in Kraft, das neben der Erhöhung des Heiratsalters auch Bestimmungen zur Ehescheidung einschloss sowie das Recht auf

Güterteilung nach der Scheidung. Falls sich beide Seiten nicht gütlich einigten, sollte der Familienbesitz zu Gunsten von Frau und Kind aufgeteilt werden. Allerdings war für eine Scheidung die Zustimmung der Arbeitseinheit *(danwei)* erforderlich, der früher jeder chinesische Arbeitnehmer zugeordnet war. Doch mit dem sukzessiven Verschwinden der sozialistischen Arbeitseinheit schwand auch die Macht dieser Einheiten, die nicht nur das Zusammenarbeiten, sondern auch das Zusammenleben der Menschen beeinflussten.

2003 war es schließlich so weit: Die notwendige Zustimmung der Arbeitseinheit wurde im dritten, heute gültigen Ehegesetz aufgehoben. Seitdem genügt das Übereinkommen der beiden Betroffenen in schriftlicher Form, die Vorlage von Einwohnermeldeschein *(hukou)*, Personal- sowie Heiratsausweis, und die Ehe kann geschieden werden. Da Chinesen Gerichte und komplexe Urteilsfindungen meiden, wird alternativ zum klassischen Weg über den Scheidungsrichter ein sehr einfaches Verfahren angewendet. Sind beide Seiten einverstanden, dann kann es sehr schnell gehen: Eine Ehe kann während zehn Minuten in der entsprechenden Registrationsbehörde geschieden werden. In komplizierteren Fällen wird ein Scheidungsrichter hinzugezogen. Doch dieser Weg wird heutzutage seltener gewählt als das Schnellverfahren. Das hatte weitreichende Folgen für die chinesische Scheidungsrate: Seit Beginn des vereinfachten Scheidungsverfahrens im Jahr 2003 stieg die Zahl der Scheidungen im Reich der Mitte signifikant. Seit 2005 stieg die Zahl der Scheidungsfälle um durchschnittlich sieben Prozent jährlich. Wie Chinas offizielle Nachrichtenagentur Xinhua meldete, trennten sich im Jahr 2010 268 Millionen verheiratete Paare voneinander, Tendenz offenbar weiter steigend.

Der Hauptgrund für die gerade in den letzten Jahren stark gestiegenen Scheidungsraten sind die Eheschließungen der »Ein-Kind«- oder »Ich«-Generation. Viele derjenigen, die nach 1980 geboren sind, heiraten immer später. Doch auch dann stellen sie schnell fest, dass sie ihrem Handy, der Playstation oder dem Ipad oft mehr zu sagen haben als ihrem Partner. Die Folgen sind mangelnde Kommunikation und nicht selten gravierende Störungen im Sexualleben. Wer nie gelernt hat, Dinge mit anderen zu teilen, beherrscht das auch nicht in einer Ehe. Scheidungen folgen als fast logische Konsequenz. Früher war ein weiterer Grund für die zahlreichen schnellen Abschiede aus der Ehegemeinschaft der Umstand, dass trotz gesetzlich garantierter Freiheit der Partnerwahl bis in die Gegenwart hinein viele Ehen arrangiert wurden. Verkuppeln ist eine beliebte Beschäftigung, und wer mit 30 noch immer nicht verheiratet ist, bei dem haben Kuppler oder Eltern manchmal leichtes Spiel. Sie oder er beugen sich dem gesellschaftlichen Druck und lassen sich auf Partnerschaften mit einem Menschen ein, dem sie eigentlich nichts zu sagen haben. Trotzdem oder gerade deshalb wird weiter verkuppelt, denn wachsender Individualismus und gesellschaftliche Gewohnheiten stehen derzeit noch in einem Spannungsverhältnis. Daran ändert auch die Gesetzeslage nichts. Zwar werden mit dem dritten Ehegesetz von 2003 Single-Dasein, Patchwork-Familien und selbst homosexuelle Lebensgemeinschaften als Lebensformen neben der Ehe zugelassen,[15] doch auch hier zeigt sich: Die *baixing* denken und handeln meist »vor den Gesetzen«. Zumindest versuchen sollte man es einmal mit der Ehe – wenn auch immer seltener mit Erfolg.

Der Graben zwischen den Generationen

Alte Menschen genossen in China traditionell hohes Ansehen. Noch zu Beginn des 20. Jahrhunderts gehörte es zum guten Ton, eine ältere Frau auf folgende Weise zu begrüßen: »2. Juni [1907]. Am Morgen erscheint eine alte Frau zu einem Schwatz. Der Bootsmann erkundigt sich galant nach ihrem Alter: ›Du bist wohl bald achtzig, wie?‹ Die Alte ist sichtlich geschmeichelt, erklärt jedoch bescheiden, sie sei erst sechsundfünfzig. ›Nun, Alte, viel Glück! Aussehen tust Du aber wahrhaftig wie achtzig!‹ [...] Wenn ich einen Menschen älter mache, als er in Wirklichkeit ist, es braucht nicht immer ehrlich zu sein, kann ich ihn nur maßlos erfreuen.«[16]

Das ist lange her und scheint einer völlig anderen Gesellschaft zu entstammen. Wenn Dandan in einem der zahlreichen Shopping-Malls Shanghais einkaufen geht, dann lächeln ihr stets junge Gesichter unter 30 mit makelloser Haut und in bestem Make-up entgegen. Und in den unzähligen chinesischen Kabelsendern jagt eine Gameshow die nächste, moderiert von 25- oder 30-Jährigen. Chinas Fernsehwelt suggeriert ihrem Millionenpublikum, dass das Land nur aus jungen, gestylten Menschen besteht. Alte Menschen findet man höchstens einmal bei einer Sendung, in der es um die traditionelle Peking-Oper geht, oder wenn einmal wieder ein Parteitag der Kommunisten eröffnet wird. Doch selbst die sind nun oft schon jünger als 60. Das Selbstbild, das China und seine Macher von sich gern verbreiten, ist: jung, dynamisch, fortschrittlich und absolut »up to date«. Nichts ist schrill genug, und die Nachbarn aus Südkorea und Japan tragen via Werbebotschaften und Fernseh-Soaps neueste pan-ostasiatische Mode ins Reich der Mitte.

Wo sind die Alten geblieben? Meist in den Familien, denn noch betrachten es die meisten Chinesen, auch die der ganz jungen Generation Erwachsener, als ihre Pflicht, sich um die alt gewordenen Eltern zu kümmern. Dieser Teil der fünf Beziehungen scheint noch intakt, doch auch die Zahl der Altenheime ist gestiegen. Wer nicht im Haushalt des Sohnes oder der Tochter lebt, der wird in der Regel von den Nachkommen mitversorgt. Manchmal ist es sogar umgekehrt: Die Rente der Älteren unterstützt die enorm gestiegenen Ansprüche der Jüngeren. Auf jeden Fall sind die mittlere und die ältere Generation noch eng vernetzt. In der Zukunft werden Altenheime aber sicher eine der wichtigen Investitionen in die soziale Infrastruktur darstellen, denn die Familien der Ein-Kind-Generation der »Nach-80er« werden keine vier Elternteile gleichzeitig mehr versorgen können. Auch bei den besten Vorsätzen nicht, die sie durchaus ehren. Dabei steigt die Zahl der alten Menschen dramatisch: In Städten und Regionen, in denen »Ein-Kind-Politik« gepaart mit einem typischen Rückgang der Geburtenrate aufgrund gestiegenen Wohlstands und Übertritts in urbane Gesellschaftsformen besonders erfolgreich war, junge Menschen gar nicht oder immer später heiraten und entsprechend weniger Nachwuchs bekommen, ist mit einer vergreisten Bevölkerung zu rechnen, die mehr als 40 Prozent der Gesamteinwohnerzahl betragen kann.[17]

Da erscheint es bizarr, dass im derzeitigen Medienbild, welches China als »hippe« Gesellschaft von sich entwirft, die Alten nicht mehr auftauchen. Selbst die »Stütze der derzeitigen Gesellschaft«, die mittlere Generation, ist dort kaum noch präsent. Die Gräben zwischen den Generationen sind breit geworden, sehr breit sogar. Die ältere und die mittlere Generation hat noch die Parole vom Aufbau des Sozialismus am eigenen Leibe kennengelernt: »Großer Sprung nach vorn«, Kulturrevolution, die Kampagne gegen geistige Verschmutzung, Anti-Liberalismus-Kampagnen und viele andere politische Ereignisse dieser Art. Den Jungen ist das völlig fremd.

Als ich zum ersten Mal die Wohnung meiner zukünftigen Schwiegereltern betrat, stachen mir auf den auffallend kahlen, weiß gestrichenen Betonwänden zwei Fotos ins Auge: Das erste zeigte einen stolz blickenden jungen Mann in Soldatenuniform, neben ihm eine genauso schüchtern wie unsicher lächelnde junge Frau, ein Mädchen eigentlich, das lange Haar in zwei artige Zöpfe geflochten. Was mich an diesem Bild faszinierte, war, dass es schwarzweiß aufgenommen und nachträglich mit der Hand koloriert worden war. Selbst die Augenbrauen der beiden wirkten wie nachgeschminkt. Das einfache, weißgepunktete blaue Leinenkleid der jungen Frau kontrastierte mit der olivgrünen Uniform des jungen Mannes. Dessen Lächeln wurde durch die prallen, rot kolorierten Wangen noch verstärkt, der unecht wirkende Farbauftrag gab dem jungen Mann eine Art Hoffnung und Zuversicht für das, was da kommen mochte. Dieses merkwürdig unschuldige, sozialistische Hochzeitsfoto, das meine künftigen Schwiegereltern abbildete, musste aus den 50er Jahren stammen. Das war jene Zeit, als das neue sozialistische China begann, sich zu konturieren, die Menschen noch nichts ahnten vom fatalen »Großen Sprung nach vorn« und von der Kulturrevolution. Sie ahnten aber schon gar nichts von dem, was das zweite Bild darstellte: einen älteren, entschieden dreinblickenden, leicht lächelnden Herrn und eine erneut unsicher dreinschauende ältere Frau – beide in einfache Baumwollhemden und -hosen gekleidet. Neben ihnen ein jüngerer Mann, dem gealterten um die Mundpartie herum sehr ähnlich, und eine kleine, jüngere Frau, die ein Baby auf dem Arm hielt, das höchstens ein halbes Jahr alt war. Dieses Foto war ein gewöhnliches Farbfoto, nicht älter als ein paar Monate vielleicht, und es zeigte, dass die junge Frau und der junge Mann des ersten Fotos erfolgreich für die nächste Generation gesorgt hatten. Dandans Bruder, der junge Mann auf diesem Foto, stand vor einem Schaufenster, das – einfach und bescheiden im Vergleich zur Warenwelt des heutigen Shanghais – bereits mit bekannten Produkten der westlichen Haarpflegeindustrie dekoriert war. Das waren die beiden einzigen Fotos, und zwischen beiden lagen fast 40 Jahre – die kein weiteres Abbild dokumentierte.

Die heute Alten wurden damals auf das Land geschickt. Sie waren passive Verschiebemasse im Dienste des Sozialismus und des

Vaterlandes. Der Vorsitzende befahl: »Macht Stahl für die große antiamerikanische Bombe, macht Stahl für Chinas antisowjetischen Sputnik.« Sie machten Stahl und warfen alles, was sie an bescheidenem Besitz und an stählerner Mitgift in die Ehe eingebracht hatten, in die großen Schmelztiegel, deren trauriges Endprodukt noch nicht einmal als billige Blechbeschläge für ausgehobene Türflügel verwendet werden konnte. Das ganze Land schaffte es im »Großen Sprung nach vorn« nicht, mit seinem selbstproduzierten Stahl seine Türen wieder funktionstüchtig zu machen. Die Menschen froren und hungerten. Viele verhungerten. Zehn Jahre später erschütterten neue Parolen das Land. In der Kulturrevolution zwischen 1966 und 1976 trieben sie die Eltern täglich in politische Versammlungen, ließen sie Klassenfeinde und intellektuelle Subjekte maßregeln und in ständiger Furcht, dass sie selbst gemaßregelt, psychisch oder physisch schikaniert werden könnten, weiter mitlaufen. Söhne und Töchter blieben sich selbst überlassen. Von diesen Zeiten der Angst gibt es keine privaten Fotos. Daher ließ das nächste Abbild des Selbst, das man herzeigen konnte und herzeigen wollte, so lange auf sich warten, bis Dengs Reformen den Wohlstand zum Greifen nahe gebracht hatte. Der konnte käuflich erworben und mit Selbstverständlichkeit in der täglichen Haarpflege, der neuen Jeans, der neuen Winterdaunenjacke für den Vater ausgedrückt werden. Das einstige Baby auf dem Foto, Enkel und Einzelkind, ist mittlerweile fast erwachsen. Es hat niemals etwas anderes gesehen als Wachstum und Wohlstand, wie ihn die Generation seines Vaters aufgebaut hat. Den Sohn interessiert es, in diesem Wohlstand zu konsumieren, so gut es geht, und etwas anderes als Konsum hat er bisher kaum kennengelernt.

历史与政治
Lishi yu zhengzhi – Geschichte und Politik

Mauern, Mythen und Geschichte

»Wie oft bin ich in China der Geschichte begegnet, ohne sie näher kennenzulernen!«, denke ich immer wieder. Wenn ich bei einem guten Abendessen mit meinen chinesischen Kollegen oder Geschäftspartnern zusammensitze, dann ist die Geschichte in den Gesprächen oft präsent: »Wir sind stolz auf sie, schließlich ist sie schon 5000 Jahre bei uns«, sagen dann meine Partner einstimmig. Aber jedes Mal, wenn ich sie dazu näher befragen will, wird das Thema gewechselt. Manche behaupten sogar ganz offen, dass ein *laowai* »unsere uralte chinesische Geschichte« sowieso nicht verstehen könne.

Unter mir verschwindet die chinesische Mauer im Dunst. Oder ist es der Smog aus der nahen Hauptstadt, der das berühmteste Bauwerk Chinas verschleiert? Ich reise nach Deutschland und beginne nachzudenken – über China und über mich. Die Mauer weckt Assoziationen: Mauern sollen Eigenes bewahren und Fremdes draußen halten. Ist die Geschichte Chinas selbst nicht so eine innere Mauer in den Köpfen? Eine letzte gewaltige chinesische Mauer, die noch wirksam ist, nachdem die alte aus Stein ihre Funktion, die »Barbaren« abzuwehren, längst verloren hat? Wird mir die Geschichte nicht immer wieder vorgehalten, wenn meine *pengyou* mir versichern wollen, dass sie echte Chinesen sind? Zumindest kann ich mich dieses Eindrucks nicht ganz erwehren.

Die Regierung jedenfalls hat die Geschichte längst als Teil ihrer nationalen Superlative adoptiert: Die Olympischen Spiele 2008 in Peking waren nicht nur die teuersten und aufwendigsten aller Zeiten, die geplanten architektonischen Großprojekte umfassen nicht nur die höchsten Gebäude der Welt, sondern als Chinese verfügt man auch über die längste kontinuierliche Geschichte aller Völker. Am Anfang dieser langen Geschichte steht ein umfangreicher Mythos: Das gottgleiche Herrscherpaar Fuxi und Nügua schuf die chinesische Gesellschaft ohne Sündenfall und Verführung. Beide sind Gegenbilder von Adam und Eva in der westlichen Welt. Der Nachwuchs des ersten Herrscherpaares, Shennong, der »göttliche Landmann«, machte China zum Agrarland und gab ihm gleich das Wichtigste mit für die Zukunft: Er lehrte die Chinesen die Kunst des Kochens, Bratens, Sautierens und Dünstens. Der Bauch und die Kunst, ihn zu befriedigen, tauchen in der Geschichte jedenfalls schon auf, bevor diese richtig beginnt. Gott mag zwar in Frankreich gegessen haben, dass er ihnen auch die Kochkunst beigebracht hat, wagen selbst stolzeste Franzosen nicht für sich zu reklamieren. China verfügt mit Shennong auch über einen Gott des Essens.

Nach so viel Mythos musste die wirkliche Geschichte erst gefunden werden: Zu Beginn des 21. Jahrhunderts westlicher Zeitrechnung machten Forscher unter dem Beifall der Regierung die erste Dynastie Chinas, die Xia, dingfest. Man datierte ihren Beginn auf ca. 2100 v. Chr.[1] Verlässliche historische Aufzeichnungen über das alte China gibt es allerdings erst seit dem 9. Jahrhundert v. Chr. Da hatte sich in Europa Griechenland bereits aufgemacht, das Erbe weit früherer Hochkulturen anzutreten. Eingedenk der noch etwas wackligen Festlegung der Xia-Dynastie gehen die Historiker nun von drei archaischen Königreichen aus, die wirklich existierten: Xia, Shang und Zhou. Die drei sind keine aufeinanderfolgenden Dynastien, sondern sie bildeten kleine, eigenständige Reiche. Ein chinesischer Kaiser, dem es gelingen konnte, die drei Dynastien zu einem Reich zu einigen, war noch längst nicht in Sicht.

Jede der drei archaischen Dynastien bereichert unser Wissen über das älteste China auf eigene Art: Die Xia-Dynastie eröffnet uns Einblicke in die Mythen- und Sagenwelt, beleuchtet etwa die Herrschergestalt des Großen Yu, der die oft verheerenden Überschwemmungen des Gelben Flusses zu meistern verstand und eine kluge Politik der Wasserregulierung betrieb. Der Große Yu war ein Held, mächtig, begabt und menschlich zugleich. Auf ihn kann sich noch heute das Ministerium für Wasserwirtschaft *(shuilibu)* berufen, das eine der wichtigen politischen Institutionen des chinesischen Staates darstellt. Aus der Shang-Zeit zwischen dem 17. und 11. Jahrhundert v. Chr. sind Höhepunkte chinesischer Bronzebearbeitung überliefert. Aus jener Zeit stammen auch spektakuläre Inschriften auf Schildkrötenpanzern, die als früheste Nachweise chinesischer Schrift gelten. Die späteste der drei Dynastien, die Zhou-Zeit – 11. Jahrhundert bis 226 v. Chr. –, ist die einzige, die schriftliche Aufzeichnungen hinterlassen hat. Konfuzius (551–479

v. Chr.) verehrte die Zhou-Zeit als *das* goldene Zeitalter, als eine Ära des Friedens, in der staatliche Riten ihre vollkommenste Ausprägung erfahren hätten. Den Zhou-Staat hielt er deshalb für ein harmonisches Staatswesen, weil er in seinen Riten die beiden älteren Herrscherdynastien mit einbezog: »Das Ritensystem der Zhou-Zeit begründet sich auf den Dynastien Xia und Shang. Was für ein wundervolles System! Ich stehe ganz auf Seiten der Zhou.«[2] Das entsprach eher der Erinnerung an ein vergangenes Ideal als einer Beschreibung eines Zustands, denn der Meister selbst lebte in einer Zeit der Wirren, in der die Herrschaft der Zhou-Könige verfiel und regionale Potentaten grausame Machtkämpfe ausfechten ließen. Die Riten der Alten wurden missachtet, die Moral verfiel. Mit seinen Reden hielt Konfuzius den Herrschern den Spiegel vor, was ihm nicht immer Beifall einbrachte.

Gleichwohl hatte die Staatskritik des Konfuzius enorme politische Wirkung bis in das frühe 20. Jahrhundert hinein: Ideale politische Vorbilder werden für die Nachwelt festgehalten und dienen als Orientierungsmuster für spätere Generationen; Herrscher, Minister und Untertanen sollen friedlich und möglichst wohlhabend im harmonischen Einklang miteinander leben; erfolgreiche »Politik« ist das Handeln von Herrschern, das zu diesem Ergebnis führt, indem sie den Staat in einen »Sollzustand« wie einen »regulierten Fluss« 治[3] bringt. Genau das besagt das zweite Schriftzeichen oder die zweite Silbe des heutigen Binoms 政治 *(zhengzhi)* für Politik. Das erste Zeichen oder die erste Silbe 政 *(zheng)* verweist ursprünglich auf den Prozess, »etwas aufrecht und richtig zu stellen«. »Regulieren« und »richtig stellen« kennzeichneten die Maximen der chinesischen Politik durch alle Zeiten hindurch. Es war Konfuzius, der die Leitlinie dieser Politik »chinesischer Prägung« formulierte. Mit *polis* und *demos,* der Stadt und ihren Bürgern, die in Europa die politische Form der Demokratie ermöglichten, hat der chinesische Politikbegriff also nichts zu tun.

Zhongguo: von den vielen Reichen zum einen Reich der Mitte

Überall drohte Krieg, das Land war von Dauerfehden zerrissen. Kleine Territorialstaaten, von denen sich jeder die Vorherrschaft vor den anderen sichern wollte, bekämpften einander. Das China des Konfuzius bestand aus Nordländern *(beiguo)*, aus kleinen Reichen in der Mitte *(zhongguo)* rund um den Gelben Fluss, aus Weststaaten *(xiguo)*, Oststaaten *(dongguo)* und den Südstaaten *(nanguo)* am Yangtse-Fluss, in denen unterschiedliche Sprachen gesprochen und verschiedene kulturelle Gewohnheiten gepflegt wurde. *Zhongguo* ist die heute gebräuchliche Eigenbezeichnung für China: das Reich der Mitte. Zu Zeiten des Konfuzius bezeichnete dieser Name nur das Gebiet der alten Zhou-Dynastie und ihrer verwandten Fürstenhäuser.[4] Jene Gegend gilt noch heute nicht nur als geographische, sondern auch als kulturelle Mitte Chinas. Dort liegt auch der mittlere der fünf heiligen Berge, die »Achse der Welt«.

Erzieher und Berater – Konfuzius war nur einer von ihnen – reisten über Land von Fürstenhof zu Fürstenhof, um dort Geld zu verdienen und Einfluss auszuüben. Manchmal wurden sie im Range eines Ministers angestellt, oft genug scheiterten sie an den Intrigen der Höfe. Die sahen in den wandernden Beratern potentielle Gegner der eigenen politischen Macht. Konfuzius musste während seines Lebens mehr Niederlagen einstecken, als dass er Erfolge verbuchen konnte.[5] Doch immerhin prägte er zwei politische Prinzipien, die China bis in das 20. Jahrhundert hinein leiten sollten: die überragende Bedeutung des *Lernens* und die Einhaltung fester *menschlicher Beziehungen* anhand eines Kanons moralischer Tugenden.

Konfuzius' politische Philosophie, die die Gesellschaft *regeln* und die Beziehungen der Menschen *richtig stellen* will, basiert auf fünf Grundbegriffen: Im Zentrum steht der Begriff der »Menschlichkeit« *(ren)*, der Zuneigung und auch Nachsicht gegenüber Untertanen, Herrschern, Familienmitgliedern, Ehegatten, Freunden und Geschwistern – den bekannten fünf Beziehungsgefügen der Gesellschaft – verlangt. Wissen *(zhi)* zu erwerben, Regeln und Gesetze des gesellschaftlichen Lebens einzuhalten *(yi)*[6], Respekt und Gerechtigkeit zu üben *(shu)* sowie entsprechende Riten *(li)* vom Privatleben bis zur staatlichen Ebene auszuüben, sind dabei dem Grundprinzip der Menschlichkeit zugeordnet. Der Meister schuf sogar ein Stufenprinzip menschlicher Entwicklung: Wenn es gelänge, die »Politik der Menschlichkeit« sowohl als Maximen persönlichen wie staatlichen Handelns umzusetzen, dann werde sich das gesellschaftliche Leben vom ungeordneten, kriegerischen Zustand seiner Zeit über eine Gesellschaft der Ruhe und des »kleinen

Wohlstands« *(xiaokang)* hin zu einem idealen Zustand vollkommener Harmonie entwickeln können. Diesen Idealzustand bezeichnet die konfuzianische Lehre als *datong*, die »große Gleichheit«. Das aber ist politische Theorie. In der historischen Wirklichkeit sind die Menschen einen anderen Weg gegangen.

Die drei Urdynastien Xia, Shang und Zhou gelten als Gesellschaften des »kleinen Wohlstandes«. Damals verfügten die Menschen über Privatbesitz und konkurrierten miteinander um Macht und Ansehen. Noch gab es einen legitimierten Herrscher, der über ein brüchiges System leer gewordener Riten die verfeindeten und argwöhnischen Individuen als Gesellschaft zusammenhielt. Nun sah Konfuzius dieses System zusammenbrechen, was in den folgenden Jahrhunderten dann auch geschah. Seine Lehre appellierte an die Menschen: Kehret um, und findet über eine stabile *xiaokang*-Gesellschaft den Weg zurück zum höchsten Ideal der menschlichen Gemeinschaft!

Das historisch-politische Entwicklungsmodell des Konfuzius findet sich heute weitgehend in dem theoretischen Gesellschaftsmodell der kommunistischen Partei wieder: Chinas Regierung sieht das Land gegenwärtig im Zustand des »kleinen Wohlstands«, den es mit Hilfe wissenschaftlicher Erkenntnisse weiterzuentwickeln gilt: Fortschritt *(fazhan)* ist die politische Losung seit Beginn der Reformen Ende 1978. Seit 2007 wird die Wissenschaft als Motor dieses Fortschritts besonders betont. Für das Ziel, eine stabile Mittelschicht zu etablieren, benutzt die offizielle Parteiterminologie den alten Begriff *xiaokang* des Konfuzius. Während des 17. Parteitags der Kommunistischen Partei Chinas im Oktober 2007 wurde verkündet: »*Xiaokang* ist der jahrtausendealte Traum der Chinesen. Innerhalb der ersten 20 Jahre des neuen Jahrhunderts wird das Bruttoinlandsprodukt sich verdoppeln, damit auch das Bruttoinlandsprodukt pro Einwohner.« Dadurch erhöhe sich nicht nur das Niveau von *xiaokang*, sondern auch die mit ihm verbundenen Ansprüche. Insbesondere sei die Verschwendung zu verringern, damit die Umwelt geschützt werde.[7] Die Verbindung von Wachstum und Umweltschutz ist eine der Schlüsselstrategien, um die Gesellschaft des »kleinen Wohlstands« auf eine breitere Basis zu stellen und der politischen Führung mehr Stabilität zu verleihen. Angesichts der hubraumstarken Neuwagen, die die Innenstädte tagsüber chronisch verstopfen, angesichts enormer Verschwendungen von Baumaterialien wie Beton und Stahl für zweifelhafte Investment-Architektur, angesichts gewaltiger Ausschussproduktion in allen Bereichen, angesichts totaler Zersiedelung des stadtnahen Landes durch immer mehr Fabriken und Fertigungsstätten aller Art scheint der neu definierte *xiaokang*-Zustand noch in einiger Ferne zu liegen. Wie so oft in China geht es erst einmal um das große Ganze.

Und wie geht es nach *xiaokang* weiter? Offizielles Ziel der Entwicklung ist noch immer die Gesellschaft idealer Gleichheit, genannt Kommunismus, in der die Ungleichheiten des »kleinen Wohlstands« aufgehoben werden. Der Kommunismus entspricht dem, was Konfuzius einst *datong* nannte. Doch anders als zu Beginn der Reformpolitik nach 1978 spricht vom *datong*-Kommunismus heute kaum noch jemand. Die Terminologie der Parteiführung beweist jedoch, dass Konfuzianismus und Sozialismus im heutigen China absolut komplementär sind. Gewürzt wird diese Politik mit kräftigen Beimischungen aus der Vorstellungswelt des Kapitalismus. Nur so kann *xiaokang* wirklich munden. Dieses Grundrezept aktueller chinesischer Politik wird im Westen oft mit Verwunderung und Unverständnis quittiert.

Doch zurück zur realen Geschichte. Neben Konfuzius und seinen Anhängern versuchten noch andere Ratgeber, die Herrscher von ihren politischen Prinzipien, ihren *zhengzhi*, zu überzeugen. Teilweise konkurrierten sie mit den Konfuzianern. Mohisten, die Anhänger des Philosophen Mo Di (480–390 v. Chr.), propagierten die Gleichheit aller Menschen, die sich gegenseitig unterstützen sollten, um eine stabile, harmonische Gesellschaft aufzubauen. Obwohl sie sich weniger mit den herrschenden Zuständen arrangierten als die Konfuzianer, konnten sie ihr Ideal der allgemeinen Genügsamkeit und des Altruismus weitaus erfolgreicher vermitteln als diese. Sie bezogen Götter- und Geisterglaube der Menschen in ihre gesellschaftlichen Konzepte mit ein und sicherten sich dadurch breitere Unterstützung. Der Taoismus dagegen war als politisches Konzept nur wenig erfolgreich. Umso wichtiger war seine Funktion als ausgleichendes Regulativ für den Einzelnen, wie bereits im vorigen Kapitel beschrieben.

Den Sieg des politischen Wettstreits zwischen den Schulen trugen zunächst die Legalisten im 3. Jahrhundert davon. Sie vertraten ein Welt- und Menschenbild, das an Thomas Hobbes' Satz »Homo homini lupus est« (der Mensch ist des Menschen Wolf) erinnert: Der Mensch ist als Individuum eher unbedeutend, austauschbar und vom Grundcharakter her schlecht. Daher bedarf eine erfolgreiche *zhengzhi* eines starken Staates mit funktionierender Strafgesetzgebung und mächtigem Herrscher. Für Gegner, die sich diesem starken Mann und seinem Führungsanspruch widersetzen, gab es nach Auffassung der legalistischen Staatsdenker nur ein Schicksal: den Tod.

Unter den führenden sieben chinesischen Fürstentümern jener Zeit setzte sich am Ende eines durch, das am westlichen Rand der damaligen chinesischen Landkarte lag: das Reich Qin. Sein Fürst, der den Namen Zheng trug, besiegte durch überlegene Kriegsführung, grausame Härte und eine äußerst schlagkräftige Militärmaschinerie einen Gegner nach dem anderen. Nach Jahrhunderten des Chaos gelang es ihm 221 v. Chr., das Reich zu einen und das Erbe der Zhou-Herrscher damit neu zu definieren. Als Qin Shihuang, erster Kaiser der Qin, begründete er das langlebigste Kaiserreich aller Zeiten. Der Name, den es im Westen bekommen sollte, China, leitet sich vom Namen Qin ab. Qin Shihuang war ein Anhänger der Legalistenschule: Er schuf ein funktionierendes Rechtswesen mit harten, unnachgiebigen Strafen, vereinheitlichte die chinesische Schrift sowie die damaligen Maße und Gewichte. Er ließ zensieren und verbrennen, was nicht zu seiner Politik passte. Dazu gehörten vor allem die Schriften der Konfuzianer. Unzählige Köpfe mussten rollen. Doch auch unter Qin Shihuang gab es keine absolute Politik. Der Taoismus genoss hohes Ansehen. Da er das Individuum stärkte, war er komplementär zur legalistischen *zhengzhi* des Herrschers. Ein mächtiger Kaiser benötigt einen in sich selbst ruhenden Geist.

Zur Demonstration seiner Macht ließ sich Qin Shihuang einen gewaltigen Palast und um das Reich eine gewaltige Mauer bauen. Auch nach seinem Tod im Jahre 206 v. Chr. zeugte ein Superlativ von seiner Gewaltherrschaft. Ein riesiges Mausoleum wurde nahe der damaligen Hauptstadt Chang'an (Xi'an) für Qin Shihuang errichtet. Tausende lebensgroßer Tonkrieger standen dem Toten dort zur ewigen Kriegsführung im Jenseits zur Verfügung. Für diese Monumente mussten Hunderttausende von Zwangsarbeitern ihr Leben lassen. China litt unter seinem ersten Tyrannen.

Die Zentralisierung Chinas unter Qin Shihuang ähnelte der Entwicklung in Europas römischem Reich knapp 200 Jahre später. Auch wenn China in der Zeit der sogenannten Streitenden Reiche kein politisches Instrument besaß, das der römischen Republik und ihrem Senat ähnelte, weil Politik in China mit *polis* und einer starken Stadt eben nichts zu tun hat, so ging es hier wie dort in den folgenden Jahrhunderten darum, dass der Herrscher eine zentrale Macht als Kaiser erhielt und ausbaute.

In der Han-Dynastie (206 v. Chr. bis 220 n. Chr.) gelang dies. 400 Jahre lang bildete nun der Konfuzianismus die grundlegende politische Doktrin. Zusätzlich entwickelte er sich zum Fundament chinesischer Bildung, ohne dabei taoistische und legalistische Elemente ganz auszuschalten.[8] Wie manche spätere Dynastie auch, wurde die Han-Dynastie von einem Aufständischen gegründet, einem niedrigen Beamten namens Liu Bang. Herrn Liu lernt heute noch jedes Schulkind als einen der »alten Helden der Nation« kennen. Die praktische Politik der Han-Zeit bestand darin, die Bauern, insbesondere an den Grenzen des Reiches, in den Aufbau des Staates mit einzubeziehen. Sie erhielten Land und Rechte. Außerdem zerschlug man große rivalisierende Familienclans und gliederte den Staat in kleine Einheiten. Was der erste Kaiser begonnen hatte, wurde nun in großem Maßstab fortgeführt: China expandierte und erhielt mit Chang'an (Xi'an) eine echte Hauptstadt. Eine effektive Außenpolitik stärkte die erfolgreiche »Innenpolitik der kleinen Leute und Einheiten«.

Doch an den Grenzen rumorte es. Die Xiongnu – mit späteren Mongolen und Hunnen verwandte Steppennomaden im Norden – bedrohten das Reich. Nur die gewaltige Mauer, die man gegen ihre Überfälle erbaut hatte, bot Schutz. Posten und Garnisonstruppen entlang der Nordgrenze verständigten sich durch ein ausgeklügeltes Signalsystem mit Hilfe von Flaggen am Tag und Feuern in der Nacht. Am Ende konnten die kaiserlichen Truppen die Xiongnu im Norden und andere Feinde im Süden erfolgreich abwehren.

China entwickelte sich unter den Han zum Großreich, das sich vom heutigen Westchina bis nach Korea und von Yunnan im Südwesten bis Vietnam im Südosten erstreckte. Gleichzeitig griff das System der »Sinisierung«. Die aufmüpfigen Xiongnu zähmte man, indem man ihnen Ackerland gab und die Viehzucht unterstützte. So wurde die Grenzregion ökonomisch am Aufschwung beteiligt. Auch Vietnam war chinesisch geworden. Das Volk der Yue, ein Küstenvolk, besiedelte die gesamte Küste vom heutigen Shanghai bis hinunter nach Zentralvietnam, in das Gebiet der heutigen Stadt Hue. Viet-nam heißt auf Chinesisch Yue-nan, Gebiet der südlichen

Yue. Damit ist viel gesagt über die Verwandtschaft der Vietnamesen mit dem alten Yue-Volk in Südostchina.

Rom war den damaligen Chinesen nicht unbekannt. Es gab Kontakte, die über die berühmte Seidenstraße liefen. Der Handelsaustausch geht zurück bis in die Zeit von Qin Shihuang, als Seide über Indien bis nach Europa gelangte. Die Karawanen, die über die Seidenstraße gen Westen zogen, boten einen überwältigenden Anblick. Manchmal wogten hunderttausend Menschen als wandernde Städte durch Wüsten und Steppen von Ost nach West und retour. Sie bedienten ein bedeutendes Wirtschaftssystem von Westchina über Zentralasien und die gewaltigen Steppen bis nach Europa. Was die Han von Rom kannten, waren die Ostgebiete – Syrien vor allem. Han-Chinesen bezeichneten Syrien als »Da Qin – Reich der großen Qin«. Der Respekt, den die Chinesen dem fernen Rom zollten, war nicht unerheblich. Eine ausgeklügelte Strategie der Beziehungen *(guanxi)* sicherte damals bereits den außenpolitischen Erfolg. China verteilte großzügig Geschenke an Fremdvölker, um seinen Einfluss bis hinein nach Zentralasien auszubauen. In manchen Jahren machten die Ausgaben für Geschenke ein Drittel des gesamten Volkseinkommens aus. Dagegen wirken selbst größte Gefälligkeitsgeschenke im gegenwärtigen China äußerst bescheiden.

Trotz ihrer Erfolge sah der Staat der Han-Zeit auf Händler und Geschäftsleute von oben herab. Ansehen verdienten nur die hochgebildeten Literati und Beamten des konfuzianischen Verwaltungssystems. Erfolgreiche Geschäftsleute waren gefährlich, denn die zahlten schon damals besser als der Staat und entzogen ihm daher wichtige Arbeitskräfte. Über Jahrhunderte waren Geschäftsleute die Gegenspieler des chinesischen Staates, bis dieser sie sich zu Nutze machte.

Nach dem Zerfall des Han-Reiches kehrte in China jahrhundertelang das Chaos zurück. Bis zum Jahr 589 europäischer Zeitrechnung gelang es keiner Dynastie, das Reich wieder zu einigen. An die Stelle trat ein verwirrendes System von Klein-Reichen und Teil-Dynastien. Immerhin bildeten sich zwei Grundstrukturen heraus, wie chinesische Reiche regiert werden konnten: Machtpolitiker und Heerführer wie Cao Cao, der Gründer des mittelchinesischen Wei-Staates, oder Liu Bei, ein Nachfahre der Han-Herrscher im heutigen Sichuan in Südwestchina, bildeten Militärdiktaturen mit strikten legalistischen Ordnungsprinzipien. Das administrative

Gegenstück dazu entwickelte sich im Osten, der Yangtse-Region nahe dem heutigen Shanghai. Hier herrschten reiche Familien und Adelssippen. Ihre Politik bildete familiäre Elitesysteme aus, die heute noch in Taiwan und Hongkong die Gesellschaft mitbestimmen. Man nannte diese »namhafte Familien« *(mingjia)* im Gegensatz zu »armen Häusern« *(hanmen)*.

Die Jahrhunderte zwischen Han- und Sui- bzw. Tang-Dynastie waren ethnologisch bedeutsam für die Entwicklung Chinas als Vielvölkergemisch. Die »Barbaren« aus dem Norden, in der Han-Zeit noch durch Mauern weitgehend aus dem Reich herausgehalten, integrierten sich nun in die chinesische Gesellschaft, gründeten vom 4. bis 6. Jahrhundert Teil-Reiche wie das der Toba oder nördlichen Wei in den heutigen Provinzen Shanxi und Henan. Der Buddhismus breitete sich seit dem 1. und 2. Jahrhundert in China aus, und die Toba, »Barbaren« also, waren es, die wunderschöne Kunstdenkmäler schufen, wie die Buddha-Skulpturen bei Datong und Luoyang.

Ähnlich wie das Europa jener Zeit erlebte auch China eine Art Völkerwanderung. Große Hungersnöte rund um den Gelben Fluss haben Millionen Menschen im 4. Jahrhundert nach Süden getrieben und dazu geführt, dass viele von Nichtchinesen besiedelte Regionen am Yangtse-Delta und noch weiter südlich nun endgültig chinesisch wurden. Während das Römische Reich zerfiel und einst unterlegene Völker sein Territorium unter sich aufteilten, formierte sich China neu und entfaltete dabei eine stärkere kulturelle Einheit als je zuvor. Erklären lässt sich das dadurch, dass die chinesischen Kernländer am Gelben Fluss ethnisch viel homogener waren als die Kernregionen des Imperium Romanum.

Zur Zeit, als sich in Europa das Frankenreich formierte und das Erbe Roms antrat, schufen die Sui- und die folgende Tang-Dynastie zwischen 589 und 906 wieder eine Zentralmacht. Der Buddhismus wurde Staatsreligion, und die Tang-Herrscher etablierten ein geschicktes System aus Konfuzianismus und Buddhismus, die einander ergänzten. Der Konfuzianismus mit einem starken Beamtenapparat und dem zugrunde liegenden Prüfungssystem bildete das Rückgrat, gestärkt durch buddhistische Elemente. Der Buddhismus regelte das Verhalten der kleinen Leute, die den »fünf Geboten« gemäß weder töten, stehlen, lügen noch Drogen nehmen oder freien Sex treiben durften. Buddhismus war populär, und der Beamtenapparat des Tang-Reiches kontrollierte ihn:

Konfuzianische Klassiker mussten in den Klöstern gelehrt werden, und die buddhistische Kirche wurde staatlich verwaltet – eine Religions- und Kirchenpolitik, die im gegenwärtigen China wieder aktuell ist. Auch heute existieren offizielle christliche und buddhistische Staatskirchen, die von der staatlichen Bürokratie kontrolliert und gelenkt werden. Folgerichtig wird der Papst von der Regierung nicht anerkannt.

Die Wirtschaftspolitik der Tang-Dynastie wirkte ebenfalls fortschrittlich. Acker- und Weideland wurden gleichmäßig an die männlichen Bewohner zur eigenverantwortlichen Bewirtschaftung verteilt. Landzuteilungen galten auf Lebenszeit. Die Regierung erreichte mit dieser Politik Anerkennung, Stabilität und regelmäßige Steuereinnahmen. Das Militär modernisierte sich durch den Aufbau einer Kavallerie. Pferde waren die große Leidenschaft der Tang-Kultur, wie man noch heute an den hochentwickelten Pferdeplastiken jener Zeit ablesen kann. Pferdesport war »in«: Wer es sich leisten konnte, spielte Polo, importiert aus dem Iran. Chang'an (Xi'an), die alte und neue Hauptstadt, glänzte mit weit über einer Million Einwohnern als bei weitem größte Stadt der Welt. Sie war ein internationales Zentrum voller Kaufleute aus West- und Zentralasien. Das Ausland war in China angekommen und verhielt sich nicht immer friedlich. Tibet – von der Staatsfläche her genauso groß wie Tang-China – erwies sich damals als überaus unangenehmer Nachbar. Der tibetische König überfiel das chinesische Reich und besetzte 763 sogar die Hauptstadt Chang'an. Der mächtigste Gegner des chinesischen Kaisers herrschte über ein Tibet, das keineswegs das spirituelle Idealland war, das mit dem heutigen Dalai Lama verbunden wird.

Mit dem Niedergang der Tang-Dynastie im 10. Jahrhundert endete das chinesische Mittelalter. Die Neuzeit gründete auf Strukturen, die bis in das 20. Jahrhundert Bestand haben sollten. Die einem kurzen Chaos folgende Song-Dynastie (960–1279) gilt dem amerikanischen Sinologen John King Fairbank als das »größte Zeitalter Chinas«.[9] In der Tat passierte einiges: Da waren die großen Erfindungen, für die China noch heute berühmt ist. Besonders der Buchdruck mit beweglichen Lettern provozierte eine Bildungsrevolution, denn plötzlich wurden die kanonischen konfuzianischen Texte viel mehr Menschen zugänglich. Weitaus mehr junge Menschen konnten nun Schulen besuchen und preiswerte Bücher lesen, um sich auf die Beamtenprüfungen vorzubereiten.

Die Prüfungen verfeinerte man immer weiter und machte sie noch komplexer, als sie ohnehin schon waren: Wer Beamter werden wollte, musste 13 klassische Werke mit 120 Einzelbänden auswendig lernen! Papier, Kompass, Schießpulver, Granaten förderten nicht nur Bildung, sondern auch Handel und Militärwesen. Die Städte wuchsen. Kaifeng und später Hangzhou, die beiden Hauptstädte, waren Millionenstädte mit ausschweifendem Nachtleben, modernen Straßennamen und preiswerten Transportmitteln. Wer wollte, konnte sich bis in die frühen Morgenstunden vergnügen. Noch etwas war völlig neu: Die Kaufleute hatten die Macht erobert. China erhielt eine Oberschicht aus reichen Kaufleuten und Großgrundbesitzern, die über enormen Einfluss verfügte. Dies geschah auf Kosten der Bauern, die ihren alten Landbesitz verloren. Sie strömten in die Städte, um in den boomenden Handelsbetrieben und Manufakturen abhängige Arbeit zu finden. Wieder ereignete sich in China etwas, das in Europa etwa zur selben Zeit passierte: das Aufblühen der Städte. Ein entstehendes Bürgertum entwickelte sich in China allerdings nicht weiter, weil die ökonomische Macht auf sehr reiche Familien konzentriert war. Diese gründeten riesige Manufakturen mit typischer Arbeitsteilung, die in Europa erst Jahrhunderte später entstanden. Auch der Staat investierte in den Handel. Zum ersten Mal in der chinesischen Geschichte wurden Kaufleute angesehene Menschen, die Stützen der Song-Gesellschaft.

Mit Jacques Gernet[10] lässt sich behaupten, dass Handel und über Handel transportierte Erfindungen aus China Europas Moderne und den Erfolg seiner Bürger mit ermöglicht haben. Wenn China heute aus Europa bzw. dem Westen Dinge für den erneuten Aufstieg an die Weltspitze importiert, dann ist dies – historisch betrachtet – kein einseitiger Prozess, sondern nur die Phase des »Nehmens« in einem langfristigen Austausch. Europa hat sich bereits am Ende seines Mittelalters wichtige Grundlagen aus China für die Geburt seiner Neuzeit und seines späteren weltweiten Erfolgs genommen. Die alten Handelswege gab es noch, und Güter gelangten seit Jahrhunderten über Land nach Europa. China pflegte aber auch schon seit langem den Kontakt mit arabischen Kaufleuten und trieb Seehandel. Unter der den Song folgenden mongolischen Yuan-Dynastie (1279–1368), deren politische Macht von Südchina bis Osteuropa reichte, kamen Ausländer in größerer Zahl nach China, vorwiegend Kaufleute. Marco Polo, wenn er denn wirklich in China war, ist nur einer von ihnen gewesen.

Die letzten beiden großen chinesischen Dynastien, Ming (»die helle«) und Qing (»die klare«), betrieben eine in einem Punkt ähnliche Politik: Sie waren sehr autoritär und setzten auf einen starken, zentralistischen Staat. Zusammen mit einer demographisch-ökologischen Krise hat das am Ende zum Untergang des Kaiserreiches geführt. Als Zhu Yuanzhang, der spätere erste Ming-Kaiser, die Macht eroberte, war der Untergang noch ferne Zukunft. In die Ming-Zeit (1368–1644) fällt auch ein merkwürdiger Wendepunkt in der Außenpolitik. In den vorhergehenden Jahrhunderten hatte sich das Land sehr stark nach außen hin geöffnet. Noch im Jahr 1407 schickte ein Ming-Kaiser den muslimischen Admiral und Eunuchen Zheng He mit 317 Schiffen – die gesamte spanische Armada des Jahres 1588 hatte nur 132 – nach Afrika, um diplomatische Kontakte und intensive Außenhandelsbeziehungen zu pflegen. Doch dann verschwand Zheng Hes Armada plötzlich von der Bildfläche. China, dessen Seehandel viel weiter fortgeschritten war als der Europas, gab seine führende Internationalität über Nacht preis. Was war der Grund dafür? Finanzknappheit aufgrund einer sehr chinesischen Vorliebe für übertriebene Größe? Der große finanzielle und logistische Aufwand, der mit dem Neubau der Großen Mauer 1474 entstand? War es schlichtweg Fremdenfeindlichkeit? Oder alles zusammen? Bis heute gibt es darauf keine befriedigende Antwort.

Schließlich waren es wieder Fremde, besser gesagt: Nachbarn vom Volke der Mandschus, die die letzte Dynastie gründeten. Im 18. Jahrhundert erlebte die Qing-Dynastie (1644–1911) ihre Blütezeit, und China erreichte die größte Ausdehnung in seiner Geschichte. Das Reich der Qing war 1759 um fast zwei Millionen Quadratkilometer größer als die heutige Volksrepublik. Die gesamte Mongolei, das heute russische Gebiet am Amur und endlich auch Tibet und Ostturkestan, »neues Territorium« *(xin jiang)* genannt, gehörten dazu. Die Landwirtschaft des 18. Jahrhunderts war mit Mehrfruchtsystem und ganzjährigen Ernten Europa weit überlegen. Das hatte demographische Folgen: Die Bevölkerungszahl explodierte von 143 Millionen Chinesen im Jahr 1740 auf 430 Millionen nur 110 Jahre später. Doch da hatte der Niedergang schon begonnen. Das Land konnte diese Menschenmasse, die seine natürlichen Ressourcen in nie gekanntem Ausmaß verbrauchte, nicht mehr ernähren. Wälder verschwanden, das Land erodierte, und an den dicht besiedelten Unterläufen der großen Flüsse kam es zu verheerenden Überschwemmungen. Die Regierung war machtlos. Es fehlte an Finanzmitteln und flexiblen Antworten. Überbürokratisierung, Aufstände und Revolten, die Ausländer und ihr Opium kamen hinzu.

Die Ostindische Kompanie der Engländer hatte bereits im 18. Jahrhundert massiv mit dem Opiumschmuggel nach China begonnen, wo das Rauschgift durchaus schon seit Jahrhunderten bekannt war. Damals war Shanghai noch ein unbedeutendes Hafenstädtchen an der Yangtse-Mündung, und die Opiumimporte liefen durch das damalige »Tor nach China«, die Stadt Kanton (Guangzhou). England konnte das Opium zu seiner Haupteinnahmequelle auf dem damaligen chinesischen Markt machen und damit das Handelsbilanzdefizit mit China ausgleichen. Es waren gerade wichtige Funktionsträger der chinesischen Bürokratie, die Opium rauchten. Die Korruption war weit verbreitet, da die kantonesischen Beamten eng mit den Schmugglern verbündet waren und häufig ein Doppelleben führten. Das Verwaltungssystem und mit ihm die wirtschaftliche Stabilität drohten zusammenzubrechen, so dass sich die Regierung zum Handeln gezwungen sah. Der kaiserliche Gesandte Lin Zexu (1785–1850) reiste schließlich in das Sündenbabel Kanton und ließ dort 20 000 Kisten britischen Opiums beschlagnahmen. Nun hatten die Briten endlich ihren Vorwand, in China zuzupacken, und griffen überall entlang der Küste bis hinauf in die Hafenstadt Tianjin nahe Peking an. Das militärisch weit unterlegene China erlitt seinen ersten »Sputnik«-Schock: Die zu sehr mit sich selbst beschäftigte Zentralregierung in Peking musste erstmals einsehen, dass die »Barbaren« aus dem Westen über eine überlegene Technik verfügten. Eine Felseninsel mit Namen »Duftender Hafen« (Hongkong) ging nach dem »ungleichen Vertrag« von Nanking 1842 an die Briten, und vier chinesische Häfen – Xiamen, Shanghai, Ningbo und auch Kanton – mussten für den Handel geöffnet werden. Es begann die Zeit des europäischen Kolonialismus in China, an dem sich später die USA und Japan beteiligen sollten. Hinzu kam ein innerchinesischer Krieg, verursacht durch einen größenwahnsinnigen Bauernführer namens Hong Xiuquan (1813–1864), der weite Teile Chinas besetzen konnte, sich später zum Himmlischen König des Himmlischen Reichs des Großen Friedens ausrufen ließ und die kaiserlichen Streitkräfte bis 1864 beschäftigte. Das ganze Land war in den 50er und 60er Jahren des 19. Jahrhunderts in Aufruhr. Minderheiten von Yunnan bis nach Xinjiang erhoben sich. Das Chaos bot den Engländern beste Gelegenheiten, sich weitere Stücke vom Kuchen China abzuschneiden. Sie nahmen die Überprüfung eines Schmugglerschiffes durch chinesische Behörden im Jahr 1856 zum Anlass, die mit Hong Xiuquan und seinem Himmelsreich mehr als beschäftigte Zentralregierung weiter zu attackieren. Da Opium erneut den Auslöser darstellte, sind die folgenden Angriffe der Engländer auch als »Zweiter Opiumkrieg« bekannt geworden. Der zweite »ungleiche Vertrag«, der von Tianjin 1858, in dem man China die Öffnung weiterer Häfen für den Handel abpresste und Kowloon, den Festlandsteil Hongkongs, annektierte, eröffnete die nächste Runde des Kolonialismus.

In der Folge eignete sich Russland chinesische Territorien im Nordwesten und Nordosten an. 1874 beteiligte sich dann auch Japan, besetzte Taiwan sowie die Ryukyu-Inseln im Ostchinesischen Meer und begann seinen Einfluss auf das chinesisch dominierte Korea auszudehnen. Das alles und die damit verbundenen wirtschaftlichen Aderlässe in Form gewaltiger »Reparationszahlungen« versetzte dem chinesischen Kaiserreich nach über 2000 Jahren Existenz am Ende den Todesstoß. Der Hass auf die anmaßenden Fremden, die »ausländischen Teufel« *(yangguizi),* stieg merklich, und die Bewegungen für eine »Nation China« nahmen ihren Anfang.

Vom 20. in das 21. Jahrhundert: große Sprünge aus der Vergangenheit

Blickt man heute auf China, so fragt man sich, wie ein Land, das so viele Jahrhunderte seinen Traditionen verpflichtet war, derart modern werden konnte. In Shanghai gelten Gebäude schon als historisch, die gerade 70 Jahre alt sind, und im ganzen Land entstehen Dinge, die direkt aus der Zukunft zu stammen scheinen. Der Schlüssel zum Verständnis der äußerlichen Umpolung Chinas ist das 20. Jahrhundert. Das Kaiserreich war tot, es lebten die Revolutionen. Wenn man Revolution als die brüske Abkehr von historisch Gewordenem versteht, dann ist die Geschichte Chinas im 20. Jahrhundert ein mehrfacher Versuch, die Fesseln der Vergangenheit abzuschütteln. Genau genommen enthält das vergangene Jahrhundert drei große Phasen kultureller Revolutionen und Reformen, die bestimmten Teilen der Gesellschaft ermöglichten, China neu zu definieren und dabei mit mehr oder weniger Erfolg auch zu regieren. Das 20. Jahrhundert ist geprägt von einem Verhalten, das eine Losung aus Maos Kulturrevolution treffend kennzeichnet: »Zerschlagt die alte Welt und baut eine neue!«[11]

Die erste Revolutionsphase war vor allem von nationalen Denkmustern geprägt und dauerte von kurz nach 1900 bis in die 30er Jahre: Schon im ersten Jahrzehnt des 20. Jahrhunderts forderten junge radikale Denker und Studenten in Shanghai den totalen Bruch mit der Vergangenheit, insbesondere mit dem Konfuzianismus. Es war die große Zeit der jungen Intellektuellen, die aus dem Schatten der mächtigen Vergangenheit traten und ihre Visionen eines neuen China artikulierten. Sie waren gebildet, studierten an den neuen Schulen und Hochschulen, die in den letzten Jahrzehnten der Qing-Dynastie oft unter ausländischer Regie überall im Lande entstanden waren, und wussten, dass es ohne die Werte des Westens keine chinesische Zukunft gab. 1905, sechs Jahre vor dem Zusammenbruch des Kaiserreichs, wurde das alte Prüfungssystem abgeschafft, neue Schulen mit naturwissenschaftlichen Fächern und Fremdsprachen entwickelten sich. Im Ausland geschulte Politiker bewunderten den Westen, besonders die angelsächsische Welt, und machten Revolution. Sie hatten wichtige Militärführer hinter sich. Der bekannteste der hochgebildeten Intellektuellen war der erste Präsident Chinas, der promovierte Mediziner Dr. Sun Yatsen (1866–1925). Die Intellektuellen erdachten neue chinesische Verfassungen und wollten die alten Schriftzeichen abschaffen. Sie sahen im Gebrauch chinesischer Zeichen einen der wichtigsten Gründe, warum es in China so viele Analphabeten gab und das Land nicht modern werden konnte. Junge Denker begruben die alte chinesische Schriftsprache, das *wenyan,* das mit uralten Bildungsinhalten durchsetzt war. Sie versuchten, westliche wissenschaftliche Methoden und Denkweisen fest in der Gesellschaft zu verankern. Radikale Linke vom Schlage des späteren Gründervaters der Kommunistischen Partei Chinas, Professor Chen Duxiu (1879–1942), gründeten Zeitschriften wie die *Neue Jugend (Xin Qingnian).*

In den Folgejahren verdichteten sich die Forderungen nach Erneuerung zu modernem nationalstaatlichen Denken. Die Nation

China kam zur Welt. Das war völlig neu, denn das alte kaiserliche China hatte auf verbindlichen kulturellen Riten und Inhalten geruht, die nur um sich selbst als Zentrum der Welt kreisten. Mit Nationalismus hatte das nichts zu tun, eher mit einer Art zentralistischem Kulturalismus. Neuer Gegner der Nation China wurde die Nation Japan. Zu Beginn der Revolutionen und Bewegungen war das Nachbarland im Osten noch die Ausbildungsplattform für westliches Denken und Wissenschaft gewesen. Japan war allerdings in Versailles zur Siegermacht des Ersten Weltkriegs erklärt worden, war hungrig nach mehr Territorium und stellte sein nationales Denken nun endgültig auf Eroberungspolitik ein. Japanische Truppen besetzten die ehemalige deutsche Kolonie Tsingtau. Am 4. Mai 1919 protestierten Tausende von Studenten im Lande. Unzählige Festnahmen waren die Folge.

Chinas nationale Erneuerung war politisch längst gescheitert. Warlords und Reaktionäre, die mit dem alten China sympathisierten, hatten den jungen Intellektuellen die politische Führungsrolle entwunden. Wenige Monate, nachdem er im Januar 1912 erster Präsident der Chinesischen Republik geworden war, musste Sun Yatsen bereits wieder abtreten. Sein Misserfolg ist symbolisch für die Zeit. In den Köpfen war ein neues China entstanden, doch nur in den Köpfen einer Minderheit, die aus den Städten und aus den von *laowai* geprägten Bildungsschmieden stammte. Sie musste an den unveränderten Zuständen des Inneren scheitern. Das chinesische Land, der Rest des Körpers, fehlte diesen Köpfen. Die einzige Kraft, die die Intellektuellen unterstützte, war selbst noch eine zu kleine Minderheit: die städtischen Kaufleute, organisiert nun in fast 800 Handelskammern. Sie waren in der Umbruchszeit zwischen 1903 und 1920 neben den Intellektuellen die zweite neue gesellschaftliche Gruppe, die das Potenzial besaß, das Land zu verändern. Doch diese Gruppe war ebenfalls zu klein und zu zersplittert. Mit den Kaufleuten entstand aber immerhin ein modernes Handels-, Bank- und Verkehrswesen.

Doch Revolutionen können auf Dauer nur Erfolg haben, wenn die Masse der Bevölkerung diese unterstützt. Die aber lebte in China auf dem Land. Das wusste niemand besser als Mao Zedong (1893–1976). Er ist der größte Machtpolitiker und Diktator, den China jemals hervorgebracht hat, und sein politisches Denken und Handeln kreiste stets um die Frage, wie man mit Hilfe der Landbevölkerung die absolute Macht und Kontrolle über China gewinnen könnte. Mao gilt als Gründungsmitglied der offiziell 1921 in Shanghai gegründeten Kommunistischen Partei Chinas, die eigentlich 1920 von einem Russen namens Grigori Woitinski ins Leben gerufen worden war. Erster Vorsitzender war Chen Duxiu. Erst nach jahrelangen Machtkämpfen gelang es Mao 1935, in das Führungssekretariat der Partei aufzusteigen.[12] Er konfrontierte die radikale Shanghaier Avantgarde und die Intellektuellenbewegung um Parteichef Chen Duxiu mit dem Aufbau einer Banditentruppe in den Bergen seiner Heimatprovinz Hunan. Mao stand damit ganz in der Tradition eines anderen Banditenchefs, des ersten Ming-Kaisers Zhu Yuanzhang, der seine Karriere als Goldwäscher begonnen hatte. Ohne die arme Landbevölkerung wäre Mao nie an die Macht gekommen. Er definierte sie daher als »sein« Proletariat chinesischer Prägung, seine besitzlose Klasse, deren Zeit nun endlich gekommen sei. Alle anderen Kräfte der Gesellschaft – die landbesitzenden »Feudalisten«, die ausländischen »Imperalisten«, die »bourgeoisen« Händler und Intellektuellen der Städte und selbst der Bauer, der »mehrere Liter Öl zum Kochen oder ein paar Hennen hatte«[13] – waren in Maos Augen Gegner des chinesischen Landproletariats. Das Aufbegehren dieses Proletariats gegen all diese Kräfte ist ein zentraler Inhalt der sogenannten Mao-Zedong-Gedanken. Sie bilden bis heute eine Leitlinie der kommunistischen Partei.

Die zweite große kulturelle Revolutions- und Reformphase begann mit dem Aufbau der ersten Kooperativen auf dem Land in den 30er Jahren. 1934/35 mussten sich Maos Kommunisten unter enormen Verlusten vor den sie einkreisenden Truppen des Guomindang-Führers Chiang Kai-shek zurückziehen. Auf dem legendär gewordenen »langen Marsch« durchquerten sie zu Fuß weite Teile Chinas, bevor sie zwei Jahre später – auf Druck Moskaus und gegen den Widerstand Mao Zedongs – gemeinsam mit ihren früheren Feinden gegen die japanischen Besatzer kämpften. Doch dieses erzwungene Bündnis hielt nur bis Kriegsende. Dann begann ein erbittert geführter Bürgerkrieg zwischen Mao und seinem Konkurrenten um die Macht, Chiang Kai-shek, der am Ende den Kürzeren zog und nach Taiwan floh. Der Sieg der Kommunisten führte zur Gründung der Volksrepublik China am 1. Oktober 1949. Die zweite Revolutions- und Reformphase endete mit dem Tod Mao Zedongs am 9. September 1976.

Mao, der Landmann, der niemals Bauer sein wollte, trug die

Revolution vom Land in die Städte und wieder zurück auf das Land. Seine radikale Politik war rücksichtslos, auch gegenüber »seinem« Proletariat, der Landbevölkerung. Allein die zwischen 1958 und 1960 forcierte Kampagne des »Großen Sprungs nach vorn« kostete 30 Millionen Menschen das Leben. Mao hatte, der eigenen Stärke plötzlich den Rücken kehrend, den aberwitzigen Plan propagiert, dass man unter Vernachlässigung der Landwirtschaft China mit kooperativ betriebenen Mini-Hochöfen auf dem Land unter die führenden Industrieländer der Welt katapultieren könne. Ähnlich kompromisslos verlief die Kulturrevolution, die Mao 1966, nun mit kaisergleicher Machtfülle ausgestattet, ausrief. Während des kommenden Jahrzehnts griffen radikale Jugendliche, die Roten Garden, die »Hauptquartiere« der alten Führer an, um Maos alleinigen Machtanspruch zu sichern. Mao hatte seine Revolution endgültig zur landesweiten Schreckensherrschaft fortentwickelt und war selbst zum roten Kaiser geworden, der seine Position als Parteivorsitzender gern mit der Rolle des ersten Kaisers Qin Shihuang verglich.[14]

Zwei Jahre nach dem Tod Maos begann die dritte, wieder friedlichere Revolutionsphase. Sie dauert noch an und verändert Chinas Kultur ähnlich tiefgreifend, aber wohl noch nachhaltiger als die kommunistische Revolution: Seit Ende 1978 heißt diese dritte Phase »Reform- und Öffnungspolitik« und ist verbunden mit dem Namen des Kommunisten Deng Xiaoping (1904–1997). Dengs Programm eines »Sozialismus chinesischer Prägung« war der Auslöser für eine beispiellose Urbanisierung des Landes, die bis heute anhält. Mao hatte das Land in den Mittelpunkt der Politik gerückt, ohne dass die Bauern davon dauerhaft profitiert hätten. Die Chance auf ein besseres Leben bot sich der Landbevölkerung nach einer kurzen Phase in den frühen 60er Jahren erstmals wirklich zu Beginn der Reform- und Öffnungspolitik Deng Xiaopings, der den Bauern wie schon in den 60er Jahren eigenes Land und eigenen Profit nach dem sogenannten »System der Verantwortung« zugestand. Doch der rasante Aufstieg der Stadt seit den späten 80er und frühen 90er Jahren ließ den Bauern wieder auf den Boden der Tatsachen zurückkehren bzw. dorthin, wo er sich die längste Zeit in der chinesischen Geschichte immer befunden hat: in die Niederungen der chinesischen Gesellschaft.

In den 80er Jahren schlug die Stunde der Händler, der Fabrikbesitzer, der Investoren, und zwar lauter und heftiger als je zuvor.

Freier Markt und Wettbewerb übertrugen sich vom Land auf die Industrie und damit auch auf die Städte, auf die Importe ausländischer Hochtechnologie (dritte Modernisierung) und die Armee als Stütze der politischen Macht (vierte Modernisierung). Deng und seine Nachfolger setzten darauf, dass China nur stark werden konnte, wenn die chinesische Bevölkerung ihre Stärke und Leidenschaft endlich in voller Breite ausspielen konnte: Händler zu sein! Kaufleute hatten bereits in den Dynastien der Han und der Song dem Land die Quellen seines Wohlstands eröffnet. In der Dynastie namens Volksrepublik funktioniert Dengs wirtschaftliche Liberalisierung bis heute, nur sind die Dimensionen im 21. Jahrhundert größer geworden: Die radikale Öffnung des Landes für die Wirtschaft ist nun eine globale Angelegenheit.

In der Gegenwart angekommen, lohnt es sich, noch einmal einen Blick auf die Anfänge des 20. Jahrhunderts zu werfen: Das Jahrhundert der drei großen kulturellen Revolutionsphasen begann mit den Intellektuellen und den jungen Gebildeten der Schulen. Diese Gruppe hat sich seit 1911/1919 immer wieder zu Wort gemeldet. Dazu gehört die heftige Parteikritik der späten 50er Jahre, die Forderung nach einer fünften Modernisierung namens Demokratie im Jahr 1979 und die studentischen Protestbewegungen vor dem 4. Juni 1989, als die Demokratiebewegung auf dem Platz des himmlischen Friedens von Panzern niedergewalzt wurde.[15] Ob sich diese wenig erfolgreiche Gruppe mit dem Primat der Geschäftsleute und Händler zufriedengeben wird oder ob sie versuchen wird, gemeinsam mit der dritten Kraft, der seit den 80er Jahren wieder abgestiegenen Landbevölkerung, ein neues Bündnis zu schließen, ist unklar. Im Moment sieht es danach aus, dass Chinas Intellektuelle weitgehend im Dienste der städtisch basierten Wirtschaft stehen.

Allerdings ist in den letzten Jahren die Zahl der Intellektuellen, Schriftsteller, Publizisten, Anwälte, Menschenrechts- und Umweltaktivisten gewachsen, die neben der wirtschaftlichen auch eine politische Öffnung des Landes fordern. Dabei geht es in aller Regel nicht um radikale Forderungen, etwa die Alleinherrschaft der Kommunistischen Partei durch ein Mehrparteiensystem zu ersetzen. Zumeist handelt es sich um ein Eintreten für mehr Meinungs- und Pressefreiheit in Wort und Tat. Das ist ein sensibles Feld. Denn trotz aller wirtschaftlichen Liberalisierung ist die Pekinger Führung bestrebt, das von der Kommunistischen Partei ausgeübte

Meinungs- und Informationsmonopol mit aller Macht zu behaupten. Die umfassenden Zensurmaßnahmen betreffen sowohl Presse und Verlagswesen als auch Radio und Fernsehen. Kritische Publikationen oder Sendungen, die nicht auf der Parteilinie liegen, werden häufig zensiert oder ganz verboten. Davon sind auch internationale TV-Stationen betroffen, so etwa im März 2008 anlässlich der Unruhen in Tibet. Die Sendungen von CNN und BBC wurden nach Auskunft der Vereinigung »Reporter ohne Grenzen« mehrmals unterbrochen – »immer dann, wenn sie Bilder von den Demonstranten zeigten. Das staatliche Fernsehen hingegen hat nur die Ausschreitungen von Tibetern gegen chinesische Geschäfte gesendet, ohne über die Toten auf tibetischer Seite oder den Aufmarsch der Armee zu berichten.«[16]

Doch nicht prominente Dissidenten wie Ai Weiwei, Liu Xiaobo oder Chen Guangcheng, deren Namen die China-Berichte westlicher Medien beherrschen, sorgen allein dafür, dass »eine Fabrik frischer Luft mit unbegrenztem Potenzial« entstanden ist, »die sowohl zu einer blubbernden Undergrund-Aktivität und ein nationaler Konsens« entsteht, wie die Webseite thinkingchinese.com pathetisch ausrief. 2012 waren es rund 300 Millionen Internet-Nutzer, die mit Smartphones und Tablet-PCs ausgestattet ihre Sorgen, Ängste, Freuden und Kritiken untereinander teilten. 100 Millionen Nachrichten pro Tag, unsinnige bis tiefgründige, schwirren dabei ähnlich agil durch das chinesische Netz, wie ähnliche Mitteilungen in den USA oder Deutschland gepostet werden. Auch wenn die chinesischen Gegenstücke zu Facebook und Twitter wie Sina Weibo und andere, sich selbst und von Staats wegen her zensieren, um direkte Kritiken an der chinesischen Regierung auszulöschen, so lässt sich eine derart »blubbernde« und dynamische Massenbewegung einfach nicht mehr ohne weiteres kontrollieren. So wie ihre westlichen Gegenüber auf Facebook und Twitter die Vertreter der westlichen Politik-Variante, Demokratie genannt, immer wieder herausfordern, so fordern chinesische Web 2.0-Nutzer das restriktivere chinesische *zhengzhi*-Politiksystem heraus. Die Folgen sind noch nicht absehbar – doch wie sehr sich China verändert, wird nicht von den oben genannten Einzelpersonen abhängen, die ihre Aktivitäten vor allem geprägt durch die Ereignisse des 4. Juni 1989 entwickeln und westliche Gesellschaftssysteme allen voran die USA als sehr wichtig für die chinesische Gesellschaftsentwicklung betrachten. Das politische China der

Zukunft ist vor allem ein China der Micro-Blogger und Internet-Nutzer, die noch dominanter als im Westen ihre Kommunikation und Interessen auf diese neuen medialen Möglichkeiten fixieren. Es muss als Entwicklung anerkannt werden, dass Taxifahrer und andere Menschen in Dienstleistungsberufen, die nie zuvor eine Stimme in China hatten, sich diese nun mit Hilfe von Micro-Blogs verschaffen können. Darin liegt in der Tat viel Potenzial.

Dabei ist es auch nicht so, als würde in China jegliche abweichende Meinungsäußerung unterdrückt. In den vergangenen Jahren sind in chinesischen Publikationen immer wieder Beiträge erschienen, die sich kritisch mit Missständen auf lokaler Ebene auseinandersetzten, etwa mit Korruption oder Umweltverschmutzung. Allerdings ist dabei auch es ratsam, sich nicht direkt mit der Partei bzw. ihren politischen Vorgaben anzulegen. Wer gegen diese Einschränkungen verstößt oder gegen sie öffentlich protestiert, muss mit zum Teil drakonischen Strafen rechnen. Das gilt vielerorts übrigens auch für verhältnismäßig geringfügige Delikte wie Diebstahl oder Drogenkonsum. Und so steht das chinesische Rechtssystem seit längerem im westlichen Ausland in der Kritik, insbesondere bei Menschenrechtsorganisationen wie Human Rights Watch oder Amnesty International. Amnesty International schätzte für das Jahr 2011 allerdings recht unscharf, dass »mehrere Tausend« Menschen in China hingerichtet wurden.[17] In allen übrigen Ländern der Welt lag diese Zahl bei mindestens 680, China lag um ein Vielfaches darüber.[18]

Überhaupt sind die Menschenrechte eines der zentralen Themen, wenn in Europa oder Amerika von China die Rede ist. Daraufhin ist die chinesische Regierung in die Offensive gegangen. Sie hält insbesondere den USA vor, sich selbst nicht an die eigenen moralischen Postulate zu halten. Außerdem sollten, so heißt es aus Peking, die Vereinigten Staaten angesichts steigender Gewaltkriminalität in ihrem Land lieber dafür sorgen, »Leben, Freiheit und persönliche Sicherheit« ihrer Staatsbürger zu gewährleisten, als sich in die inneren Angelegenheiten anderer Staaten einzumischen.[19] Daraus spricht ein Menschenbild, das vor allem genährt ist von den Auffassungen der legalistischen Schule, die seit der Gründung des Kaiserreichs China bestimmte: Der einzelne und seine Rechte zählen wenig im Vergleich zu dem Recht des staatlichen Kollektivs auf Stabilität. Wer diese Stabilität gefährdet, der gefährdet auch seine persönliche Existenzberechtigung. Aus dieser Grundauffassung heraus bestreitet die Führung in Peking den universellen Gültigkeitsanspruch der westlichen Menschenrechtstradition und spricht von Menschenrechten »chinesischer Prägung«. Damit will sie betonen, dass Rechtsnormen kulturell bedingt sind und daher eine je spezifische Ausprägung erfahren. Sie bezieht sich mit dieser Argumentation auf einen faktischen kulturellen Unterschied. Im Westen hat die Aufklärung eine jahrhundertealte Tradition individueller Freiheitsentfaltung und – aufbauend auf der Antike – ein »Prinzip des kritischen Bürgers« begründet. In China dagegen gilt bis heute die Forderung nach Unterordnung des Einzelnen unter die Grundvorgaben des Staates, angefangen mit der Vaterlandsliebe, die ein Gleichsetzen von Land und Partei einfordert. Dieser Wertekodex verlangt vom Einzelnen ein weit angepassteres Verhalten als westliche Bildungsideale, die stärker die Entfaltung des Individuums in den Mittelpunkt rücken. Er ist keine Erfindung der Volksrepublik, sondern geht bis auf konfuzianische Erziehungsmaximen und legalistische Staatsvorstellungen aus vorchristlicher Zeit zurück. So hart das für viele westliche Ohren klingen mag: Der Einzelne zählt in China weniger als im Westen, und sein Wert ist dabei noch streng gesellschaftlich hierarchisiert – der reiche Städter steht weit über dem armen Bauern. Dies haben die politischen Herrscher im Reich der Mitte seit jeher für sich zu nutzen gewusst.

China und die Fremden

Welche Rolle spielen nun die *laowai* in der chinesischen Geschichte? Vom Ende her betrachtet, ist die Antwort einfach: Ohne Ausländer gäbe es das heutige China nicht. Chinesen haben den Begriff Nation *(minzu)* erst im 20. Jahrhundert kennengelernt. Seitdem glauben sie an eine chinesische Nation. Dazu hat auch Maos später, oft extremer Nationalismus beigetragen. China war, wie gesehen, ein von unterschiedlichen Völkern besiedeltes Gebiet, ein kultureller Schmelztiegel geradezu, dem es gelang, eine Art Leitkultur sehr erfolgreich zu entwickeln, lange bevor in Europa und Amerika der Begriff überhaupt diskutiert wurde. Doch selbst diese Leitkultur entstand nicht ohne Vermischung mit den »fremden« Nachbarn. Ohne die Mongolen und Steppenvölker des Nordens beispielsweise gäbe es in China weder eine fortgeschrittene

Viehzucht noch eine Kavallerie. Selbst die Hose, bis heute auf dem Land beliebtestes praktisches Kleidungsstück der chinesischen Frauen, stammt von den Steppenvölkern. Diese überschritten immer wieder die Grenzen, gründeten Dynastien, passten sich chinesischen Sitten und Gebräuchen an. Das erklärt auch das enge nachbarschaftliche Verhältnis zu den Mongolen und eine relativ friedliche Integration mongolischer Gebiete in das heutige China. Mit den Turkvölkern und Tibetern im Westen gab es keine solchen Vermischungen.

Der Austausch mit den westlichen Nachbarn dagegen war eng. Eine zentrale Stellung nahm der Iran ein, stärker noch als Indien. Buddhistisch inspirierte Architektur – sogar mit griechischen Stilelementen – kam von dort ins Land. Die im März 2001 von den Taliban Afghanistans zerstörten Bamiyan-Buddhaskulpturen waren Vorbilder für die vielbesuchte buddhistische Höhlenarchitektur in den heutigen Provinzen Shanxi und Henan. Auch das Christentum kam im 7. und 8. Jahrhundert aus dem Iran nach China. Um 640 entstanden in Chang'an (Xi'an) christliche Kirchen.

Ohne die syrischen, türkischen, iranischen, indischen und arabischen Händler im alten Chang'an wäre die Stadt nie zur glänzendsten Metropole ihrer Zeit geworden. Die große Gruppe der Kaufleute war und ist bis heute die entscheidende Triebkraft chinesisch-westlichen Austausches. Der florierende Seidenhandel brachte in der Han-Zeit Geschäftsleute aus Zentral- und Westasien nach China. Neben der offenen Handelstätigkeit waren diese Ausländer übrigens stark an Schmuggelgeschäften beteiligt: Damalige chinesische Hochtechnologie wie die Eisen- und Waffentechnik wurde aus dem Land ins Ausland geschmuggelt. Die Produkt- und Technologiepiraterie begann also mit den Ausländern aus dem Westen. In der Millionenstadt Chang'an der Tang-Zeit galt zentralasiatisches, indisches und arabisches Design als schick: Man begeisterte sich für Tanz, Musik, Kleidung, Küche und Wohnstil der Ausländer. Diese lebten in zentralchinesischen Provinzen um die Hauptstadt herum in eigenen Kolonien. Das Sogdische, ein ostiranischer Dialekt, war die Verkehrssprache entlang der Seidenstraße bis nach Chang'an, eine panasiatische Lingua franca.

In der Song-Zeit, vor allem aber während der Mongolen-Dynastie Yuan (1279–1368), als die chinesischen Herrscher bis an die Pforte Europas vordrangen, etablierten sich Handelswege durch die Steppe, auf denen Russen und Venezianer China erreichten.

Mit der Öffnung neuer Wege begann auch die christliche Missionstätigkeit. Zunächst kamen Franziskaner im 14. Jahrhundert. Sie setzten sogar einen Erzbischof von Peking ein, das unter den Mongolen Khanbalik hieß. Seit dem 16. Jahrhundert missionierten die Jesuiten mit ihrem berühmtesten Vertreter Li Madou, eigentlich Matteo Ricchi (1552–1610), das Land, der in Tang Ruowang, eigentlich Johann Adam Schall von Bell (1592–1666), übrigens auch einen deutschen Nachfolger hatte. Mit den Missionaren begann allerdings eines der großen und folgenreichen interkulturellen Missverständnisse zwischen West und Ost. Chinesen sahen in den Missionaren vor allem Kenner der Mathematik, Astronomie, Kartographie, Malerei, Musik und Übersetzungstechnik. Mit ihnen importierte das in vielen Dingen technisch überlegene China nun erste westliche Kulturinhalte und Erkenntnisse. Für die Missionare waren ihre Kenntnissen und Lehrtätigkeiten aber nur Mittel zum Zweck, den Glauben an den Christengott zu verbreiten. Der christliche Ritus jedoch stand in vielerlei Hinsicht in direktem kulturellen Widerspruch zum chinesischen Kultus. Der Ahnenkult des Konfuzianismus, ein zentraler Ritus, wurde von Missionaren bis ins 20. Jahrhundert als Götzendienst abgetan.[20] Europäer wurden so zu Zerstörern eines Kerns chinesischer Kultur. Ängste, dass es wieder die Europäer sein könnten, die sich zu tief in das Kultur- und Bildungswesen einmischen könnten, sind bis heute zu spüren, wenn chinesische Besonderheiten im Bildungssystem angemahnt werden, die unbedingt erhalten werden müssen.

Das Eindringen der europäischen Mächte im 19. Jahrhundert war eine Mischung aus fortschreitender Missionierung und gewaltsamer Erschließung neuer Märkte, wie im Falle des Opiums. Beides diente zum Aufbau eines quasi-kolonialen Systems. Ab und an halten Chinesen Engländern und besonders Amerikanern diese Vergangenheit vor, wenn sie deren heutige Politik als Verlängerung der alten imperialistischen Tradition kritisieren.

Japan übrigens ist der Nachbar, zu dem Chinesen seit Jahrhunderten ein negatives Verhältnis haben. Die Japaner, die in der Tang-Zeit Buddhismus, Baustile und andere kulturelle Besonderheiten Chinas übernommen haben, galten als heimtückische Verbündete der obskuren Missionare. Japaner waren gefürchtete Piraten vor Chinas Küste. Mit der Niederlage gegen das »kleine Japan« *(xiao riben)* im chinesisch-japanischen Krieg 1894/95 haben sich die Aversionen endgültig verfestigt. Die Gräueltaten während des

Zweiten Weltkriegs, besonders das von Japanern begangene Massaker von Nanjing 1937, als etwa 300 000 Zivilisten getötet wurden, haben die antijapanischen Tendenzen weiter verstärkt. Es wird noch Generationen friedlichen Umgangs miteinander brauchen, bis diese Vorbehalte verschwunden sein werden.

Was den deutschen Einfluss betrifft, so gewann Deutschland in China erst im 19. Jahrhundert als eigenständige Größe Kontur. Mit der Einnahme der Kiautschou-Bucht und dem Aufbau des Stützpunktes Tsingtau im Jahre 1897 beteiligte sich das deutsche Reich bis zu seiner Weltkriegsniederlage 1914 aktiv an der Aufteilung Chinas unter den Westmächten, Japan und Russland. Die Truppen des deutschen Kaisers benahmen sich in China so schlecht wie alle anderen ausländischen Militärs. Tausende von chinesischen Aufständischen starben durch deutsche Gewehre bei der Niederschlagung des Boxeraufstands von 1900, der sich gegen die christlichen Missionare und die Ausbeutung Chinas durch die *laowai* richtete, unzählige Zivilisten mussten bluten. In seiner berüchtigten »Hunnenrede« hatte der deutsche Kaiser Wilhelm II. gegen die chinesischen »Untermenschen« gewütet: Die sollten es nicht wagen, einen Deutschen auch nur »scheel« anzusehen.

Doch hinsichtlich der kollektiven Erinnerung in China hatten die Deutschen Glück: Ihre Kolonialherrschaft war kurz, und was sie hinterließen, gilt als solide und gut. Abgesehen von der Steyler Mission und den evangelischen Missionsgesellschaften in der Provinz Shandong missionierten Deutsche vergleichsweise wenig. Sie exportierten früh Technologie nach China, gründeten technisch orientierte Schulen und Hochschulen, wie die Tongji-Universität in Shanghai 1907, und waren, ebenso wie die Chinesen, einer der politischen Verlierer in der ersten Hälfte des 20. Jahrhunderts. Nach Aufnahme der diplomatischen Beziehungen mit der Volksrepublik China im Jahr 1972 knüpfte das neue Bundes-Deutschland wieder dort an, wo das alte Kaiserreich im frühen 20. Jahrhundert begonnen hatte: bei Fragen des Technologietransfers und des Handels. Das sind altbekannte Themen, die den Aufbau der ehemaligen Kolonie Tsingtau und die Aktivitäten in der Povinz Shandong sowie in Shanghai prägten.

教育比赛 Jiaoyu bisai – Bildung als Wettbewerb

Bestform als Ziel: der größte Wettbewerb der Welt

China hat zu viele Menschen – sagen die Chinesen. Im Jahr 2004 wurde die Schwelle von 1,3 Milliarden überschritten. Trotz Geburtenkontrolle und Ein-Kind-Politik wächst die Bevölkerung jährlich um die Einwohnerzahl Österreichs, das heißt um rund acht Millionen Menschen.[1] Welche Lebensperspektiven haben so viele Individuen? Die meisten arbeiten körperlich hart, ihr Leben lang. Manchmal wirken sie wie Teile der Maschinen, die sie bedienen, oder des Wolkenkratzers, den sie in die Höhe treiben. Nur der kleinere Teil der Milliarde, meist Städter, hat andere Perspektiven. Doch auch diese müssen erkämpft werden. Der Austragungsort dafür ist die Schule. Viele meiner Bekannten haben studiert, manche von ihnen sogar promoviert. Sie gehören zu denen, die in der Schule erfolgreich waren und es bis in die Spitze des Bildungssystems geschafft haben.

»Es war sehr hart«, sagt die 26-jährige Magisterkandidatin an meiner Uni, »wir waren 55 Schüler in einer Klasse. Nur eines zählte: die Punktzahl und das Ranking. Wer in der Klasse angesehen sein wollte, musste gute Leistungen erbringen. In der Mittelschule hatten wir nur ein Ziel, die Hochschulaufnahmeprüfung – kurz *gaokao* – zu bestehen. Dafür kämpften wir, unsere Eltern und alle Verwandten. Heute ist das genauso, vielleicht noch härter. Ich habe noch eine ältere Schwester. Ihre Tochter geht in die Klasse 1F. Sie hat 58 Mitschüler, und in den fünf übrigen Klassen sieht es nicht anders aus. Der Unterricht füllt den ganzen Tag aus. Morgens um halb acht wird die Kleine in die Schule gebracht, abends um sechs, wenn es schon wieder dunkel wird, ist sie erst wieder zu Hause. Das wiederholt sich Tag für Tag.«

Im *Drei-Zeichen-Klassiker* heißt es ganz am Anfang: »Wer nur großzieht, aber nicht lehrt, ist ein gescheiterter Vater. – Wer nur lehrt, ohne dabei Strenge walten zu lassen, ist ein fauler Lehrer.« Der *Drei-Zeichen-Klassiker* ist das vielleicht erfolgreichste Grundschul-

Lesebuch aller Zeiten und war jahrhundertelang Grundlage für den Schulunterricht in China. In den letzten Jahren wurde es als pädagogisch wertvoller Zusatz für die Grundschule wiederentdeckt. Manche Bildungsfunktionäre sehen in dem alten Lehrstoff einen wichtigen Baustein in der angestrebten stärkeren Sinisierung des Bildungssystems. Ihrer Auffassung nach haben westliche Inhalte die Ausbildung chinesischer Kinder schon zu lange von der eigenen Kultursubstanz entfremdet. Die pauken heute genauso emsig für die unzähligen Prüfungen während ihres Schülerdaseins, wie ihre Vorfahren darum rangen, den *Drei-Zeichen-Klassiker* und viele andere Bücher auswendig zu beherrschen.

Jedes Jahr im Juni beteiligen sich seit 1977 Millionen chinesische Schülerinnen und Schüler am größten Wettbewerb der Welt *(bisai)*. Als Preise winken die begehrten Studienplätze. Waren es 1977 gerade einmal ganz 4,7 Prozent aller angetretenen Kandidaten, die den Wettbewerb erfolgreich bestanden, so lag diese Quote im Jahr 2011 immerhin bei beachtlichen 72,3 Prozent. Chinas Jugend lernte schnell, worauf es ankam. Das spiegelt in gewisser Weise auch die Gesamtentwicklung der Gesellschaft wider. Auch die Zahl der Wettbewerbsteilnehmer hat sich seit jenem Tag im September 1992, als ich selbst zum ersten Mal meinen Fuß in eine chinesische Universität setzte, mehr als verdreifacht. 2011 traten 9,33 Millionen Kanditatinnen und Kanditaten zur landesweiten »Aufnahmeprüfung für Hochschulen« an.

Doch die »Gewinner« des großen Wettbewerbs sind nicht immer glücklich. China hat ein sehr rigides System des Hochschulrankings. Nur wenige Universitäten entsprechen wirklich internationalen Standards und verfügen über ein gewisses Renommee. Hinzu kommt, dass viele der Erfolgreichen nicht unbedingt das Fach ihrer ersten Wahl an der Hochschule ihrer ersten Wahl werden studieren können. Rigorose Punktelisten für Fächer und Hochschulen schränken die Möglichkeiten ein. Auch weiß kaum einer, was sie oder ihn an den Hochschulen erwartet. Doch sie müssen sich entscheiden. Ein einziger Eintrag befindet darüber, wo sie die nächsten vier Jahre verbringen werden. Für Chen Xiao, einen der fast zehn Millionen Kandidaten, war die Wahl der Hochschule das größte Problem der gesamten Prüfung:

»Meine Mitschüler hatten längst ihre Listen komplett ausgefüllt. Nur ich zögerte (...). Die Universität Xiamen, die Finanzuniversität Xi'an und die Hochschule für Technik und Wirtschaft in Peking waren die Universitäten, die ich mir eigentlich ausgesucht hatte. Plötzlich wirbelten sie in meinem Kopf durcheinander, die Uni Xiamen hatte ich mit Eltern und Lehrer abgesprochen, die Finanzuniversität Xi'an war die früheste Idee gewesen, als Letztes hatte ich die Technik- und Wirtschaftshochschule in Peking erwogen. In dem Moment, als ich den Wahlzettel abgeben musste, schrieb ich nur den Namen der Pekinger Hochschule auf. Dabei hatte ich diese Schule so gut wie verworfen. Nachdem ich abgegeben hatte, rief ich voller Unruhe den Vater an ...«[2]

Die Zukunft hängt oft von ganz kurzen Augenblicken ab. Formulare legen Schicksale fest. Doch nach wie vor ermöglicht allein die *gaokao* den Zugang zur Universität. Alle sind daher entsprechend nervös:

»Den Rest ihres Lebens vor sich, liegt ein angespannter Tag vor ihnen. Der Tag, auf den Millionen von Familien setzen. Die Eltern sind Teil des Ganzen. Sie nehmen sich frei und kochen für ihre Kinder, die unablässig den Stoff wiederholen. Sie haben sich den Weg zum Examensplatz genau eingeprägt, Hotelzimmer in der Nähe gebucht und bereits nach Taxis mit glücksbringenden Nummernschildern gefahndet. Lehrer hatten ohne Pause letzte Fragen beantwortet. Viele Schülerinnen und Schüler litten an Schlaflosigkeit – zu groß war die Anspannung vor dem großen Tag ...«[3]

Die Großveranstaltung dauert drei Tage. Dabei muss vor allem eines stimmen, und das ist die Form *(xingshi):* Ausgesuchte Lehrkräfte und Bildungsexperten versammeln sich jedes Jahr unter der Ägide des Pekinger Bildungsministeriums in Gremien, die die Testaufgaben des Folgejahres festlegen. Eine gewaltige Administration setzt sich in Bewegung. Man bereitet gut klimatisierte, möglichst ruhige Prüfungsorte an den Schulen vor. Das umliegende Gelände muss weiträumig abgesperrt werden. Überall mahnen Hinweisschilder, dass nun die Zeit der *gaokao* gekommen ist und man Rücksicht üben und seine Lautstärke mäßigen soll. Organisation ist alles. Das gilt auch für den Verlauf der *gaokao:* Die Prüfung findet landesweit zum selben Zeitpunkt statt. Aufgrund der landesweit gleichen Zeitzone kann sogar die Uhrzeit einheitlich festgesetzt werden. Je nach Stadt oder Provinz können allerdings noch immer Wettbewerbsverzerrungen auftreten. Der Wettbewerber vom Land hat es – wieder einmal – bedeutend schwerer als derjenige aus der Stadt. Die Auslese ist in ländlichen Regionen erbarmungsloser, und die benötigten Mindestpunktzahlen für die begehrten Schwerpunkt-Hochschulen in den Provinzhauptstädten – besonders in den Metropolen Peking und Shanghai – fallen für Auswärtige deutlich höher aus als für die privilegierten Großstadtbewohner. Es gilt auch in diesem Fall das bekannte Prinzip: »Große Gleichheit mit kleinen Unterschieden« *(datong xiaoyi)*.

Die Prüfung selbst ähnelt nicht nur wegen ihrer mehrtägigen Dauer dem Marathonlauf im Sport. Zähigkeit, Ausdauer und jahrelanges Training sind Voraussetzung für den Erfolg. Bereits ein Jahr vor der Prüfung werden die Tage heruntergezählt, der Countdown läuft. Die chinesische Grundlagendisziplin des Auswendiglernens wird bis an die Grenzen menschlicher Gehirnkapazitäten trainiert. 14 Stunden pro Tag sind keine Seltenheit, besonders in der Schlussphase der Vorbereitung. Die *gaokao* folgt dem Prinzip des sportlichen Mehrkampfs mit Wahlmöglichkeit. Daher wird es auch erfinderisch als »3 + x-System« bezeichnet. Der Anfang macht traditionell die chinesische Sprache: Aufsätze schreiben, Gedichte rezitieren. Immerhin hat der Anteil kreativer Aufgaben zugenommen, besonders auch im zweiten Pflichtfach Englisch. Hier gilt es nicht nur mit auswendig gelerntem Wissen, sondern auch mit Sprachverstehen und aktiver Anwendung in einer »composition« zu punkten. Die dritte Pflichtdisziplin für alle ist Mathematik. Nach diesem verpflichtenden Kanon können dann aus weiteren Fächern wie Geschichte, Geographie, Politik, Physik, Biologie und Chemie die anderen Prüfungsinhalte gewählt werden. Schließlich wird alles sorgfältig in Umschläge gesteckt und versiegelt. Nun beginnt das bange Warten auf das Ergebnis.

Nicht nur unter den Schülern, auch zwischen den Institutionen herrscht Wettbewerb: Die Schule, die die besten Resultate erzielt, die besten Prüflinge in ihren Reihen weiß, gilt als Modellschule. Ein chinesischer Reporter der *Financial Times* erinnert sich: »Fast an jedem sonnendurchfluteten schönen Nachmittag sagte der Klassenlehrer, dass morgen wieder Besucher kämen, wahrscheinlich eine pädagogische Überprüfungsgruppe, vielleicht Lehrer aus der Partnerschule – wie auch immer, ihr Besuch konnte darüber entscheiden, ob wir als Modellschule ausgewählt wurden.«[4] Dann wurde der Fußboden mit Hochdruck gereinigt, alle Lehrerfragen mit Nachdruck beantwortet und selbst die Schmuddelecke des Klassenzimmers penibel gesäubert. Alles für den einen Moment, den großen Höhepunkt der Überprüfung. Danach fielen alle wieder in ihre alten Gewohnheiten zurück, und auch die Schmuddelecke entstand von neuem. Hauptsache, die gute Tagesform hatte ihren Zweck erfüllt: Modellschule zu werden und dabei die konkurrierende Schule drei Blocks weiter zu schlagen.

Lehr- und Lerngewohnheiten

Der größte Wettkampf der Welt benötigt eine disziplinierte Vorbereitung, die schon sehr früh beginnt. Selektion nach Leistung fängt im Kindergarten an: Spätestens mit fünf Jahren, in der *da ban* oder der »Klasse der Großen«, tritt das Spielerische in den Hintergrund. Die Vorschule hält Einzug: Die Kinder lernen rechnen und das chinesische Umschriftsystem *pinyin*. Damit gilt das ABC-Lernen als erledigt. Auch Englisch, das zweite Hauptfach der *gaokao*-Prüfung, wird oft schon im Kindergarten zum ständigen Begleiter. Seit den 90er Jahren offerieren kommerzielle Sprachkursanbieter in Kindergärten ihre Dienste den zahlenden Eltern.

Ein Kindergartenbesuch ist nicht Pflicht, ein Recht auf Krippen- oder Kindergartenplätze besteht ebenso wenig. Die Einrichtungen sind Ganztagsbetriebe, weil keiner Zeit hat und alle immer mehr Geld brauchen. Die berufstätigen Eltern geben die Schützlinge in der Frühe ab und holen sie am späten Nachmittag wieder nach Hause. Oft wird die Aufgabe von den Großeltern übernommen, die als »Ersatzerzieher« für die Einzelkinder fungieren: Big-Mac-Kugelbäuche sind nicht selten das ansehnliche Resultat dieser Erziehung.

Kindergärten kosten Geld und können bis zu einem Viertel des Durchschnittseinkommens einer Familie verschlingen. Auch staatliche Schulen verursachen trotz Schulpflicht und offizieller Gebührenfreiheit Kosten. Für gute Lehrbücher muss extra bezahlt werden, für Nachhilfelehrer, an denen oft kein Weg vorbeiführt, ebenso. Außerdem etabliert sich seit Jahren neben den Regelschulen ein privates Schulsystem, das vielfach höhere Schulgebühren fordert. Die teuersten dieser Einrichtungen werden von Ausländern betrieben, die wie viele geschäftstüchtige Chinesen längst erkannt haben, dass sich mit Bildung profitable Geschäfte machen lassen. In Form von Privatschulen können Ausländer ihre Bildungskonzepte durchaus institutionalisieren.

Einmal in der Schule angekommen, beginnt der Wettbewerb der Einzelkämpfer: Rankings zeigen den Kindern schnell, wo sie mit ihren Leistungen in der Klasse stehen. Drei, zwei und ein Streifen auf Plastikkärtchen, die mit Sicherheitsnadeln am Ärmel der Schüler festgesteckt werden, zeigen an, wer den Ton angibt: Klassensprecher, stellvertretender Klassensprecher und kleiner Gruppenleiter. Natürlich wird man nur gewählt, wenn man entsprechende Schulleistungen vorweisen kann. Die bringen Ansehen und stimulieren den Wettbewerb. Soziale Fertigkeiten spielen für die Wahl zum Klassenrepräsentanten kaum eine Rolle. Der Lehrer prescht im Lehrbuch voran, Lektion für Lektion. Zeit für Diskussionen oder langes Nachfragen bleibt in der Regel nicht. Dazu lässt der dichte Lehrplan keinen Platz. Chinesisch, Rechnen und Englisch sind ab der ersten Klasse Haupt-, alle anderen Fächer dagegen absolute Nebensache. Sie spielen auch bei der Hausaufgabenverteilung keine Rolle. Spätestens mit dem Eintritt in die Grundschule weiß jeder junge Chinese, wo er steht und dass er noch kämpfen muss, wenn er im System aufsteigen will. Das Lehrbuch beherrscht das Denken und Handeln aller. Es steht im Zentrum des Unterrichts, es ist der Leitfaden des Lehrers, und die Schüler legen es erst dann aus der Hand, wenn sie, oft gemeinsam mit den Eltern, ermüdet am Abend ihre Hausaufgaben erledigt haben.

Xu An kommt viermal in der Woche um fünf Uhr nachmittags nach Hause, nur einmal in der Woche ist er bereits um Viertel vor vier wieder daheim. Das geht schon seit der ersten Klasse so. Die *ayi* – so nennen Shanghaier ihre Haushälterinnen –, die ihn seit Babyzeiten mit großgezogen hat, ist streng. Hausaufgaben unter Aufsicht sind sofort angesagt. Der Achtjährige fügt sich. Zwei Stunden Hausaufgaben bis zum Abendessen sind zu bewältigen: natürlich Muttersprache, Mathe, Englisch, die drei großen Fächer. Nach dem Abendessen folgt dann oft noch mit Mama eine zweite Runde. Die endet gegen neun Uhr, wenn der im Zeitmanagement nicht gerade begabte Nachwuchs schnell ist. Sonst kann es auch später werden. Das Hauptlernziel heißt: Geschwindigkeit. In 45 Minuten Zeitlimit müssen vierseitige Aufgabenkomplexe in Chinesisch und Mathe bewältigt werden. Irgendwann, wenn deutsche Altersgenossen längst schlafen, ist der Hausaufgabenberg bewältigt und sind alle Berichtigungen der letzten Prüfungen geschrieben. In der dritten Klasse wird fast täglich geprüft und die Leistung getestet. Schließlich darf Xu An zu Bett gehen. Neun Stunden später beginnt der nächste Zwölf-Stunden-Schultag. Eine

60-Stunden-Woche ist für chinesische Schülerinnen und Schüler nichts Ungewöhnliches.

Das eigentliche Ziel der Mühen sind Prüfungen, immer wieder Prüfungen: Einstufungsprüfung, Zwischenprüfung, Abschlussprüfung, Oberstufenaufnahmeprüfung, *gaokao*-Prüfung. Der deutsche TÜV hätte seine Freude an so gut zertifizierten Kindern wie den jungen Chinesen.

Xu An trägt jetzt das rote Tuch der Jungen Pioniere. Ab der dritten Klasse darf man das. Die Kleinen in der ersten und zweiten Klasse sind da schlechter dran. Sie dürfen lediglich die grünen Tüchlein tragen, die sie als junge Pflänzchen in der großen sozialistischen Volksgemeinschaft ausweisen. Überhaupt lässt die Partei nicht davon ab, einen möglichst großen Einfluss auf die Schüler auszuüben. Moralische Unterweisung, Patriotismus-Kunde und ähnliche Fächer sollen dazu dienen, schon die Kinder mit den Werten der *xiaokang*-Gesellschaft vertraut zu machen. Gerade der Patriotismus wird betont. In der Nachbarschaft gibt es eine staatliche Mittelschule, deren 60-köpfige Klassenverbände Xu Ans Eltern vor der Überlegung zurückschrecken ließen, den Sohn dort anzumelden. Morgens pünktlich um acht Uhr wecken die markigen Klänge der Nationalhymne noch den letzten Träumer. Dann steht gemeinsame Frühgymnastik auf dem Plan: »eins, zwei, drei …«

Bildung als Auslese

Mein Lieblingsort liegt im Westen der noch verbliebenen Altstadt Shanghais. Der dortige Konfuzius-Tempel gilt als Oase der Stille mitten im Gewühle der Großstadt. An einem alten Baum direkt vor einer mindestens ebenso alten Tempelhalle zittern kleine rote Bänder mit gelben Pappschildchen im warmen Frühlingswind. Unbekannte haben sie an den knorrigen Zweigen des Baumes befestigt. Die besorgten Eltern von Schulkindern aus der ganzen Stadt wünschen ihren einzigen Kindern bestmöglichen Erfolg bei der bevorstehenden Prüfung.

Im Zentrum der Anlage steht die Konfuzius-Statue. Die Ruhe von heute lässt kaum einen Besucher ahnen, dass hier noch vor etwas mehr als hundert Jahren Schicksale entschieden wurden. Konfuzius-Tempel gab es in jeder Stadt, die mindestens lokale Bedeutung hatte. In unregelmäßigen Abständen und nicht unbedingt jedes Jahr entbrannte dort der größte und erbarmungsloseste Wettbewerb, der im alten China ausgetragen wurde. Wer die Tage der Prüfung erfolgreich überstanden hatte, konnte sich mit einem akademischen Grad schmücken, der ihm die Möglichkeit für eine Beamtenkarriere eröffnete. Städte mit lokaler Bedeutung durften den sogenannten *xiucai*-Grad vergeben, Provinzhauptstädte den zweiten, den *juren*-Grad. In der Hauptstadt schließlich ging es um den höchsten oder *jinshi*-Grad, der eine Gelehrtenlaufbahn an der Akademie in Aussicht stellte.

Nur wer die Devise von Konfuzius »Lernen und sich im Gelernten immer wieder üben« verinnerlicht hatte, konnte am Ende gewinnen.[5] Der zu bewältigende Stoff hatte sich im Laufe von über 2000 Jahren Bildungsgeschichte zu einer gewaltigen Masse aufaddiert. Außerdem mussten die Teilnehmer nachweisen, dass sie nicht nur korrekt rezitieren, sondern das Rezitierte in Form sprachlich feinsinniger Essays auch auf bestimmte Fälle anwenden konnten. Nur wenige hatten dabei auf Anhieb Erfolg. Viele kämpften ihr ganzes Leben lang erfolglos mit dem und gegen den Text. Oft buhlten Vater und Sohn mit- und gegeneinander um die begehrten Titel.

Prüfungen kosteten in China schon immer Geld und machten gute Beziehungen notwendig, um die beste Vorbereitung zu bekommen. Über beides verfügten aber nur die gesellschaftlich Privilegierten, so dass in der letzten Dynastie Qing fast nur begüterte Kandidaten aus der Klasse der Grundbesitzer die Prüfungen bestanden. Es gab keine Schulpflicht und ein verschwindend geringes Angebot an Schulen. Das war besonders auf dem Land ein Problem, wo die große Masse der Bevölkerung niemals die Chance hatte, Bildung zu erhalten. Dort galt es als ein Privileg, zur Schule zu gehen, selbst wenn der Besuch unter unmenschlichen Bedingungen erfolgte. Vom ersten Morgenlicht bis zur Abenddämmerung mussten Stoffe, die in keiner Weise kindgerecht waren, auswendig gelernt werden. Schwere Prügelstrafen warteten auf diejenigen, die den Lernstoff zu langsam oder falsch repetierten. Der amerikanische Missionar Arthur H. Smith hat das alte Bildungssystem noch als Augenzeuge kennengelernt. Wenige Jahre vor der 1905 durchgeführten Bildungsreform zeigt er sich entsetzt über die Praxis an ländlichen Schulen:

»Wenn ein Schüler seine Pflichtaufgaben nicht rechtzeitig geschafft hat, dann droht ihm Strafe. Oft muss er einige hundert

Schläge mit dem Bambusprügel erleiden. Dabei ist es normal, dass schlechte oder dumme Schüler fast jeden Tag derart bestraft werden. Nicht selten sind ihre Körper mit Wundmalen, die von den Schlägen herrühren, übersät. Das erinnert viel mehr an die Behandlung flüchtiger Sklaven als an die von Schülern. Wenn die Schüler dann vor den Hieben ausweichen, dann bekommen sie noch einige Schläge auf den Kopf. Ein Junge wurde auf diese Weise ohnmächtig geprügelt. Beispiele dieser Art sind wirklich nicht selten.«[6]

Trotz täglicher Angst und Schmerzen harrten viele aus und bewiesen einmal mehr die enorme Zähigkeit, die der Schlüssel für den Erfolg vieler Chinesen auf der ganzen Welt ist. Wer nie das Privileg hatte, die großen Inhalte seines Lebens selbst zu gestalten, entwickelt eine Meisterschaft darin, sich anzupassen und »durchzubeißen«.

Die Prügelstrafe ist heute längst abgeschafft, und entsprechendes Fehlverhalten der Lehrer wird bestraft. Das ist Gesetz und gilt ganz sicher in den großen Städten, wo Eltern ihren einzigen Nachwuchs wie ihren Augapfel hüten. Doch die Schule ist noch immer hart, und manchmal weiß sich der Lehrer nicht anders zu helfen, als Schüler, die sich in den Pausen vom ständigen Stillsitzen und Ausführen von Anweisungen abreagieren, am Ohr zu ziehen. Das kommt selbst in den teureren Privatschulen der Städte vor. Immerhin ist China dem Traumziel »Prüfung für alle« deutlich nähergekommen: Früher konnten sich nur wenige arme Bauernsöhne bis in die letzten großen Auslesewettbewerbe der Prüfungen durchkämpfen, heute dürfen Millionen von Familien im ganzen Land hart an dem einen großen Ziel arbeiten: Sieg in der Hochschulaufnahmeprüfung!

Nach der Schule: Der Wettbewerb geht weiter

Am Ende aller Bildungsselektion steht der Kampf um eine gute Arbeitsstelle und soziales Ansehen. Auch das lässt junge Menschen oft gegeneinander und nicht miteinander antreten. Hat man schließlich eine der wenigen gut bezahlten und interessanten Arbeitsstellen gefunden, geht der Konkurrenzkampf um eine bessere Position und bessere Bezahlung weiter. Das wird immer wichtiger, da große Wohnungen, Autos und die Kosten für den Nachwuchs erst einmal verdient werden müssen. Wer aus der rasanten Aufwärtsspirale der Ansprüche aussteigen will, ist ein Verlierer des Systems. Das führt nicht nur zur Zerstörung der nützlichen *guanxi*-Netze, sondern oft auch zu maßloser Enttäuschung der Eltern über den erfolglosen Sohn oder die erfolglose Tochter. Die Kindheit in chinesischen Städten ist lang. Der elterliche Anspruch an das Einzelkind fördert den Wettbewerbsdruck, den Millionen mit ihrem erwachsenen Nachwuchs so erleben wie unsere gute Bekannte Frau Chen:

Fast haben sie es geschafft. Nach dem absolvierten Studium hat der Sohn in einem mittelständischen deutschen Unternehmen, das von einem chinesischen Manager mit deutschem Pass geleitet wird, einen guten Job gefunden. Doch der erbarmungslose Wettbewerb ist für Frau Chen noch nicht zu Ende. Die Ansprüche sind hoch, und es gilt, die nächste Hürde auf dem Parcours durch die Gesellschaft zu nehmen: die Heirat. Das sauer verdiente Geld ist fast schon wieder für Hobbys und persönliche Ausgaben des Jungen draufgegangen. Er spart ja schließlich nicht. Nicht wie sie damals, die es gewohnt war, mit dem Notwendigsten noch länger als notwendig auszukommen, wenn es sein musste. Heiraten aber kostet Geld und bedeutet erneut unerbittliche Konkurrenz. Gibt es doch in China mehr junge Männer als junge Frauen. Eine Frau bekommt nur der, der etwas bieten kann. Eine eigene Wohnung in angemessener Größe ist das Mindeste. Auto muss nicht unbedingt sein, wäre aber sicher vorteilhaft. Doch das ist beim knappen Gesamteinkommen der Familie aussichtslos. Also heißt es für sie und ihren Mann: nochmals die Zähne zusammenbeißen und schuften, damit Geld zusammenkommt, wie damals, als es galt, das Studium des Jungen zu finanzieren. Sie wischt sich den Schweiß von der Stirn: Hört das denn nie auf? Doch wie viele Millionen anderer Chinesen suchen nach ähnlichen Möglichkeiten für ihre Söhne wie sie! »*Mei you banfa*«, sagen sie dann, »es bleibt keine andere Wahl.«

财神 Caishen – Der Geldgott

Götter zum Reichwerden

In vielen kleinen Läden und unzähligen Restaurants grinsen mir Statuen aus Holz oder Kunststoff entgegen. Der eine ist ein dicker Maitreya-Buddha, der mir aus vielen Tempeln vertraut ist, eine andere Figur, deutlich schlanker, trägt die edle Tracht eines kaiserlichen Mandarins. Ein dritter Typ stellt einen Krieger dar, dessen rotes Gesicht und stattliche Rüstung Stärke und Macht ausstrahlen. Alle Statuen haben ein gemeinsames Erkennungszeichen: Sie tragen einen schuh- oder schiffsförmigen Goldbarren in den Händen. Die Figuren sind verschiedene Darstellungen eines Gottes, der Chinas Glaube kennzeichnet wie kein anderer: der Geldgott *(caishen)*.

Ebenfalls häufig treffe ich eine Dreiergruppe, die aus einem gut genährten hochgewachsenen Beamten in der Mitte, einem etwas kleineren zur Rechten und einem Greis zur Linken besteht. Dieses Dreigestirn gab mir anfangs viele Rätsel auf. Wer waren diese drei gesetzten Herren, die da friedlich beieinander stehen? Im alten China war die Welt noch in Ordnung. Man hoffte auf langes Leben *(shou)*, symbolisiert durch den Greis, Glück *(fu)* in Form eines ersten und Reichtum in Form eines etwas größeren und damit wichtigeren zweiten Beamten. Reich wurde, wer Erfolg bei der Bildung hatte. Wer es geschafft hatte, sich durch das formalistische Auslesesystem der Prüfungen zu kämpfen, und Beamter geworden war, hatte automatisch ein gutes Einkommen. Das chinesische Zeichen *lu* steht für »ein Amt innehaben«, und wem dies gelang, konnte Wohlstand erwerben, oft sogar reich werden. *Lu* bedeutet daher auch »ein gutes Einkommen haben«. Der Gott Lu ist die wichtigste Gottheit im chinesischen Dreigestirn des Lebens. Der reiche Musterbeamte trägt alle Zeichen des persönlichen Erfolgs: Zeremonialrobe, Amtskappe, Goldbarren. Er war einst ein geschickter Mensch, schlau genug, sich unter einem Kaiser der Han-Dynastie zahlreiche Einkommensquellen zu erschließen. Der

Volksmund machte ihn zum »Gebieter der 10 000 Steine«, und gemeint sind solche der edlen Art.[1]

In China existiert eine ganze Armada von Geldgöttern. Solange es chinesische Geschichte gibt, gibt es Menschen, die später als Geldgott Karriere gemacht haben. Ein treuer Gefolgsmann des Shang-Königs namens Zhao Gongming wurde im Kampf gegen die Zhou-Dynastie mittels Voodoo-Zauber getötet: Der politische Gegner stach in einem schamanischen Ritual einer Strohpuppe, die den Namen Zhao Gongming trug, die Augen aus und durchbohrte die Stelle, an der beim Menschen das Herz sitzt – der Zauber wirkte sofort. Doch Chinesen verstanden sich schon immer gut darauf, einstige Gegner nach ihrer Beseitigung zu rehabilitieren. Zhao wurde die Ehre zuteil, als »Präsident des Himmlischen Ministeriums für Reichtum und Wohlstand« Geld und Besitz unter den Sterblichen zu verteilen. Dem Geldgott Zhao waren bis in das 20. Jahrhundert hinein viele Tempel in China geweiht.

Ein grausames Menschenschicksal traf auch einen anderen Geldgott der Frühzeit: Bi Gan wagte es vor mehr als 3000 Jahren, die Machenschaften seines Gebieters zu kritisieren. Der Tyrann Zhou, letzter Herrscher in der Reihe der Shang-Könige, ließ dem Kritiker bei lebendigem Leibe das Herz herausschneiden. Bald darauf erfolgte seine Rehabilitierung. Seine »Herzlosigkeit« prädestinierte den aufrechten Beamten nach seinem Übertritt ins Reich der Götter für den Posten des Geldgottes: Wer »kein Herz hat, der lässt sich nicht von Gefühlen für irgendjemanden mitreißen«.[2] Ein Gott ohne Herz sei unbestechlich genug, so meint der Volksglaube, um den Reichtum unter den Lebenden gerecht zu verteilen. Fan Li, ein weiterer in der Legion der für Reichtum zuständigen Götter,[3] könnte heute zu einem Modellgeldgott und Vorbild der kommunistischen Partei avancieren: Er teilte den erfolgreich erhandelten Gewinn gerecht an alle im Lande Yue auf. Gerade sein Fall verdeutlicht eine Eigenschaft, die die Geldgötter, die allesamt im taoistischen Götterhimmel siedeln, zu guten Konfuzianern macht: Sie zeigen Menschlichkeit oder Menschenliebe, die wichtigste unter allen konfuzianischen Tugenden. Für Tugendhaftigkeit steht auch der Held Guan Yu (162–220), eine wichtige Figur aus dem Roman *Die drei Reiche* und glorreicher Kämpfer, der im späten 16. Jahrhundert zum Kriegsgott und Vorzeigekonfuzianer wurde. Der Recke Guan Yu wusste, worauf es ankam, und ließ sich durch keinen einzigen weiblichen Verführungsversuch vom intensiven Klassikerstudium abbringen. Das machte ihn als Anwalt der ehrlich Erfolgreichen so populär, dass ihn Geschäftsleute und solche, die es werden wollten, zu ihrem Schutzpatron erwählten. Wieder war ein Geldgott geboren worden. Die Händler standen von nun an in seiner Pflicht, denn wer sich dem Kriegsgott anvertraute, der durfte nur moralisch einwandfreie Geschäfte machen. Auch beim Geldgott zeigt sich wieder das bekannte *renqing*-Prinzip des Gebens und Nehmens.

Der bisher jüngste in der langen Reihe chinesischer Geldgötter heißt Mao Zedong. Er wurde bekannter als Gründer der derzeitigen chinesischen Staatsform namens Volksrepublik und kam eher als Musterkommunist denn als Musterkonfuzianer zu Ruhm und Ehren. Doch das stört die vielen Bauern, Taxifahrer und Kleinhändler in ländlichen Gegenden nicht, die auf die geldwerte Fürsprache des einstigen Revolutionsführers vertrauen. Früher hängten sie bunte Drucke zum chinesischen Neujahrsfest mit Zhao Gongmings, Guandis oder Fan Lis Abbild auf, heute schmückt das Bildnis Maos das neue Taxi oder das frisch renovierte Heim. Zahlreiche Amulette und Glücksanhänger »Made in China« stellen den Steuermann von einst im Jenseits vor vielfältige Aufgaben: Frieden soll er bringen, den persönlichen Glücksstern strahlen lassen und dem Gläubigen reichlich Schätze ins Haus bringen.[4]

Seit 1999 hat die chinesische Regierung den Geldgott-Status des einstigen Regierungschefs inoffiziell bestätigt: Sie ließ auf alle neuen Geldscheine, die ausgegeben wurden, das Konterfei Maos drucken. Auf dem bisher größten Geldschein, der 100-Yuan-Note, prangt der neue Geldgott sogar in glücksverheißendem Rot. Nichts verdeutlicht stärker, wie weit die chinesische Politik und Gesellschaft des 21. Jahrhunderts den einstigen Partei- und Staatsführer »verdreht«. Mao Zedong konnte Geld nicht ausstehen. »Geld ist eine schmutzige Angelegenheit«, davon war er überzeugt.[5] Mao lobte seinen Leibwächter Li Yinqiao dafür, dass er ihn davor bewahrte, Geld berühren zu müssen: »Gut, dass Du Dich daran erinnerst, dass ich niemals Geld anfasse. Ich hasse es geradezu.«[6] Geld war für Mao stets die Angelegenheit anderer, die sich für ihn daran die Finger schmutzig machen sollten. In den Frühzeiten seiner Herrschaft in Yan'an trieb er den kommunistischen »Mini-Staat«, den er gründen ließ, bereits in schwere ökonomische Krisen, indem er eine eigene Währung einführen ließ, die 1941 das Gebiet in die Hyperinflation führte.[7] 1958 folgte dann mit dem »Großen Sprung nach vorn« das vielleicht größte ökonomische Desaster in der chinesischen Geschichte. Beispiele der Unfähigkeit Maos, jemals ein Geldgott zu werden, sind zahlreich. Trotzdem greifen viele Nachfolger des einstigen Vorsitzenden nur zu gern nach seinem auf jedem Geldschein vorhandenen Abbild, was hoffentlich kein böses Omen für die Zukunft ist.

»Jedermanns« Wünsche an den Geldgott

Seit 1978 ist privater Besitz wieder erlaubt, und das Einkommen der Wangs, Xus und Lis hat sich vervielfacht. 1980 betrug das Pro-Kopf-Einkommen pro Jahr noch sehr bescheidene 460 Yuan. 2010 verfügte der einzelne Chinese nach Angaben des Nationalen Amtes für Statistik auf dem Land jährlich knapp 6000 Yuan (knapp 800 Euro), während sein städtisches Gegenüber mit über 19000 Yuan (ca. 2500 Euro) mehr als das Dreifache zur Verfügung hatte.[8] Seit Jahren kriselt es unterschwellig in China. Ressourcenverschwendung, Vetternwirtschaft, Immobilienspekulationen gehören dazu. Die Wachstumsrate wurde im Jahr 2012 mit bis zu unter 8 Prozent einstellig und führte bereits zu düsteren Zukunftsprognosen in der Medienwelt.[9] Alle Zahlen sind jedoch nur trockene Durchschnittswerte zwischen Tibet, Xinjiang und Peking bzw. Shanghai. In Shanghai, der Finanzmetropole Nummer eins, verdient der Durchschnitts-Chinese das Fünffache. Damit kann Shanghai schon mit mancher osteuropäischen Großstadt konkurrieren. Grenzen des Wachstums sind derzeit noch nicht in Sicht. Deutlich zeigen solche Entwicklungen, dass China noch viel Entwicklungsbedarf hat, wenn auch nur ein an den Westen angenäherter Lebensstandard flächendeckend Wirklichkeit werden soll.

Angesichts der Zahlen und deutlicher Grenzen des Wachstums scheint das fast ein utopisches Unterfangen. Sie zeigen auch, wie sehr sich die wirtschaftlichen Verhältnisse im Lande auseinander entwickeln und dass es in China etwas völlig anderes bedeutet, als in reichen Ländern wie Deutschland, Japan oder den USA »mal so auf's Land zu ziehen« und annähernd den gleichen Lebensstandard wie in der Stadt zu genießen. Das scheint in China eine noch größere Utopie zu sein, wenn man den eingeschlagenen Weg des wirtschaftlichen Wachstums so weitergeht wie bisher. Die Regierung baut daher in den letzten Jahren kompromisslos auf schnelle

Urbanisierung, um dem Traum des kleinen Mannes vom Reichtum Realität werden zu lassen. Doch womit dieses viele Städter von morgen alle ernähren? Wenn sich Utopie auf Utopie zu häufen scheint, dann kommt die Tradition wieder ins Spiel. Chinesen glauben daher an den Geldgott, die himmlische Legitimation reich werden zu dürfen, und kennen auch schon Maßnahmen, dieses materielle Glück zu erhalten:

Mein alter Bekannter aus dem Landstädtchen Pingyao, der Schauspieler, Maler, Kalligraph und Kungfu-Meister Zhang Yuren, führte mich bei meinem letzten Besuch durch seinen bezaubernden chinesischen Garten voller Kalligraphien und Glückssymbole. Er deutete auf die Zeichen für Glück und Reichtum, die gut sichtbar, aber angemessen proportioniert die Mauern schmückten: »Wenn Glück und Reichtum einmal Einzug gehalten haben, dann musst du alles daransetzen, damit sie nicht wieder entweichen. Daher gilt es, die Zeichen für Glück und Reichtum nicht zu groß und zu fett zu kalligraphieren, denn zu große Dinge kannst du nicht gut halten.« Diese Haltung spiegelt die traditionelle Einstellung vieler Chinesen zum Prinzip von Maß und Mitte wider. Sie gilt gerade und besonders für die Gaben des Geldgottes. Was er gewährte, wurde über Jahre und Jahrzehnte hinweg gespart. Viele alte Menschen haben daher beeindruckende Sparkonten oder – zunehmend – Aktienpakete und fristen auf ihrem Geldschatz ein Dasein mit weniger als 50 Euro Ausgaben pro Person im Monat. Mit den gestiegenen Einkommen der letzten Jahre führte das traditionelle »Goldschatz-Hüten« zur höchsten Sparrate der Welt, die über 40 Prozent des Bruttosozialprodukts ausmacht. Wenn der einzelne die Geschicke des Landes heute nicht und auch früher niemals beeinflussen konnte, so kann er wenigstens für das eigene Schicksal vorsorgen.

Doch wofür geben die *baixing* sonst die angehäuften Früchte des Geldgottes aus? Natürlich essen Chinesen gut und gern. Das darf gern auch mal etwas kosten. Doch das wichtigste Kulturgut des Landes steht bei den Ausgaben nicht mehr an erster Stelle. Mein Nachbar von schräg gegenüber, der vor ein paar Jahren die alte Villa gekauft hat, erzählte: »In den 80er Jahren habe ich fast alles Geld in gutes Essen gesteckt, Wohnungen stellte der Staat für extrem niedrige Mietpreise zur Verfügung. Einzige große Anschaffungen waren ein Fahrrad, ein Fernseher, ein Kühlschrank und ein Radio-Kassettenrekorder. Jetzt ist das anders: Das Haus muss ich langfristig finanzieren, denn dazu reicht das Ersparte nicht. Klar, ich bin reich, aber mein Sohn kostet mich viel Geld, die Ausgaben für das Studium steigen ständig. Dann haben wir eine neue große Wohnung für ihn gekauft. Schon mal zur Vorsorge, wenn er aus den USA zurückkommt. Ja, und nun habe ich alter Knochen noch meinen Führerschein gemacht und mir einen VW Passat zugelegt. Deutsche Autos sind prima. Was meine Frau und ich übrig haben, stecken wir in Aktien. Da haben wir schon einiges verdient. Mit Aktien spekulieren kann richtig Spaß machen.«

In den Großstädten werden die meisten Menschen schon lange satt. Mehr und mehr leiden an Überernährung. Daher können sie – statistisch gesehen – zwei Drittel ihres Einkommens für andere Dinge ausgeben. Nach der Finanzierung der Kinder und ihrer Ausbildung sind Wohnungen eindeutig Konsumgut Nummer eins. Es folgen Auto, Reisen, Luxusgüter wie Uhren und Schmuck sowie Kosmetikprodukte.[10] Jüngere Menschen konsumieren anders als die Elterngeneration. Sie finden zunehmend Gefallen und Geschmack an Westprodukten. Allerdings sind sie noch zurückhaltend beim Kauf, denn die Preise für die Importwaren, die weit über dem europäischen Niveau liegen, stehen in keinem Verhältnis zu ihren Einkommen. In den großen Supermärkten überlegen sie dann oft minutenlang vor den prall gefüllten Regalen, ob sie eine Flasche Importbier kaufen sollen. Am Ende landen dann meist doch nur die preiswerten chinesischen Produkte im Einkaufskorb.

Die Wohnungen verschlingen oft ein Drittel und mehr eines Familieneinkommens und sind daher ein hervorragendes Instrument zur Geburtenkontrolle. Seit der privatwirtschaftlichen Öffnung des Wohnungsmarktes 1998/99 wurde in keinem chinesischen Wirtschaftssektor soviel Geld generiert und soviel spekuliert wie in diesem. Privatanleger kauften landesweit Wohnung nach Wohnung auf, bis der Staat mit einem neuen Steuergesetz versuchte, diese Entwicklungen zu stoppen. Nur ein Beispiel: Bekannte kauften 1999 die 55 Quadratmeter große Wohnung von ihrer alten sozialistischen Arbeitseinheit für umgerechnet rund 3000 Euro. Nun ist die Wohnung im Plattenbau in begehrter Wohnlage auf dem freien Wohnungsmarkt mehr als eine Million Yuan (rund 120 000 Euro) wert. Pech für die beiden, dass sie sie 2003 zu früh für rund 30 000 Euro verkauften. Ein Großteil des neuen Wohlstandes Chinas wurde nicht per Wertschöpfung durch Produktion erwirtschaftet, sondern durch Spekulation und den

An- und Verkauf von Wohnungen. In Chinas Großstädten gibt es nicht wenige Menschen, oft Frauen, die Jahre lang nichts anderes getan haben, als mit Wohnungskäufen Geld zu verdienen. Vielfache Summen von dem, was sie jemals mit produktiver Arbeit hätten verdienen können.

Seit 2012 scheint die Aufwärtsspirale der Immobilienpreise erstmalig in größerem Maße zu stocken. Allerdings auf einem für viele Angehörige der Mittelschicht kaum noch zu finanzierendem Niveau: Ein durchschnittliches Paar Ende 20, wie jenes von dem die Online-Ausgabe der FAZ vom 1. Mai 2012 berichtet, muss für eine kleine 2-Zimmerwohnung mit 60 Quadratmetern fast zwei Millionen Yuan (ca. 240 000 Euro) auf den Tisch legen – bei einem Gesamteinkommen von unter 10 000 Yuan oder 1200 Euro.[11] Das ist weit weniger als gleichaltrige Deutsche in der Regel zusammen verdienen bei fast doppelt so hohen Wohnungspreisen. Banken allein würden so gewaltige Kreditsummen kaum vergeben – zumal Chinesen ungern zur Bank gehen, um dort Kredite aufzunehmen. Die einzige Chance diese horrenden Immobilienpreise noch zu bezahlen sind die Eltern oder ältere Verwandte, die als gute Sparer oft mehr als die Hälfte der benötigten Summe finanzieren. Häufig gibt man für die neue Wohnung des Sohnes die eigene auf und zieht in äußerst bescheidene Verhältnisse zurück, denen man vor nur wenigen Jahren gerade entkommen glaubte. Der Sohn ist nämlich mehr oder weniger verpflichtet, pünktlich zur Hochzeit eine Wohnung zu stellen.

Die Preise sind zwar eigentlich nicht mehr zu bezahlen. Dennoch ist der chinesische Immobilienmarkt zäh – wie lange noch, weiß niemand und darüber wird auch unter Chinesen selbst wenig spekuliert. Im Vergleich zu 2008 haben sich die Immobilienpreise in manchen Städten nochmals verdoppelt: Mit fast 4000 Euro pro Quadratmeter zahlt man mittlerweile für eine nichtssagende Hochhauswohnung weit außerhalb der inneren Stadt Pekings mehr als doppelt soviel wie durchschnittlich in Deutschlands Hauptstadt Berlin[12] und Luxuswohnraum wird seit Jahren nur noch in Dollar-Millionen berechnet.

Auch die Mieten haben in den letzten Jahren deutlich angezogen. Daher ist es in den meisten Städten sehr schwer, durch Mieteinnahmen eine gute Rendite zu erzielen und den Kaufpreis schnell wieder auszugleichen. Dazu benötigt man in China derzeit noch mehr als doppelt so lange wie in Deutschland. Deutlich schneller geht es nur, wenn man an Ausländer, zum Beispiel an Deutsche vermietet. Die haben höhere Mietansprüche, zahlen in der Regel aber auch deutlich höhere Mietpreise. Sie kennen es ja nicht anders. *Baixing* mieten immer noch wenig und wenn, dann meist nur für einen kürzeren Zeitraum, bis man dann doch endlich den günstigen Zeitpunkt zum Kauf gekommen sieht. Eigener Besitz wirkt reeller, und die sauer ersparten Früchte des Geldgottes fließen damit nicht in die Taschen anderer.

Doch für die meisten geht es nicht mehr ohne teure Bankkredite. Das gilt auch für das Auto – Chinas Konsumgut Nummer drei nach Bildung und Wohnraum. Wer China schon einige Jahre oder gar Jahrzehnte kennt, weiß, wie sehr das Auto neben den Wohnungsneubauten das Gesicht des Landes verändert hat. Die Hauptstadt der Chinesen ist unangefochten auch die Hauptstadt des Autos. In Peking mussten ebenso wie in Shanghai ab 2011 strikte Begrenzungen der Neuwagenzulassungen eingeführt werden, weil die Stadt so schnell weder neue Ring- noch Hochstraßen im Etagenformat bauen kann, wie die wachsende Blechlawine dieselben gleich wieder verstopft. Kurz vor dem Verkehrsinfarkt wurde so nun die Notbremse gezogen. In nur fünf Jahren zwischen 2005 und 2010 hat sich die Zahl der zugelassenen Kraftfahrzeuge allein in Peking von 2,6 Millionen auf 4,76 Millionen fast verdoppelt. Statistisch gesehen, ist der Bedarf noch lange nicht gedeckt. Vergleicht man die Situation in China mit automobilen Gesellschaften unseres Planeten, so haben selbst die Zahlen Pekings gemessen an der Einwohnerzahl mit rund 280 Fahrzeugen pro 1000 Einwohner ungefähr die Hälfte der Niveaus in Deutschland (573 Autos auf 1000 Einwohner), USA (535) und Japan (528) erreicht.[13] Peking steht jedoch vor dem sichtbaren automobilen Kollaps und zeigt, dass mit einer Konzentration von knapp 300 Fahrzeugen auf 1000 Einwohner wohl die Grenzen des Wachstums erreicht sind. So kommt es nicht von ungefähr, dass selbst Optimisten der Branche für China eine maximale Dichte von 250 Autos auf 1000 Einwohner als Obergrenze betrachten. China wäre dann ein total urbanisiertes Land, in dem sich um jedes alte und neue städtische Zentrum, Blechlawinen in kreisförmigen Bahnen bewegten – ähnlich der Realität in Chinas Hauptstadt im Jahre 2012.

Für die rollenden Blechmassen, die genauso Statussymbol wie Ausdruck persönlicher Freiheit für viele Chinesen sind, planen

Stadt- und Provinzregierungen gleich zwei- und dreidimensional. 2012 waren es landesweit 85 000 Kilometer Asphaltband gegenüber ganzen 574 Kilometern zwanzig Jahre früher, als ich zum ersten Male meinen Fuß in ein damals sehr langsames Land setzte und das Fahrrad noch die ultimative Steigerung individueller Geschwindigkeit versprach. Das kühnste Projekt volksrepublikanischer Planungsstrategen ist die automobile Anbindung der abtrünnigen Provinz Taiwan und die asphaltene Überwindung von Wüsten und Hochländern in den fernen Westprovinzen Tibet und Xinjiang. Nicht ausgeschlossen ist für diese Art der Planung gleich ein Weiterbau via Zentralasien nach Europa, damit endlich einmal zusammen kommt, was zusammen gehört: Eurasia. Vorbild dieser kühnen Planungen ist – wie könnte es anders sein – die USA mit ihren so viel Freiheit versprechenden »Interstate Highways«.

Doch auch lokal tut sich einiges im Lande: Die nicht nur auf Quadrat-, sondern auch auf Kubikmeterwachstum ausgerichteten Städte planen für das Automobil verstärkt in die Höhe und in die Tiefe. Stehen können die neuen Ikonen des Wohlstands am besten in Tiefgaragen, und fahren – so hofft man – werden sie zukünftig auf immer höheren Stelzen in verschiedenen Etagen der Städte. So kann der Autobesitzer seine Limousine auch in Megastädten wie Shanghai, Chongqing oder Kanton langfristig rollen lassen. Da ist dann »Spaß drin«, wie ein geflügeltes Wort verkündet. Chinesen sind notorische Optimisten, wenn sie Genuss vermuten.

Limousinen der Mittelklasse stehen übrigens auf der Wunschliste ganz oben. Audi und BMW waren 2012 die großen Gewinner aus deutscher Sicht, konnten sie doch ihren Absatz im Reich der Mitte um 44,2 Prozent beziehungsweise um 31,5 Prozent steigern.[14] Natürlich können sich bisher nur relativ wenige frisch gebackene Autofahrer einen Audi oder BMW leisten. Im Markt der breiten Masse hatte Volkswagen eindeutig die Nase vorn: 2011 belegte das China-Modell Lavida, in Deutschland völlig unbekannt, den ersten Platz unter den zehn meistverkauften Autos in China.[15] Wie große Audis oder BMWs verfügt auch der kleinere Volkswagen über ein klassisches Stufenheck. Wie so vieles in China hat das einen historischen Hintergrund: Stufenheck-Formen erinnern an die Sänften *(jiao)* der Reichen, mit denen diese sich früher durch die Städte tragen ließen. Auf Chinesisch heißen Autos daher auch Sänften-Wagen *(jiaoche)*, was dem englischen *sedan car* entspricht. Erst die Limousine ist dem Chinesen das

Ebenbild eines echten Automobils. Wenn ein *laowai* unbedingt am China-Fahrspaß teilhaben möchte, dann stehen selbstverständlich Internetanbieter bereit, die dem der Sprache nicht Mächtigen bei allem helfen, was *mafan,* das heißt mit Umständen verbunden ist: Autokauf und -verkauf, Inspektion, Entrichten von Straßengebühren, Beschaffen von Informationen über das Tankstellennetz, Versicherung, Erwerb des Führerscheins bzw. dessen Erneuerung.[16] Wer als Inhaber eines ausländischen Führerscheins in China Autofahren will, benötigt eine besondere nationale Lizenz, die man dank einer standardisierten Prüfung mit vorgegebenen Antworten und gegen eine kleine Gebühr mit Hilfe geschäftstüchtiger Agenturen leicht erstehen kann.

Wer nun noch immer nicht alles Geld in große Wohnungen, Autos und andere Symbole wachsenden Wohlstands gesteckt hat, kann sein Glück beim Spiel versuchen. Viele Chinesen spielen leidenschaftlich gern. Schach-, Karten- und Poolbillardspieler am Straßenrand laden häufig zum Beobachten und Mitspielen ein. In den Parks kann der Besucher den ganzen Tag spielen und sich gemeinsam mit anderen vergnügen. Eines der beliebtesten Spiele des Landes ist Ma Jiang, im Westen via Hongkong auch bekannt als »Mah-Jongg«, eine Art Domino. Die klackenden Dominosteine, die mehrere Gruppen gemeinsam an eigens dafür entworfenen Tischen spielen, bilden die abendliche Geräuschkulisse meiner engsten Shanghaier Nachbarschaft. Chinesen spielen Ma Jiang überall im Land und ein Einsatz mehr oder weniger bescheidener Geldsummen gehört dazu. Ma Jiang ist die Herausforderung der *baixing* an den Geldgott mit spielerischen Mitteln. Der Spielspaß steht im Vordergrund, doch die Übergänge zum ernst gemeinten Glücksspiel sind fließend. Wie viele Chinesen Mah-Jongg-abhängig sind, ist statistisch bisher noch erfasst, ebenso wenig wie die Summen, die Glücksspieler beim China-Domino gewinnen oder verlieren. Doch Chinas Nachbar Japan zeigt, wie abhängig das Spiel machen kann: 2010 wurde Mah-Jongg dort als das beliebtestes Tischspiel ausgemacht. Allerdings scheint in Japan dezenter und leiser gespielt zu werden als in China – denn auch angestrengtes Lauschen in mancher Nacht in Kyoto ließ das vertraute »Klack-klack« der Steine nicht hervortreten.

Ein weiteres beliebtes Spiel zum reich werden, hieß in den letzten Jahren »Börse«. Chinesen kaufen Aktien nicht einfach, sie »spielen« mit ihnen oder »braten« sie sogar unter Rühren schnell im Wok. Spielen und Kochen gehören zweiffellos zu den beiden wichtigsten Freizeitbeschäftigungen im Reich der Mitte und beide Tätigkeiten sind zu Synomymen für den Aktienkauf in China geworden. In den ersten Jahren des 21. Jahrhundert konnte man mit »Spielen und Braten« an der Börse richtig gewinnen. Schlagzeilen machte der ehemalige Arbeiter Xu Yongyi, dem es gelang, aus bescheidenen 16 000 Yuan Einsatz, das heißt aus etwas mehr als 1500 Euro, fünf Millionen Yuan oder eine knappe halbe Million Euro zu machen.[17] Menschen wie der nun erfolgreiche Berufszocker Xu haben zahllose Anhänger, denn am großen chinesischen Börsenspiel beteiligen sich viele Millionen. In den unzähligen Handelsplätzen der Städte drängeln sie sich vor Computermonitoren mit Analysecharts und warten auf ultimative Tipps. In Shanghai spielten 2007 angeblich »11 von 16 Millionen Einwohnern«[18] an der Börse. Wenn man davon ausgeht, dass Kinder kaum unter den Anlegern vertreten sind, dann heißt das, dass fast jeder Erwachsene irgendwie Geld in Aktien investiert hat. Wie keine andere Institution in China verspricht die Börse einfachen Menschen die Chance auf sozialen Aufstieg: Vom Arbeiter zum Millionär nach dem Vorbild Xu Yongyis ist der »Chinese Dream« der Gegenwart. Noch nicht betroffen ist der chinesische Landmann. Denn dem war es bisher gesetzlich nicht erlaubt, seine sauer verdienten Ersparnisse an der Börse zu verspielen.

Doch die Börse scheint zu Zeiten des Abschwungs in den USA und in Europa nicht unter dem hellsten Glücksstern Chinas zu stehen. Ein großes Problem, das Ende 2011 vor dem Hintergrund der neuen großen globalen Krise in den USA und vor allem in Europa sichtbar wurde, ist die immer noch zu große Export-Abhängigkeit der chinesischen Wirtschaft. Die Negativentwicklungen auf den Märkten Amerikas und Europas haben auch die chinesische Börse getroffen und könnten auch dem optimistischsten Börsenspieler des Landes mittelfristig den Spaß verderben.[19] Ausländische Medien warnen seit Jahren vor dem Platzen der Blase. Doch selbst wenn sie eines Tages wirklich platzen sollte, so kümmert das den Börsenspieler nicht. Heute ist eben heute. Der Aktienkäufer folgt damit dem bekannten chinesischen Lebensprinzip, nach dem der gute, passende Moment das Leben gestaltet. Zu planen, was irgendwann einmal sein könnte, ist *mafan* und Sache der *laowai*. Die Euphorie für den Börsenmarkt im ersten Jahrzehnt des 21. Jahrhunderts war ein typisches Moment-Phänomen mit ähnlicher Überzeugungskraft wie die frisch gebrannten Esskastanien an der übernächsten Straßenecke. Dort heißt es Schlange stehen, wenn die Kastanien aus dem Feuer kommen. Um dagegen die Früchte der Börse ernten zu können, ist Geschwindigkeit wichtiger als Geduld: Kaufe und verkaufe, so schnell es geht. Wenn die *baixing* lange vorausplanten und den rationalen Analysen der Experten folgten, dann wäre das Börsengeldfieber weniger ansteckend und die Blase wirklich längst geplatzt.

Giga-Geldgötter: »Einige werden zuerst reich«

Fast jeder Erwachsene in China kennt die Theorien des Reformkommunisten Deng Xiaoping. Ohne die sperrigen Formulierungen im besten Politjargon jemals wirklich gelesen zu haben, wissen die meisten, dass den Kern von Dengs »Sozialismus chinesischer Prägung« die simple Einsicht ausmacht, dass »einige zuerst reich werden«.[20] Im frühen 21. Jahrhundert sind aus diesen »einigen« viele geworden. Die Reichsten der Reichen sind Dollar-Milliardäre – lebende Giga-Geldgötter.[21] Sie sind ein sehr junges Phänomen des 21. Jahrhunderts, aber ihre Zahl wächst schnell. 2006 gab es nur 40 dieser fettesten Geldgott-Spezies im Lande, ein Jahr später wurden schon 106 solcher Giga-Geldgötter gelistet[22] und nochmals vier Jahre später 2011 listete Hurun, das Voyeurmagazin für Chinas Superreiche, bereits 271 solcher Dagobert Ducks chinesischer Prägung. Nur sitzen die nicht einsam in ihren Geldspeichern in Shanghai oder Peking, sondern investieren und bereichern sich dort mit den verschiedensten Firmen, wo sich am besten Geld verdienen lässt: vor allem in der Immobilienbranche. »29 von 50 Superereichen«, so das Hurun-Magazin, »hätten Immobilien als Quelle ihres Reichtums angegeben«[23]. Mit dem notorischen Zwang chinesischer Bürger, Wohnungen für sich und den Nachwuchs zu erwerben – und dem Vertrauen auf Wertsteigerungen wäre es den neuen Gigas der Gegenwart niemals gelungen, ihre »Goldschätze« aufzutürmen. Auch das ist Sozialismus chinesischer Prägung und das Fundament der *xiaokang*-Gesellschaft: Die wohlhabenderen Massen der Großstädte stützen eine Elite von Selfmade-Milliardären, die mit dem Instinkt für den richtigen Moment, gewaltigem Fleiß und dem richtigen Gespür, was chinesische Käufer wollen, ihre Imperien aufbauen. Ob das von Dauer ist, weiß niemand, und im Gegensatz zu vielen westlichen Medienleuten interessiert es auch kaum jemanden. Der reichste Chinese des Jahres 2011, Liang Wengen, sorgt mit den Betonpumpen, die sein Unternehmen fertigt, jedenfalls dafür, dass Grau weiterhin das Erscheinungsbild chinesischer Großtstädte im 21. Jahrhundert bestimmt – und das zu fast jeder beliebigen Höhe, denn Betonpumpen können ihr graues Elixier mittlerweile in schwindelnde Wolkenkratzerdimensionen befördern.

Falsche Geldgötter: kopieren, was gut ist

Sie läuft genau, schlägt die Stunden sehr taktvoll und stellt sich mit Hilfe komplexer Mechanik auf jeden Monat neu ein. Ihr ist sogar bekannt, dass auf den 28. Februar der 1. März folgt. Auch äußerlich ist sie attraktiv: Ein chinesisches Gehäuse mit glücksbringenden Fledermausornamenten und feinen Holzschnitzereien umkleidet ihr mechanisches Herz, das aus Frankreich stammen soll. Die Schönheit kommt vom »Antikmarkt« mitten im alten Stadtzentrum, wo mehr als 90 Prozent aller Waren Fälschungen sind.

Doch meine Uhr ist wirklich antik. Genauer gesagt, ein antikes Plagiat. Fast 20 Jahre alt, stammt sie aus den bescheidenen Frühzeiten chinesischer Fake-Industrie, die sich im gleichen Zeitraum zu einer mächtigen Schattenindustrie entwickelt und äußerst lukrative Märkte im Lande etabliert hat. Ihre Produkte überschwemmen das Land und die Überseemärkte. Selbst schärfste Kontrollen können nicht alle herausfiltern, bevor die heiße Ware in Massen Konsumenten verleitet, sie doch zu so wunderbar günstigen »Made in China«-Preisen zu kaufen.

Millionen leben von falschen Produkten. In Europa wären sie Sozialhilfeempfänger oder Langzeitarbeitslose und vielleicht zu trägem Nichtstun verurteilt. In China sind sie Unternehmer. Sie verbreiten ihre Ware auf den Straßen oder in kleinen Läden, die sie während staatlicher Razzien kurzzeitig schließen und nach wenigen Tagen mit frischer Kopistenware wieder eröffnen: DVDs, Kleidung, Uhren, Bücher, Computersoftware, Parfum, Alkohol, einfach alles, was das Leben von Menschen im 21. Jahrhundert anfüllt, gibt es in China zweimal: als Original und als Kopie. Die Geschwindigkeit, mit der Fakes entstehen, übertrifft mittlerweile die, mit der sich die reale Welt immer wieder neu erfindet. Harry

Potters Abenteuer von Band fünf bis acht – eine Ausgabe, die es bis heute nicht gibt – waren bereits auf Chinas Straßen erhältlich, als »Joanne K. Rowling 2004 noch über dem vierten Band der Harry-Potter-Abenteuer brütete«.[24] Falsche Bücher gab es schon immer, traditionell werden sie als *weishu* bezeichnet. Das Problem ist, dass sie bei der Größe der Märkte und der Geschwindigkeit, mit der sie verbreitet werden, besonders denjenigen Schaden zufügen, die vom chinesischen Buchmarkt leben. Das betrifft weit weniger Frau Rowling als zahlreiche chinesische Autoren.

Wo ein Markt ist, da sind auch Käufer. Werden *weishu*, abgesehen von den englischsprachigen Fake-Drucken, von chinesischen Kunden gekauft, so zielen die Kopisten von Rolex, Hollywood-Blockbustern und Levis-Jeans besonders auf ausländische Kunden. Mit Erfolg. Seitdem ich in China lebe, bin ich selbst ein kleines bisschen »fake« geworden: Falsche Markenschuhe für 20 Euro bekomme ich gerade noch in Größe 44 (für größere fehlt in China bisher noch die Nachfrage); manche Hemden zum Preis von fünf bis zehn Euro, je nach Stoffqualität, schmückt ein bekanntes rot-weißes Logo; eine äußerlich perfekte mechanische Rolex mit funktionierender Datumsanzeige konnte ich auf zehn Euro herunterhandeln. Seitdem die Regierung im Zuge der Harmonisierung des Welthandelsabkommens den Shanghaier Xiangyang-Fake-Markt niedergerissen hat, lauern die Verkäufer falscher Schönheiten an jeder Straßenecke nahe Shanghais Prachtboulevard Huaihai Lu. Und Shanghais *laowai* wissen oft ganz genau, wo man die besten Kopien bekommt.

So manche Mega- und Giga-Geldgötter[25] profitieren von den Fälschungen. Die Manie, alles fälschen zu können, treibt gerade bei einigen Superreichen seltsame Blüten: Der ehemalige Chef der Bank of China in Hongkong, Liu Jinbao, dessen Vorname »Goldschatz« bedeutet, fälschte sogar seine Geliebte. Goldschatz Liu ließ eine seiner zahlreichen Geliebten nach dem Vorbild seines Jugendschwarms zurechtoperieren.[26] Doch die Menschenfälschung brachte ihm kein Glück. Wer einmal fälscht, fälscht immer. Ein Reihe von Korruptionsfällen bei Goldschatz' Immobiliengeschäften flog auf: Das Urteil lautete Todesstrafe. Ein anderer Geldgott kam glimpflicher davon: Zhou Yiming war nicht nur groß im Sammeln von Millionen, sondern auch im Fälschen von Finanzberichten für neue Kredite, die er für den Ausbau seines jungen Imperiums brauchte. Die Quittung dafür war eine lebenslange Freiheitsstrafe.

Die beiden Fälle beweisen, dass der Staat handeln kann. Auch an entsprechenden Gesetzen zum Schutz des geistigen Eigentums und gegen Produktpiraterie aller Art fehlt es nicht. 2005 hatte der Staatsrat 16 neue Verordnungen zum Schutz des geistigen Eigentums erlassen[27], und die deutschen Auslandshandelskammern in China zeigen Neuankömmlingen bereits im Internet, wie man das eigene geistige Eigentum im Reich der Mitte gesetzlich schützt.[28]

Fälschungen werden überall auf der Welt produziert, und was gut ist, wird gern kopiert. Warum aber nimmt das Kopieren in China solche Ausmaße an? Zunächst ist eine allseits bekannte und geschätzte Tugend daran Schuld, die im Bildungswesen wurzelt. Es war jahrtausendealte Tradition und wird immer noch praktiziert, gute Dinge wie Meisterwerke der Literatur oder der Architektur zu kopieren bzw. nachzubauen. Ohne die Architektur der Ming-Dynastie gäbe es viele prächtige Tempel der darauffolgenden Mandschu-Dynastie nicht. Ohne die genaue Wiedergabe von Zitaten chinesischer und ausländischer Berühmtheiten, die ihre Lehrbücher füllen, könnten viele chinesische Schülerinnen und Schüler die Hochschulaufnahmeprüfung nicht bestehen. Wer es gewohnt ist, immer wieder von anderen etwas zu übernehmen, kopiert eben schneller, ohne darüber nachzudenken, dass der Schöpfer der Vorlage ja zumindest nach nun weltweit verbreiteter westlicher Rechtsauffassung ein Urheberrecht auf seine Gedanken und Erfindungen besitzt. Im Gegensatz zu früher lässt sich mit dessen »guten Dingen« auf den heutigen Märkten viel Geld machen. Passende Gelegenheiten bieten sich schnell. »Mit leichter Hand« wird dann einfach »das Schaf weggeführt«, wie es im 12. Strategem einer aus 36 Beispielen bestehenden Sammlung strategischer Überlegungen aus der Ming-Dynastie heißt.[29]

Um keinen falschen Eindruck zu erwecken: Wer gegen das auch in China geltende Gesetz zum Schutze geistigen Eigentums verstößt, gehört zu einer Minderheit. Diese Minderheit sucht leider häufig die »Wahrheit in den Tatsachen«:[30] Die Chance, beim Kopieren bzw. beim Vermarkten der Kopien erwischt zu werden, ist deutlich geringer, als damit Geld zu verdienen. Das Risiko lässt sich kalkulieren, und viele Chinesen spielen eben gern. Dabei ist es ihnen egal, ob die »Katze schwarz oder weiß ist«, Hauptsache sie fängt Mäuse. Sie folgen damit Dengs Katzentheorie *(maolun)*, die der alte Gegner Maos bereits 1962 verkündet hatte: Dengs Weisheit bezog sich ursprünglich darauf, die landwirtschaftliche

Produktion nicht nach einem einheitlichen Schema zu verbessern, sondern je nach den Bedingungen der unterschiedlichen Produktionsstandorte Lösungen zu finden. An die Kopierer des 21. Jahrhunderts hat Deng Xiaoping nicht gedacht, als er seinen Landsleuten seine vielzitierte Theorie präsentierte.

Das Übernehmen guter Dinge aus dem Ausland kann allerdings durchaus Sinn machen, wenn man das Übernommene entsprechend weiterentwickelt. Japan liefert dafür beredtes Zeugnis, denn Bonsai, Teezeremonie und selbst der Kimono wurden aus China übernommen. In der Neuzeit eignete man sich Kamera- und Automobiltechnik an. Der Erfolg von Sony, Toyota und Co. braucht nicht ausführlicher dargestellt zu werden. Doch zwischen dem Übernehmen guter Dinge und einfachem Kopieren liegen Welten. Der Japan-Freund, Schriftsteller und Erzieher Lu Xun hat seine Landsleute in einem vielbeachteten Essay schon 1934 dazu angehalten, sich die guten Dinge des Auslands doch endlich einmal »herbeizuholen«, nachdem sie im 19. Jahrhundert ihre guten Sachen dem Westen einfach schenkten, der diese dann im Britischen Museum und an anderen Orten der Kultur hortete. Das waren damals ausschließlich Originale und Unikate, während so manch ein Museumsdirektor sich heute die Augen reibt, wenn ihm mitgeteilt wird, dass es sich bei den als »authentisch ausgewiesenen Objekten« seiner China-Ausstellung um Kopien handeln könnte.[31] Umgekehrt forderte Lu Xun seine Landsleute auf, genau hinzusehen. Nur was wirklich gut sei, diene dazu, die chinesische Gesellschaft zu modernisieren. Mao Zedong griff den Gedanken auf und gab ihm eine besondere chinesische Note: Was man übernehme, müsse sehr gut zerkaut und verdaut werden. Keinesfalls dürfe man die ausländische Nahrung »mit Haut und Haaren roh verschlingen«.[32] Gut verdauen zu können ist das Fundament der chinesischen Kultur. Sie ist ein gründlicher Prozess, der nur das wirklich Nahrhafte absorbiert und das Schlechte ausscheidet.[33] Gute Verdauung braucht Zeit und einen potenten Magen. An beiden fehlt es denen, die um des schnellen Geldes willen einfach kopieren.

Und der Geldgott? Statistisch gesehen scheint der für den Durchschnittschinesen immer weiter in die Ferne zu rücken: Seine Kaufkraft gemessen an Preisniveau und Einkommen lag 2012 jedenfalls fast 40 Prozent unter dem Wert Indiens und fast 66 Prozent unter dem entsprechenden deutschen Wert.[34]

乡下 Xiangxia – Reisen aufs Land

Eine Reise ins Landesinnere

Um mir Abwechslung zu den wöchentlichen und langweiligen Intercity-Fahrten zwischen den Business-Metropolen Shanghai und Hangzhou zu verschaffen, habe ich mir eine Hardsleeper-Fahrkarte für den K 560 von Shanghai nach Yan'an gekauft. Langstreckenzüge sind die ungekrönten Könige des Reisens in China. In knapp 24 Stunden soll mich der Zug 1800 Kilometer nach Nordwesten bringen. Yan'an, das Reiseziel, ist das »Herz des Gelben Landes«, eine Region, die nur wenige Shanghaier je bereist haben. Die Freunde verdrehten die Augen: Nach Yan'an? Hardsleeper? Unmöglich. Sechserpritschen in jedem Abteil, dem keine Schiebetür auch nur einen Hauch Privatsphäre verleiht. Warum um alles in der Welt gönnst du dir keinen Softsleeper, die angenehmere erste Klasse? Als starrköpfiger Deutscher bleibe ich jedoch bei »Hartliege«.

Im mittleren der drei Betten an der Abteiltrennwand richte ich mir meine Privatsphäre ein, die rund einen Quadratmeter umfasst. Yan'an scheint in Shanghai langsam doch populär zu werden. Eine etwa 50-köpfige Reisegruppe bevölkert den Wagen. Fünf Touristen teilen sich mit mir das Abteil. Wir arrangieren uns. Sie tragen gelbe Baseballkappen mit grünen Schriftzügen: englisch und chinesisch. »Spring Travel«, lese ich. Ich erkunde den Zug. Bereits zwei Wagen weiter bestimmen erneut Baseballkappen und ein energischer Reiseleiter mit Fahne und Megaphon das Bild. Hier sind die touristischen Erkennungszeichen weiß mit blauen Schriftzügen: »Shanghai Explorers« steht darauf. Die Explorers wollen ebenfalls nach Yan'an und noch weiter nach Jiaxian. Ihr Ziel ist die schönste Gegend der »Gelben Erde«, eine Region, die als extrem ländlich und rückständig gilt. »Dort gibt es ein wunderbares ›Country-Ressort‹«, verrät der Reiseleiter. »›Country Tours‹ sind im Moment der große Renner. Die Leute wollen raus aus der Stadt und rein in die Natur, einfaches gutes Essen und altes Brauchtum praktisch und hautnah erleben. Das Gelbe Land ist der letzte Schrei.«

Mittlerweile erkunden Reisegruppen aus Chinas Millionenstädten fast jeden Winkel des Landes. 2007 wurden 1,61 Milliarden inländische Touristen registriert und im Jahre 2010 55,98 Millionen zusätzliche Touristen aus dem Ausland gezählt, die das Reich der Mitte individuell oder in Gruppen bereisten.[1] Unter jungen Städtern gilt es als »trendy«, einst abgelegene, schwer zu erreichende Gebiete zu bereisen. Dort entstehen in kürzester Zeit neue Touristenhotels und Erlebnis-Ressorts. Auch in Stadtnähe ist das Ländliche populär: Bequem kann der Autoreisende bei »Wang und Lu auf dem Land« nun zu Tausenden frische Kost genießen. Die Kinder besichtigen echte Kühe und Gänse, Glamour-Girls aus Shanghai staunen über Misthaufen und Latrinen. Und ekeln sich ein wenig. Doch dieser Teil des Landerlebnisses soll in den nächsten Jahren dank profunder Tourismusentwicklung verschwinden. 300 Millionen kamen bereits 2005 allein in den sogenannten ›Country-Ressorts‹ unter. Das war ein Viertel aller Inlandstouristen.[2] Reisen auf das Land ist so populär, dass die Regierung das Jahr 2006 zum »Jahr des ländlichen Tourismus« erklärte.

Viele Bauern verbessern besonders während der drei »Goldenen Wochen« zum Frühlingsfest, zum Mai- und zum Nationalfeiertag im Oktober ihre schmalen Grundeinkommen. Nationale Medien wie die Nachrichtenagentur Xinhua wittern bereits die Chance, die Einkommenslücke zwischen Stadt und Land zu schließen.[3] Die noch wenigen wirklich Erfolgreichen erzielen tatsächlich mit ihren Touristenführer-, Restaurant- und Beherbergungsunternehmungen europäische Durchschnittseinkommen. In den Zentren des ländlichen Tourismus, bei den Kegelbergen von Yangshuo und bei den netten Minderheiten von Yunnan in Dali und Lijiang, drängeln sich die Touristenführerinnen. Kein Ort Chinas, kein Ort der Welt ist mehr sicher vor den Touristenscharen.

Szenenwechsel: Südkorea. Das Grenzland zum kommunistischen Norden. Ich stehe auf einer Aussichtsplattform nahe des 38. Breitengrades in der sogenannten »Demilitarisierten Zone« nahe Panmunjeom, dem fossilierten Freilichtmuseum des Kalten Krieges, wo China, Nordkorea und die UNO, vertreten durch die USA, am 27. Juli 1953 das noch heute gültige Waffenstillstandsabkommen unterzeichneten. Mit mir schauen Tausende weiterer Besucher nach Norden hinter den Eisernen Vorhang auf dieses

Stück erstarrte Geschichte, das sich im fernen Dunst undeutlich abzeichnet. Sie tragen rote, gelbe und blaue Baseballmützen, sprechen aufgeregt in verschiedenen Dialekten miteinander und sind zumeist schon jenseits der 70. Sie alle stammen aus China und sind in Reisegruppen gut organisiert gemeinsam in das Nachbarland Korea aufgebrochen, um für wenige Tage ihres Lebens die Welt außerhalb Chinas kennenzulernen. Das ist manchmal schon preiswerter als eine Reise im Inland, denn die steigenden Kosten in China machen eine Auslandsreise vor allem in die nahen ost- und südostasiatischen Nachbarländer billiger. Dabei sind Denkwürdigkeiten keine Seltenheit: Die Touristen von Panmunjeom, die 2012 gemeinsam mit vielen Touristen aus dem Westen neugierig diesen äußerst merkwürdigen Ort betrachten, mussten als Kinder unter der Last des Koreakriegs leiden, für den Mao Millionen von Landsleuten bluten und sterben ließ. Die arme Landbevölkerung musste hungern, um den absurden Krieg auf der kleinen Halbinsel im Nordosten zu unterstützen. Wie schon der Inlandstourismus in China, so hat auch der chinesische Auslandstourismus des Jahres 2012 aufgrund deutlich gestiegenen Wohlstands bereits abgelegenere Regionen Chinas erfasst. Die Entwicklung verläuft im Zeitraffertempo. Heute stehen nicht wenige dieser Landkinder von einst als Touristen diesseits des Eisernen Vorhangs und schaudern ähnlich wie wir Westler vor den seltsamen Kriegsspielen nordkoreanischer Diktatoren zurück. Wenn der Koreakrieg (1950–1953) nach dem verspäteten Kriegseintritt Chinas tatsächlich eine Art Stellvertreterkrieg zwischen China und den USA war, dann stehen die Völker der einstigen Kriegsgegner zwar sprachlich voneinander getrennt, aber doch fröhlich-friedlich mit Baseballkappen und Fotoapparaten bewaffnet am Anfang des 21. Jahrhunderts auf der südkoreanischen Seite des Szenarios. Das ist auch eine Entwicklung, die man »historisch« nennen könnte.

China will reisen. Am liebsten überall hin, wo berühmte Sehenswürdigkeiten sind und man gut »shoppen« kann. Chinesische Touristen kaufen alles, was eine bekannte ausländische Marke ist und zudem noch als »typisch« für ein Land gilt. Deutsche Kuckucksuhren und bayrische Lederhosen haben da beste Marktchancen. Bis 2020 soll das Land laut WTO zur Tourismusnation Nummer eins auf dem Planeten werden und damit Frankreich als beliebtestes Reiseland ablösen. 70,25 Millionen chinesische Touristen bereisten 2011 die Welt außerhalb des eigenen Landes, davon fast eine Million auch Deutschland.[4] Was ist romantischer als ein deutscher Weihnachtsmarkt und ein verschneites bayerisches Dorf zu Füßen einer burggekrönten Bergkulisse – betrachtet in einer echten bayrischen »Krachledernen«? China wird Deutschland als Reiseweltmeister ablösen[5], und umgekehrt wird Deutschland durchaus davon profitieren. Das sind beachtliche Entwicklungen – gilt es doch zu bedenken, dass noch in den 90er Jahren des letzten Jahrhunderts der Besitz eines Reisepasses nur Privilegierten vorbehalten war. Mittlerweile hat auch Chinas Landbevölkerung bereits die Chance, zu reisen.

Dort auf dem Land, im Zug nach Nordwesten hat mein »Reiseleben« begonnen. Anders als in den Hochgeschschwindigkeitszügen, die als fortschrittliche Verkehrsmittel zunächst aus Deutschland und Japan importiert wurden und die China nun mit Hochgeschwindigkeit selbst baut, vergräbt sich im »guten alten« K 560 noch nicht jeder hinter seinem Laptop oder verstopft sich die Ohren mit Ipod-Klängen. Die älteren Herrschaften haben ihre gelben »Spring Travel«-Kappen abgelegt und spielen Karten. Keiner reist ohne einen Glasbehälter, der oft nur ein altes Konservenglas mit Schraubverschluss ist. Darin befindet sich der grüne Tee, das chinesische Lebenselixier. Männer betrinken sich lautstark mit Bier oder Schnaps. Wenige Geschäftsreisende berichten einander mit dem breiten Akzent des Nordwestlers ihre Handelserfahrungen in Shanghai. Dazwischen wird immer wieder geschlürft und über das Geschlürfte diskutiert: »Die Instant-Nudeln von Meister Kang aus Hangzhou sind dann doch die besten …« »Sag' das nicht, letzte Woche habe ich in Anhui grauenvoll schlechte Meister-Kang-Nudeln gehabt, waren garantiert gefälscht«, kommentiert ein »Spring Travel«-Tourist die Worte des anderen, schneidet genüsslich aus dünnem rotem Plastik gepellte Schinkenwürstchen in seine Nudeln. Übrigens sind Meister Kangs Instant-Nudeln tatsächlich die besten.

An der anderen Ecke der schmalen unteren Pritsche werden Äpfel geschält und Melonenkerne gekaut. Ein grobgesichtiger Mann mit Shaanxi-Akzent zündet trotz strikten Rauchverbots seine erste Zigarette der Marke »Roter Pagodenberg« an, pafft den Rauch ungeniert seinem Gegenüber ins Gesicht. Er wird allerdings sofort von der Zugbegleitung gemaßregelt. Das Rauchen, früher ein fester Bestandteil jeder Zugfahrt wie die zugige Toilette mit dem unverschlossenen Loch im Wagenboden, wird verhindert. Eine Tradition verschwindet. Die Atmosphäre gleicht einer geschäftigen Marktstraße in einem alten Shanghaier Viertel. Alle halbe Stunde bahnt sich irgendein Verkäufer mit seinem schmalen Verkaufskarren den Weg durch den bevölkerten Waggon: »Verkaufe Melonenkerne, Schinkenwürste, Wasser, Bier!« »Zeitschriften, Zeitungen im Angebot«, tönt der nächste. Und dann der Höhepunkt: »Alle mal herhören, ich habe eine gute Nachricht. Hier und nur hier bekommt Ihr absolut reißfeste Socken, garantiert feuerfest und fußschweißresistent. Nur ganze 10 Yuan, ein einmaliges Angebot!« Erkundungsreisen durch die Warenwelt Chinas – auch das sind Dialektfärbungen jener Sprache, die das Leben unterwegs spricht. Der ländliche Kern Chinas rückt näher.

Landessitten und Landesfeiern

Die Stadt Yan'an überlasse ich den Reisegruppen. Ich will aufs Land, hinein in die bizarren gelbbraunen Landschaften. Hier gibt es Lößterrassen, so weit das Auge reicht. Darüber spannt sich ein blauer Himmel. Die Sonne hebt die Temperatur knapp über den Gefrierpunkt. Es ist viel kälter als in Shanghai. Häuser nach den Vorstellungen eines Städters gibt es hier kaum. Höhlenwohnungen sind seit Jahrhunderten auf dem »Gelben Land« das Synonym für Haus. In einem Text von Gao Jianqun heißt es: »Seit vielen Generationen leben die Menschen hier in Höhlen. Du fängst einfach auf der sonnigen Seite eines Hügels an, einen Schacht zu graben. Dann wechselst du das Werkzeug, nimmst eine Hacke und gräbst dich horizontal in den Hügel hinein. So entsteht eine künstliche Höhle, die die Menschen im Norden Shaanxis als *yaodong* bezeichnen. Es gibt drei Typen von Höhlenwohnungen. Der erste Typ ist die einfache Erdhöhle. Das ist die ursprünglichste und primitivste Form. Drei bis fünf solcher Höhlen bilden eine Wohneinheit. Sie sind über das ganze Land verstreut. Der zweite Typ besteht im vorderen Bereich aus Steinen, im hinteren aus Erde. Das ist die weiterentwickelte stabilere Form von Typ eins. Ein dritter Typ ist komfortabler und besteht komplett aus Steinen. Die Menschen in Nord-Shaanxi kennen ein Sprichwort: ›Der *yaodong*, den du baust, spiegelt das Vermögen der Familie wieder.‹«[6]

Gongs, Trommeln, *gusheng*-Bambusflöten und *suona*-Trompeten dröhnen mir entgegen. Heute ist Laternenfest, Höhepunkt und Abschluss des traditionellen Neujahrsfestes. Dann sehe ich den Umzug. In flammendem Rot, tiefem Purpur, giftigem Grün und einst kaiserlichem Gelb ziehen Hunderte verkleideter Menschen die staubige Straße herauf. Die meisten stecken in Kostümen, die direkt aus klassischen Romanen oder Opernstücken stammen. Da reisen Tangseng, Sun Wukong, Bajie und der Mönch Sand nach Indien. Wang Xifeng aus dem Roman *Traum der roten Kammer* tanzt im wirbelnden Lößstaub. Der weise »Alte Gott des langen Lebens« schreitet mit seinem Flaschenkürbis am Wanderstab weit aus, bunte Boote aus Pappe, in denen falsche kaiserliche Beamte sitzen, überqueren auf zwei Beinen den imaginären Gelben Fluss. Im Rhythmus der Musik tanzen als Frauen verkleidete Männer Fächertänze *(yangge)*. Besonders makaber wirken verkleidete Gestalten, in deren mit künstlichem Blut überströmte Köpfe Messer aus Kunststoff oder Ziegelsteine aus Gipsmasse gerammt sind. Alle tanzen und wogen im Takt der Trompeten, Flöten und Gongs. Die zwölf chinesischen Tierkreiszeichen folgen dem Tross auf zwei Meter hohen Stelzen. Das »Feuerfest« *(shehuo)* zum Neujahr ist die chinesische Antwort auf Karneval.

Volksbräuche sind Spiegel, die zeigen, wie sich eine Kultur entwickelt hat. Das chinesische Schriftzeichen 俗 *(su)* für Sitten und Gebräuche bezeichnet einen Menschen, der eng verbunden mit dem Getreide oder den Landstrichen ist, in denen die Feldfrüchte wachsen. Der logische Schluss daraus lautet, dass eine eigenständige chinesische Kultur ohne das Land nicht existieren würde. Wohlhabende Städter hören das oft ungern, doch an Tatsachen ist nun einmal nichts zu ändern. Wahrheiten werden ja bekanntlich in den Tatsachen gesucht. Nirgends kann der Reisende Feste so intensiv erleben wie auf dem Land, und kaum eine han-chinesische Gegend ist so ländlich wie das »Gelbe Land«. Noch haben Fernsehen und Internet die alten Bräuche nicht vollständig aufgelöst.

Chinesen gehören zu den Völkern mit beharrlicher Mondsüchtigkeit. Viele Landbewohner rechnen daher noch immer nach den Mondphasen. Der alte Mondkalender, auch Bauernkalender genannt, war sehr ereignisreich. Das Leben folgte dem Wechsel von Temperatur und Jahreszeit. Auf dem »Gelben Land«, das eigentlich »Land der gelben Erde« heißt, stehen nicht weniger als 25 Feste im traditionellen Kalender, und mit dem ersten Tag des neuen Mondjahres, der zwischen Ende Januar und Mitte Februar liegt, geht es bereits richtig zur Sache. Grund dazu gibt es allemal – feiert man doch die gute Ernte des alten und die sicher noch bessere des neuen Jahres, denn das chinesische Neujahrsfest ist ursprünglich ein Erntedank- und Erntewunschfest der Superlative. Seit Einführung des westlichen Kalenders wird die Mutter aller chinesischen Feste übrigens recht einfallslos als Frühlingsfest bezeichnet. Die Menschen entfachen riesige Freudenfeuer, und keiner traut sich aus seiner *yaodong*-Wohnung, ohne nicht ein paar böse Dämonen mit beachtlichen Feuerwerkskrachern vertrieben und die guten Geister begrüßt zu haben. Gute Geister mögen es in China laut – gute Menschen auch. Ballern, was das Zeug hält, können die verstädterten Verwandten in Shanghai sogar noch besser als die Lößländer. Schon am Vorabend des Neujahrstags, dem chinesischen Silvester, wird der Ausnahmezustand ausgerufen. Riesige Feuerwerksbatterien zünden, und meine Verwandten und Nachbarn strecken nicht eher die Waffen, bis auch der 15. des neuen Jahres, das Laternenfest, vorüber ist. Die Lößlandbauern haben sich schon seit Wochen auf das Ereignis vorbereitet, Vorräte angelegt, im vorausgehenden letzten Monat des alten Jahres, dem Opfer- und Pökelmonat, gewaltige eingesalzene Fische, Fleischseiten oder Würste in die kalte Winterluft zum Trocknen gehängt. Selbst im supermodernen Shanghai staune ich jedes Jahr im Januar über die riesigen Fische, die an den Erkern der letzten alten Häuser im Wind baumeln.

Das Essen ist denn auch der eigentliche Höhepunkt des Neujahrsfestes, und – egal ob auf dem Lande oder in der Stadt – kein Neujahrsessen geht ohne *jiaozi*. Mit Fleisch, Kräutern und Gemüse aller Art gefüllt, krönen Berge dieser Maultaschen den ohnehin schon überladenen Neujahrstisch. Der größte Spaß ist die Herstellung dieser Köstlichkeit. Da müssen die ganze Familie und alle Anwesenden gemeinsam kneten und formen, was der *jiaozi*-Teig aushält. Die Freude steigert sich noch, wenn jemand eine kleine Erdnuss oder Ähnliches in die Teigtasche einrollt. Wer eine solche Nuss später beim Zerkauen seiner *jiaozi* knackt, dem ist, wie sollte es anders sein, der Geldgott gewogen. Je mehr geknackte Nüsse, desto reicher. *Jiaozi* selbst sind deshalb so beliebt zum Neujahrsfest, weil sie der Form nach an alte chinesische Goldbarren erinnern und das Wort *jiaozi* genauso ausgesprochen wird wie *jiaozi*, das älteste Papiergeld der Welt, das im 12. Jahrhundert selbstverständlich in China erfunden wurde. Auch Fische gehören auf die Neujahrstafel, bringen sie doch dem eifrigen Esser reichlich Überfluss im neuen Jahr. »Überfluss« klingt wie »Fisch« – wer hätte das gedacht?

Ein weiteres »Muss« des chinesischen Neujahrsfestes ist *bainian. Bainian* ist eine Verbindung der wichtigsten sozialen Akte der Chinesen: *Bai* bedeutet so viel wie Ehre erweisen, und *nian* ist eben das (neue) Jahr. Der erste Akt des fröhlichen »Ehreerweisens« zum neuen Jahr heißt *jiabai* und verlangt, dass die Kinder und jüngeren Erwachsenen vor den Familienältesten Kotau machen, also kniend mit der Stirn den Boden berühren. Das sollte man verbal ausdrücklich betonen, etwa: »Opa, ich mache Kotau vor Dir!« Wer gibt, bekommt in China immer etwas. Nach dem Kotau steckt der Opa dem braven Kleinen ein rotes Tütchen mit einigen roten Mao-Scheinen zu, manchmal bis zu zehn in den großen Städten, auf dem Land auch deutlich weniger. Das Geld heißt »Wachse-gut-Geld«, soll das Gedeihen der Kleinen fördern und will daher gut in die hoffentlich ebenso rote Zukunft des Nachwuchses investiert werden. Die nächste Stufe von *bainian* heißt *jinbai:* Beim *jinbai* ziehen die Menschen in die Höfe der älteren Dorfbewohner, verbeugen sich zunächst vor dem Erdgott in der Götternische und machen dann vor den Alten ihren Kotau. Stufe drei, *yuanbai,* ist der gegenseitige Besuch von Freunden und Verwandten. Nach dem bewährten Prinzip wechselseitigen Gebens und Nehmens tauschen Geschenke und »Wachse-gut-Geld« ihre Besitzer. *Tuanbai* ist die vierte Form und besonders bewährt bei der Arbeit. Die Kollegen wünschen sich gegenseitig »Glück und Wohlstand« für das neue Jahr. In den Städten fallen die Kotaus meist deutlich kürzer und flüchtiger aus, auch den *jinbai*-Brauch mit religiöser Grundlage kennt man dort schon lange nicht mehr. Es verhält sich mit dem Neujahrsfest in Shanghai oder Peking wie mit Weihnachten in Köln oder Berlin: Feuerwerkskracher (Tannenbaum) + *jiaozi*-Festmahl (Gans) + »Wachse-gut-Geld« (Geschenke) + schneller Kotau (Weihnachtsständchen) = Fest.

»Im Pökelmonat bist du beschäftigt, im ersten Monat machst du Krach, freust dich und feierst, was das Zeug hält. Das alles verlängerst du dann am besten bis in den zweiten Monat hinein.« So lautet ein alter Ratschlag auf dem »Gelben Land«. Von so viel Zeit können moderne Chinesen in den Städten nur träumen. Immerhin gibt es für alle das Laternen- oder *yuanxiao*-Fest, den 15. des ersten Mondmonats oder das offizielle Ende des Neujahrsspektakels. Dieses Ende hat es aber nochmals so richtig in sich. Auf dem »Gelben Land« schmücken rote Lampions die Eingänge der *yaodong*-Höfe und überirdischen Häuser. Die Menschen, besonders die Kinder, tragen bunte Laternen vor sich her. Sind diese noch selbst gemacht, zieren traditionelle Romanfiguren, der Affenkönig oder ein Held aus dem Roman *Die drei Reiche,* die Laternen. Begegnen sich die Laternenträger, reißen sie ihre Laternen oft hoch in die Luft und wünschen sich gegenseitig, dass »ihr Glücksstern hoch strahlen« möge. Das steht auch als Segensspruch über vielen Hauseingängen. Besonders exotisch wirken die riesigen Feuerpyramiden, die überall vor den Höhlenwohnungen brennen. Die Stimmung am Laternenfest gleicht dort dem rheinischen Karneval. Die Menschen tanzen, teilweise maskiert in den Farben und Gewändern der *shehuo*-Truppen, um die Feuer. Manche rösten Dampfbrötchen in den riesigen Feuersäulen. Wer ein solches Feuerbrot isst, dem werden die guten Götter Glück bescheren, denn selbstverständlich sitzen gute Götter in den Flammen der Freudenfeuer. Die runden, süßen *yuanxiao*-Klößchen aus Klebreis, die dem Fest seinen zweiten kulinarischen Namen geben, symbolisieren Eintracht der Familie, und die etwas klebrigen Neujahrsreiskuchen, *niangao,* erinnern den Esser daran, dass er sich im nächsten Jahr steigern wird: *Gao,* der Reiskuchen, klingt wie *gao* (hoch). Und was passiert in Shanghai? Laternenspektakel findet man in der ehemaligen Altstadt, wo sich vor den Geschäften zum Teil auch einzelne *shehuo*-Figuren, wie die chinesischen Großkopfpuppen, postieren. Die Kinder tragen meist elektrisch beleuchtete Laternen, die an St.-Martins-Umzüge erinnern. *Yuanxiao* und *niangao* werden hier ebenfalls gern verspeist, aber Freudenfeuer lässt das städtische Ordnungsamt nicht zu.

Im Frühjahr wird eher getrauert als gefeiert. Am 4. April feiert ganz China sein Totenfest. »Vierter vierter« auf Chinesisch klingt wie doppelt sterben, und damit ist dieser Tag prädestiniert für die Verblichenen. Dabei heißt das Fest eigentlich *qingming,* das »klare, helle« Fest. *Qingming* war ursprünglich ein Freudenfest der Frühlingsperiode, an dem viele *baixing* zur Begrüßung des Frühlings noch heute gern Drachen steigen lassen. Doch im Lauf der Zeit bezog man die Ahnen immer stärker in das Frühlingserwachen mit ein, und das Totenfest war geboren. Gegensätze sind eben immer komplementär. Auf dem »Gelben Land« ziehen die Menschen jetzt hinaus auf ihre kleinen Terrassenfelder, an deren Rändern

Erdhaufen aufgetürmt sind. Dort dürfen Tote noch in der Erde bestattet werden. Man macht sich am Grabhügel zu schaffen, zupft alles Unkraut aus, das Regen und warme Winde hervorgebracht haben. *Sao mu* nennen die *baixing* diese Beschäftigung: »das Grab säubern«. Dann wird Totengeld verbrannt, das manchmal bedruckt mit den Insignien der chinesischen Hölle wie Spielgeld aussieht, manchmal einfach ein Haufen gelbes Krepppapier ist, das entfernt noch an die Farbe von Goldschätzen erinnert. Alles geht im Feuer auf. Feuer ist das Medium, das die Geldscheine aus dem Diesseits verschwinden und in die Jenseitswelt der Ahnen herüberwandern lässt, damit dort gleich weiter gefeiert und gelebt werden kann. Bis vor wenigen Jahren gab es sogar noch Lößländer, die sich am *qingming*-Fest besonders eng mit den Toten verbunden fühlten, an den Gräbern ihre Vespersachen auspackten und mit den Toten gemeinsam zechten. *Gan bei* – Prosit! Wenn die Lößlandbauern unter freiem Himmel der Ahnen gedenken, ziehen die Shanghaier in die zahlreichen Totenhallen der Städte. Dort hat jeder der Verblichenen einen Drittel Quadratmeter oder weniger zur Verfügung, der seine Asche aufnimmt. In den Städten ist kein Platz für Friedhöfe, daher ist Feuerbestattung Pflicht. Das Grabsäubern besteht darin, mit einem Tuch oder Pinsel den Staub des Vorjahres zu entfernen. Dann folgen kurze Verbeugungen vor den Ahnen, und man zieht wieder von dannen. Draußen vor der Halle gibt es kleine Feuerstellen oder Öfen, um den Toten Finanzkraft im Jenseits zu verschaffen.

Der Sommer kündigt sich fast überall im Land mit schwüler Hitze an. Der fünfte Monat des Mondkalenders, die Zeit der Sommersonnenwende, ist daher ein problematischer Termin. Sehr problematisch sogar, deutet die Fünf doch auf die fünf Gifttiere Schlange, Skorpion, Eidechse, Kröte und Tausendfüßler hin, die allerlei Übel und Krankheiten bringen. Am 5.5. feiern alle Han-Chinesen das Doppelfünf- oder Sommeranfangsfest, *duanwu* genannt. Die Bauern am Gelben Fluss interessiert der praktische Nutzen des Festes: Es reinigt und immunisiert den Menschen gegen die vielen Krankheitskeime des Frühsommers. Gegen das schlechte Datum des Festes gibt es gute Mittel: Klebreiskuchen in Schilfblattpäckchen *(songzi)* und einen medizinischen Heilalkohol, den *xionghuang*-Schnaps. Der Klebreiskuchen kühlt den Körper, und der Schnaps ist ein idealer Bakterientöter. Mit beidem wappnet sich der Lößländer gegen die Keime des Frühsommers. In den

Städten des chinesischen Ostens ist die medizinische Wirkung des *duanwu*-Festes fast unbekannt. Hier kennt man das Fest als den Tag, an dem Boote mit Drachenköpfen Wettrennen gegeneinander austragen – ein Brauch zu Ehren des Drachengottes, der guten Regen für die Reisernte im Süden des Landes spendet – und als Tag des großen *songzi*-Essens. Damit gedenkt man des Schicksals des Dichters Qu Yuan, der vor rund 2300 Jahren die berühmten Elegien von Chu gereimt hat. Der Mann nahm sich in den Fluten eines Sees das Leben, wurde als Geist wieder lebendig und von fürchterlichem Hunger geplagt. Seitdem füttern die Menschen ihn symbolisch mit *songzi*-Klebreisklößen, die sie deshalb so gut in Schilfblätter einpacken, damit die Fische dem Dichter nicht die Mahlzeit wegschnappen.

Inzwischen ist es Herbst geworden. Mitten im achten Monat des Bauernkalenders scheint der Mond so rund und prall wie sonst zu keiner anderen Zeit im Jahr. Selbst in Peking und Shanghai kann man den Erdtrabanten mit etwas Glück durch den Großstadtdunst hindurch prächtig scheinen sehen. Jetzt ist die Zeit des Mond- oder Mittherbstfestes gekommen, und wer ein wirklich mondsüchtiger Mensch ist, packt nun seine Flöte aus und bringt dem Erdsatelliten ein Ständchen. Der Herbst gilt auf dem »Gelben Land« als gute, klare Jahreszeit des Ausgleichs. Schon seit der Zhou-Dynastie feiern die Bauern dort Feste zur Anbetung des Vollmonds. Zahlreiche Sagen ranken sich um das Nachtgestirn, das in diesen Geschichten selbstverständlich bewohnt ist. Nachdem sie ihrem Gemahl, dem Held Houyi, dreist den Trunk der Unsterblichkeit weggetrunken hatte, flog die Fee Chang E auf den Mond und siedelt seitdem in einem gleißend hellen, aber eiskalten Palast aus weißer Jade. Seitdem sie den Buddhismus kennen und wissen, dass sich ein Hase für Buddha geopfert hatte, entdeckten die *baixing* den Jadehasen auf dem Mond. Ihm werden Kenntnisse traditioneller chinesischer Medizin zugeschrieben, denn auf dem Mond zerreibt das gute Tier mit einem Stößel unablässig in einem Mörser Heilkräuter zu Medizin. Zu ihm gesellte sich Wu Gang, der chinesische Sisyphus. Er ist verdammt dazu, den ewig wachsenden Lorbeerbaum zu fällen – was niemals gelingen kann, da sich die geschlagenen Kerben sofort wieder schließen und die abgeschlagenen Äste nachwachsen. In seinem irdischen Leben soll er ein Holzfäller gewesen sein, der partout unsterblich werden wollte. Das war für einen einfachen *baixing* anmaßend, und schon fand sich der Frevler zur Strafe auf dem Mond wieder und dauerhafter Strafarbeit ausgesetzt.

Auf dem Lößland scheint der Mond nun überall. Vor den *yaodong*-Höfen sind kleine Altäre aufgebaut, die runde Gebäckstücke, die Mondkuchen, und runde Früchte, die das Land reifen ließ, den Göttern darbieten. Selbstverständlich wird selbst gebacken, oder die Dörfer beschäftigen einen echten Mondkuchen-Bäckermeister, der auf die Herstellung prunkvoller Mondkuchen spezialisiert ist. In den Städten ist das Mondfest mittlerweile das Fest der großen Verschwendung: Immer aufwendigere Verpackungen umhüllen immer teurere Mondkuchen, die oft kaum jemandem wirklich gut schmecken. Die Konditoreien der Großstädte stellen ihre Gesamtproduktion auf Mondkuchen um, und Firmen verschwenden riesige Summen, um diese Luxus-Mondkuchen an ihre Kunden zu verschenken.

Noch drei Monate dauert es dann bis Weihnachten, das in den Großstädten zum Fest Nummer zwei nach dem Neujahrsfest geworden ist. Vielen jungen Leute bedeuten gegenseitige Geschenke und Diskolärm zur Weihnachtszeit mehr als *jiaozi* und Kotau zum Neujahrsfest. Jedes Jahr wachsen die Weihnachtsbäume in den Städten einige Meter höher und beginnen ihren fernen Verwandten auf den deutschen Weihnachtsmärkten Konkurrenz zu machen. Es wird nicht mehr lange dauern, dann steht der höchste Weihnachtsbaum der Welt in einer chinesischen Großstadt.

Landmänner: Lao Mao und Lao He

60 Jahre vor meinem ersten Besuch kam Mao Zedong in die gelbbraune Gegend um das Provinznest Yan'an. Im Oktober 1935 hatte seine entkräftete Rote Armee nach 10 000 Marsch-Kilometern durch weite Teile Chinas und nach einem Jahr unzähliger Kämpfe das abgelegene Land erreicht. Mao war der Sohn eines Bauern aus dem südostchinesischen Hunan und Entbehrungen gewöhnt. Daher gelang es ihm, das karge Land nördlich von Xi'an, das weder reiche Ernten noch Industrie besaß, zum Modell der späteren Volksrepublik China zu entwickeln. Wie alle chinesischen Dynastien, so entstand auch die Volksrepublik vom Land aus und auf dem Land. Der marxistisch geschulte Mao Zedong hatte als

Bauernsohn mit klassischer und moderner Bildung früh begriffen, dass nur vom Land aus der Staat geeint und die Revolution zum Erfolg geführt werden konnte. Alle wichtigen politischen Mitstreiter seiner Zeit, ob sie nun der nationalistischen Guomindang-Partei verbunden waren oder als Kommunisten in Shanghai an den Sieg einer proletarischen Revolution glaubten, fühlten sich als Städter. Das Land, das damals über 80 Prozent der chinesischen Bevölkerung beherbergte, schien ihnen fremd geworden zu sein und nicht in ihre modernen Weltbilder zu passen.

In der kommunistischen Partei kriselte es, weil Parteichef Chen Duxiu die Bauern für »unzuverlässig« und »feudal« verdorben hielt und Mao aktiv Bauernaufstände in seiner Heimatregion unterstützte. Er, der intellektuelle Bauernsohn und einer der Führer der kommunistischen Bewegung, hielt sich bereits 1925 für denjenigen, der über mehr Sachverstand für das Land verfügte, als jeder andere in vergleichbarer politischer Position.[7] 1926 hatte er sich in seiner Heimatprovinz Hunan selbst davon überzeugt, dass die Revolution unter den Bauern begonnen hatte. Grundbesitzer wurden boykottiert, und die erstarkten Bauernverbände kontrollierten Teile der Region. Grundbesitzer wurden gefangen genommen, mit hohen Schandhüten versehen und durch die Straßen der Dörfer gejagt. Das typische Szenario der Kulturrevolution gab es damals schon auf dem hunanesischen Land. Mao lernte von den Aktionen seiner Landsleute, befand Schikane gegenüber den Ausbeutern für durchaus opportun und setzte alles daran, diese zu fördern. Er schrieb: »Die ländlichen Gebiete brauchen eine gewaltige Verstärkung der Revolution [...], um die absolute Autorität der Bauern zu etablieren.«[8]

Mao hatte Erfolg. Seine Linie setzte sich schließlich durch und machte ihn spätestens auf dem »Land der gelben Erde« zum absoluten Führer der Bewegung, aus der die Volksrepublik China entstand. Dort zeigte er sich, wie er war. Despotisch, frauenfeindlich, wie Eva Siao als Leidtragende immer wieder beklagte, launisch auf der einen und volksnah wie einnehmend auf der anderen Seite. Er steckte zumeist in abgetragener einfacher Kleidung, das Haar »lang und durcheinander«, so dass sein berühmtester Fotograf Edgar Snow es mit seiner eigenen Armeemütze bedecken musste, um den »Großen Führer« auf dem später weltbekannt gewordenen Foto ordentlicher aussehen zu lassen.[9] Für einen solchen Mann war es nicht schwer, sich der Gefolgschaft der Shaanxi-Leute zu versichern. Sie besaßen nichts und kämpften seit Jahrhunderten gegen den Hunger wie der unsterbliche Bauer Wang Lung aus Pearl S. Bucks Roman *Die gute Erde*.[10] Ihr Alltag bestand darin, extrem hoch besteuert zu werden und der Willkür der Grundbesitzer ausgeliefert zu sein.[11]

Was Mao und die Kommunisten diesen Menschen gaben, war Bildung im Sinne der Partei, um sie für ihre Bewegung zu gewinnen. In ihrem lößgelben Modell-Sowjet entstanden eine Art Protoindustrie, Manufakturen und einfaches Kulturleben. Frühere Analphabeten lernten in den Kooperativen der Kommunisten täglich zwei Stunden Lesen, Schreiben, politische Propaganda und gründeten Theatergruppen. Die neuen Führer setzten auf Massenbildung im Freien und nutzten dabei die Gewohnheit der Menschen, stundenlang auf ihren Fersen hocken und zuhören zu können. Wer einmal mit Bauern der Gegend um Yan'an diskutiert hat, kann sich gut vorstellen, wie die Kommunisten sich mit den einfach und direkt denkenden Menschen verbündeten. Vor Jahren hockte ich selbst eine geschlagene Stunde im lehmgelben Hof einer verlassenen Kirche in der Region, die dort einst von spanischen Missionaren auf drei *yaodong*-Höhlen gegründet worden war. Ich musste vom katholischen Glauben erzählen. Die Menschen hingen an meinen Lippen. Am Ende boten sie mir an, einfach dort zu bleiben und ihr neuer katholischer Priester zu werden. Wohnhöhlen für meine Familie gebe es – und wenn ich bliebe, hätte das Land, das einst von Maos Studiengruppen belebt worden war, wieder etwas zu lernen. Das war das großzügigste und ehrlichste Jobangebot, das ich bisher in China erhalten habe.

Als ich nun Jahre später wieder im Ort bin, hat sich die Gastfreundschaft nicht verändert. Ich habe für die Nacht noch keine Unterkunft und frage nach einem Gasthaus. Man schüttelt den Kopf. Einer zieht seine Zigarette Marke »Päonie« hinter dem Ohr hervor und sagt: »Du kannst im *yaodong* meines Sohnes schlafen.« Ich glaube, ihn nicht richtig verstanden zu haben, und frage noch einmal nach. Er nickt, bedeutet mir, ihm zu folgen. Im Niemandslöß an der Missionskirche gibt es keine Alternative. Ich folge dem Mann und besteige ein abenteuerliches Gefährt, das aus einem Motor, einer Lenkgabel, drei Rädern und einer Ladefläche besteht. Lao He, mein neuer Bekannter, weist mich an, mich gut festzuhalten, und schon geht es in rasender Fahrt den Hügel hinab in eine kleine *yaodong*-Siedlung hinter einem Lößvorsprung.

Plötzlich bremst er seinen Dreiradtraktor. Eine junge Frau taucht vor dem blau gestrichenen Eingang einer Höhle auf. Lao He geht auf sie zu und murmelt einige erklärende Worte. Die Frau nickt mir freundlich zu und führt mich in eine Wohnhöhle. Ein grünes Farbband an der Wand trennt die geräumige Höhle in eine obere und eine untere Hälfte. Ein Drittel des Raumes füllt das gemauerte Podest, der *kang*. Daran angemauert, ebenfalls aus Ziegelsteinen, ist die Kochstelle. Unter dem *kang* sorgt ein ständig prasselndes Feuer für angenehme Wärme, und auch unter der Kochstelle wird kräftig gefeuert. Ein riesiger Wok verbreitet einen undefinierbaren Essensgeruch. Später erfahre ich, dass hier Weizengrieß gekocht wird, die Nahrungsgrundlage der Lößländer, die Reis kaum kennen. Die junge Frau zeigt mir die Bettstelle. »Hier kannst du deine Sachen hinstellen und schlafen. Decken liegen auf dem *kang*«, sagte sie.

Ich döse eine Zeit auf dem *kang*, beobachte die Schwiegertochter, die den Weizengrieß nun in Porzellanschalen füllt. »Iss«, sagt sie. Ich esse. »Ich versuche jetzt Scherenschnitte zu verkaufen«, erzählt die Schwiegertochter, »möchtest du sie sehen?« »Ja gern«, sage ich. Sie verlässt die Höhle, kommt kurz darauf mit einem Stapel lößgelbem Packpapier zurück. »Ihr *laowai* mögt doch unsere traditionellen chinesischen Sachen«, meint sie, während sie das Bündel aufknotet. »Das ist mein Lieblingsstück.« Zum Vorschein kommt das Porträt des Vorsitzenden Mao, in glücksverheißendes Rot geschnitten. »Was soll der denn kosten?«, frage ich. »100 Yuan Freundschaftspreis.« Lao He blickt skeptisch von seinem Platz auf dem *kang* zu uns herüber. »Das ist mir zu viel, leider«, erkläre ich. »Gut, für 80 kannst du ihn haben.« »Nicht mehr als 40«, sage ich. »60«. »40«. »Ich habe eine Woche daran gearbeitet«, erklärt die Schwiegertochter. »Also gut, 50.« *Hao*, der Handel, ist geschlossen. Ich habe meinen Mao, sie ein wenig Extraverdienst.

Ich lege dann doch noch 50 Yuan drauf. Schließlich darf ich hier umsonst übernachten. »Für die Kinder, für die Schule«. Lao He nimmt an. Die Ältesten mussten nach der Grundschule abbrechen, um bei der Landarbeit und im Haushalt zu helfen. Der mittlere Sohn besucht eine »Hoffnungs-Schule«, unterstützt durch die staatliche Hilfsorganisation Project Hope. Er ist das einzige Kind Lao Hes, das zur Zeit dieses Privileg genießt, und er soll später einmal besser gebildet sein als jener Bauer aus der Generation seines Vaters, der im Jahre 2006 in den Medien Schlagzeilen machte, weil er die chinesische Fahne nicht von der englischen unterscheiden konnte.[12] Bildungsmangel ist auch und gerade auf dem Land noch immer ein großes Problem. Dörfer verfügen oft nicht über ausreichende Schulmöglichkeiten, die Lehrer sind seit Generationen schlecht ausgebildet und noch schlechter bezahlt. Eine Bekannte in der südwestchinesischen Provinz Yunnan klagte, dass die Lehrkräfte in erster Linie noch Bauern seien, nur temporär unterrichteten und dafür gerade ganze 100 Euro im Jahr erhielten. Dazu kommen einheitliche Lehrinhalte, die nur sehr unzureichend vermittelt werden können und den spezifischen Verhältnissen ländlicher Regionen häufig nicht entsprechen. Vom Ausland erfahren die Menschen nur aus zweiter und dritter Hand, da es bisher kaum Partnerschaften mit ausländischen Bildungseinrichtungen gibt. Das Bildungsproblem zeigt eine traurige Wahrheit: Die Menschen auf dem Landes stecken noch immer in einer uralten Strukturkrise.

Landarmut

Die bunten Farben des *shehuo*-Umzugs sind verschwunden. Das Wetter ist umgeschlagen, der Löß wirkt schmutzig grau. Als ich Lao Hes *yaodong* verlasse, treffe ich auf die drei. Sie kauern in typischer Hockstellung vor dem verfallenden Tempel des Drachenkönigs, der alten taoistischen Wassergottheit. Nur der kalte Wind ist zu hören. Mit energischem Zischen bläst er über die karge Landschaft. Bizarr krönt ein karger Baum die Lößkuppe vor uns. Bäume sind Sonden für Wasser auf den gelben Hügeln. Da, wo sie gedeihen und im Frühjahr grün ausschlagen, können Terrassen und Felder angelegt werden. Alltag für die drei vor dem Tempel. Ich versuche, ihre Hockstellung nachzuahmen, es gelingt mir sogar. Ich erwähne die karge Landschaft. Die Männer blicken mich an. »So ist es eben hier«, bemerkt der Eine, genüsslich an seiner kurzen Pfeife ziehend. »Mein Sohn ist weg«, setzt der Zweite hinzu. »Ja«, kommentiert der Dritte, »meiner auch. Weg – nach Peking. Hier verdient er nichts.« Die drei wissen, wovon sie reden. Junge Männer im arbeitsfähigen Alter sind nur wenige im Dorf zu sehen. Die Großstädte locken mit lebensgefährlichen Hochhausbaustellen oder Risikojobs im Tiefbau. Auch die Mammutprojekt Olympische Spiele 2008 und Weltausstellung EXPO 2010 sorgten für Beschäftigung. In ganz China sind es derzeit rund 250 Millionen Menschen, die temporär auf Baustellen oder in Fabriken schuften – in fast allen Fällen ohne jegliche Sozialversicherung und mit sehr begrenzten Aussichten auf Gewinn. Die Arbeitszeit beträgt mehr als 80 Stunden in der Woche, die mit sieben Wochen- auch sieben Arbeitstage hat. Die Löhne sind aufgrund des ständig verfügbaren Ersatzes für eine Arbeitskraft extrem niedrig. So mancher Wohlstandstraum eines Bauern ist an der harten städtischen Realität zerplatzt.

Seit 1980, also dem Beginn der Deng'schen Wirtschaftsreformen, hat sich die Zahl der Wanderarbeiter verhundertfacht, bis 2025 sollen es nach Schätzungen 400 Millionen sein,[13] mehr als ein Viertel der Gesamtbevölkerung. Ein gewaltige Woge von Arbeitssuchenden bewegt sich durch das Land und ihre geringe Bildung qualifiziert sie nur für einfache Jobs. So wie Xiao Lin, Ende 20, die ich bei meinem Stammfrisör treffe, wo sie mir eine treffliche Kopfwäsche, einschließlich Massage und Gesichtspflege zukommen lässt. Mit Haarschnitt für umgerechnet rund fünf Euro. Dafür erhält Xiao Lin rund 1000 Yuan (130 Euro) monatlich. Tochter, Ehemann und Eltern bekommen den größten Teil davon – 25 Zugstunden von Shanghai entfernt in der Provinz Guizhou. Xiao Lin lächelt dabei, wie nur jemand lächeln kann, den das Geldverdienen müssen in der Großstadt noch nicht verdorben hat. In China gibt es sie durchaus noch – die klischeehafte »Unschuld vom Lande«. Dabei sind die Söhne und Töchter des Gelben Flusses, die Zhu Zheqin auf ihrer CD »Yellow Children« euphorisch besingt, in den Städten häufig nationale Illegale. Sie bilden die Gegenstücke zu den illegal eingereisten Ausländern in der Europäischen Union. Nur sind sie es im eigenen Land, und keine Grundversorgung in Notunterkünften wartet auf sie. Entweder sie tauchen illegal in einer der Arbeitskräfte verschleißenden Fabriken unter, verschwinden im Chaos der ewigen Großbaustellen oder werden aufgegriffen und wie illegal eingereiste Ausländer wieder auf das Land abgeschoben. Der Grund dafür ist das Registrierungssystem *hukou*. Seit 1958 registriert es ländliche und städtische Bevölkerung getrennt und schafft damit eine unsichtbare »Mauer zwischen Stadt und Land«.[14] Hätte es bereits 1918, als der junge Bauer Mao Zedong seinem Lehrer in die Stadt Peking folgte, dieses System gegeben, wäre die Gründung der Volksrepublik China möglicherweise vereitelt worden.

Später wurde das verwaltungstechnisch Geregelte ökonomisch vertieft. Die Regionen Shaanxi und Shanxi am Gelben Fluss sind die Provinzen mit dem reichsten kulturellen Erbe Chinas und verfügten zum Ende der Kaiserzeit noch über einen gewissen Wohlstand. Seit Generationen gehören sie nun zu den wirtschaftlich armen Regionen des Landes. Durchschnittlich erwirtschaften ihre Bewohner lediglich ein Sechstel dessen, was in Shanghai verdient wird.[15] Damit steht ihre ländliche Bevölkerung weit jenseits der tiefen Gräben zwischen Stadt- und Landbevölkerung sowie Superreichen und Bitterarmen, die seit dem Jahr 2000 bedrohlich weit auseinanderklaffen. In jenem Jahr überschritt der Gini-Koeffizient zur Messung von ökonomischem Ungleichgewicht zwischen Stadt und Land erstmals die Marke 0,4. Der statistische Wert liegt zwischen null und eins. Null bedeutet absolutes Gleichgewicht und eins absolutes Ungleichgewicht zwischen Regionen. Werte größer als 0,4 indizieren eine bedrohliche gesellschaftliche Spaltung.

Die deutschsprachigen Medien von »Tagesschau« über *Die Zeit* bis zur *Neuen Zürcher Zeitung* berichteten und berichten regelmäßig über Proteste auf dem Land. 87000 solcher Proteste wurden allein für das Jahr 2005 gemeldet.[16] Das waren durchschnittlich 238 Proteste pro Tag. Da es an verlässlichen Zahlen für die Folgejahre fehlt, wird die wirkliche Zahl der kleineren und größeren Beschwerden aus den ländlichen Regionen weitaus höher vermutet Die Gründe für die Unzufriedenheit unter Chinas Landbevölkerung sind vielfältig und reichen von gewaltigen Steuerlasten und Korruption über offene Gewalt lokaler Kader und Investoren bis zur illegalen Aufkündigung von Bodennutzungsrechten. Vor allem gegen solche Aufkündigungen – die volksrepublikanische Form von Enteignung, um neuen Raum für Städte und Industrieanlagen zu schaffen – richten sich die Proteste. Bis heute dürfen Privatpersonen keinen Grund und Boden besitzen und werden meist finanziell für die Aufkündigung entschädigt. Bauern jedoch nicht immer oder nur sehr unzureichend.

Schlimm ist, dass es häufig korrupte Menschen bäuerlicher Herkunft sind, die den Ärmeren dies antun. Die städtische Bevölkerung weiß davon so gut wie nichts, und selbst die Pekinger Regierung, die längst die bäuerliche Revolutionsuniform gegen den eleganten städtischen Zweireiher getauscht hat, steht oft außen vor. Die Betroffenen kommen eben »vom Land da unten«. Das war schon immer so und interessiert daher in der Stadt wenig.

Nur kurzzeitig gelang es Mao Zedong, der in der Landbevölkerung nach wie vor sehr verehrt wird, den Bauern eine Illusion gesellschaftlicher Gleichheit zu vermitteln. Die nackten ökonomischen Zahlen sprechen die Sprache absoluter Ungleichheit: 2010 zählte man bereits 1,1 Millionen Chinesen – überwiegend in den Städten –, deren Vermögen eine Million US-Dollar überschritt. Die Zahl hatte sich gegenüber dem Vorjahr dabei beinahe verdoppelt.[17] Gleichzeitig verdienten noch immer 20 Millionen Chinesen weniger als einen Dollar pro Tag. Davon waren die meisten Landbewohner.

Trotzdem toleriert die breite Masse diese gewaltigen Unterschiede noch. Sie kennen es nicht anders, und sie leben auf dem Land in einer völlig getrennten Welt jenseits des breiten Grabens. Doch das »noch« wird immer häufiger betont. »Noch« ist es friedlich, und »noch« herrscht kein offener Kampf zwischen Stadt- und Landbevölkerung. Das »Noch« wird nur dann noch Bestand haben, wenn die Landbevölkerung Chancen hat irgendwie aufzusteigen – und sei es auch nur finanziell.

Das Verschwinden des Landes

In Yan'an ist das Land wieder zu Ende. Neue Industriegebiete fressen sich immer weiter in das »Gelbe Land« hinein. Die Landwirtschaft ist verschwunden und die Luft genauso schlecht wie in der Millionenstadt Xi'an weiter südlich. Wohngebiete dehnen sich aus, und traditionelle *yaodong*-Behausungen sind längst quaderförmigen Betonkästen gewichen. Sie verschaffen den Familien eine ähnlich triste Wohnatmosphäre, wie sie schon in vielen Großstädten gerade im chinesischen Zentrum und im Nordwesten herrscht. Die blauen und grünen Glasfenster in den weißen Klinkerfassaden lassen keine Unterschiede mehr erkennen. Verschwunden sind auch die traditionellen Symbole, die die *yaodong*-Höhlen weiter nördlich schmückten. Das ist die Zukunft des Landes. Sie trägt den Namen Urbanisierung und gehört zu den wichtigen Großprojekten Chinas. Urbanisierung bedeutet ein »rationales Muster«,[18] entworfen am Reisbrett städtischer Planer und mehr oder weniger treffend umgesetzt von ländlichen Bauherren. Urbanisierung nach diesem Einheitsraster soll die zweckrationale Modernisierung nach einheitlichen Masterplänen vorantreiben. *Yaodong*-Wohnungen und *shehuo*-Umzüge haben in diesen Betonkonstrukten keinen Platz mehr.

Ich sitze im K 559 und reise zurück nach Shanghai. Dabei habe ich Gewissheit gefunden: Die Bauern und ihr »Gelbes Land« haben nur eine Chance, aus der Krise herauszukommen, wenn sie sich der letzten Reste ihres einstigen Reichtums bewusst werden. Der besteht aus Zeit, Brauchtum, hochentwickeltem und qualitativ beständigem Handwerk. Wenn sich diese letzten Reste in uniformer Verstädterung auflösen, werden sie immer Menschen zweiter Klasse im eigenen Land bleiben, und die Gebete zu ihrem doppelgesichtigen Gott Mao Zedong verhallen ungehört.

Wichtig ist, dass ökonomische und ökologische Grundlagen für ein selbstbewusstes chinesisches Land und selbstbewusste Regionen geschaffen werden. Grüner Tourismus, zu dem auch Ausländer in China beitragen können, bietet dafür eine Möglichkeit. Ein Selbstbewusstsein können die einzelnen Menschen jedoch erlangen, wenn sich das Bildungssystem erheblich verbessert. Herr Pan, ein Bildungsfunktionär aus einer Bergregion in Zhejiang, hat mir einmal gesagt, dass es ihm und seinen Landsleuten so sehr an Wissen über sich selbst fehle. Eines seiner Hauptziele sei es deshalb, Wissen über das verschwindende architektonische Erbe seiner Region in die Köpfe seiner Schüler zu bringen. Herr Pan klang entschlossen. Ob ihm *laowai* oder *baixing* dabei helfen würden, sei ihm egal. Hauptsache, sein Traum werde Realität.

饮食之美
Yinshi zhi mei – Speis und Trank

Totalphänomen Essen

Was deutsch Küche und chinesisch *chufang* heißt, ähnelt sich lediglich in seiner Zweckbestimmung. Einen *chufang* riecht, schmeckt, hört und fühlt jeder, der einmal in seine Nähe gerät. Eine chinesische Küche ist eine sinnliche Totalerfahrung. In unserer verdichtet sich der Rauch heute bedrohlich, beißt in den Augen. Die Konturen der Ayi[1], die behände eine vorbereitete Zutat nach der anderen in den Wok gibt, schälen sich schemenhaft aus dem Rauch. »Das Öl ist zu heiß«, ruft sie aus den nebligen Küchengestaden und beruhigt Dandan, die von oben besorgt nach der Quelle des Ungemachs fragt.

Ich kämpfe mich vor an die Quelle der Rauchentwicklung. Grünes Gemüse, rote Paprikastreifen und gewürfeltes, sorgsam mariniertes Fleisch zischen im siedenden Öl auf. Der Dunstabzug ächzt auf Hochtouren. Er ist eher ein Ölabzug. Schlieren von Speiseöl haben die Außenfläche gelb verfärbt. Ein Hausierer, der sich auf die Reinigung chinesischer Ölabzüge spezialisiert hat, findet bei uns – wie bei vielen anderen Haushalten in den Gassen ringsum – sein bescheidenes, aber sicheres Einkommen. Bei jedem Reinigungsakt schimpft er über die komplizierte Verkabelung des Gerätes, die ein guter deutscher Freund mit umfassenden Do-it-yourself-Kenntnissen in bester Absicht verlegt hat.

Inmitten dieses Albtraums jeder deutschen Hausfrau aus der Generation meiner Eltern entstehen frische, farbenprächtige Speisen. Schnelles Garen hat das Aroma der Zutaten erhalten. Geschicktes Würzen und Marinieren zur richtigen Zeit variiert auf kreative Weise dieses Aroma, fächert es in unzählige Detailnoten auf. »Unser Leben liegt nicht im Schoße der Götter, sondern in dem unserer Köchin«[2], schreibt Lin Yutang, der als Philosoph, Schriftsteller und der vielleicht bekannteste Kulturbrückenbauer Chinas im 20. Jahrhundert die Welt zwischen 1895 und 1976 bereicherte. Die kulturellen Gräben zwischen westlicher Küche und chinesischem *chufang* entstehen durch ihre Benutzer und deren Bewusstsein über den eigenen Körper: Schwere deutsche Köpfe, die sich schon vor dem Kochen überlegen, wie sie die Überreste des Essens am besten beseitigen können, passen nicht auf chinesische Bäuche, die mit Hingabe alles verschlingen, was Auge und Magen erfreut.

Theorien gesellschaftlicher Bedürfnisse wurden von westlichen Soziologen aufgestellt. Der US-amerikanische Psychologe Abraham Maslow ordnet das Essen als Grundbedürfnis des Menschen ein, was generell stimmt. Doch Maslows Theorie greift für die Praxis des chinesischen Essens zu kurz. Hier ist das Essen nicht nur ein Grundbedürfnis, sondern ein Totalphänomen. Ausgaben für das Essen rangieren auf Rang vier hinter Bildung, Wohnung und Auto, auf dem Land oft ganz vorn. Der Engels-Koeffizient Chinas, eine statistische Messgröße, die angibt, welcher Anteil des Volkseinkommens für Nahrung aufgewendet wird, ist kontinuierlich gesunken. Die Ausgaben für Essen aber steigen in absoluten Zahlen. Das ist einerseits auf deutlich angestiegene Preise im Nahrungsmittelsektor zurückzuführen. Seit Jahren verzeichnen Fleisch und Gemüse, insbesondere Schweinefleisch, enorme Preissteigerungen. Daran sind nicht zuletzt die stark gestiegen Im- und Exportzahlen Schuld. China hat 2011 beispielsweise über 36 Prozent mehr an Nahrungsmitteln sowohl im- als auch exportiert als noch ein Jahr zuvor.[3] Viel wird für den Export angebaut, aber genauso werden aus entfernten Regionen immer mehr Nahrungsmittel für eine immer anspruchsvollere Stadtbevölkerung herangeschafft. Zwangsläufig steigen die Preise stark an – für viele Menschen vor allem vom Land weit über das erträgliche Maß. Hinzu kommt die traditionell hohe Wertschätzung des Essens in der chinesischen Kulturgeschichte. Nicht von ungefähr bezieht sich die bekannte Redewendung »Für das Volk ist das Essen der Himmel auf Erden« nicht nur auf den beständigen Kampf um genug Nahrung, sondern auch auf ein verhältnismäßiges abwechslungsreiches und hochwertiges »Satt werden«. Dazu gehört heute der ungebrochene Trend, Restaurants zu besuchen. In den neuen Shopping Malls der Großstädte bieten Dutzende neuer Restaurants gleichzeitig Köstlichkeiten aller Küchen des Landes, neue »Food Fusion«-Trends und ausländische Spezialitäten aller Art. Das fördert auch die dunkle Seite der chinesischen Nahrungsmittelproduktion: Die große Nachfrage und die gestiegenen Ansprüche lassen geldgierige Profiteure verbotene Stoffe in die Nahrungsmittel spritzen oder diese damit behandeln. Von 200 000 bis 400 000 Lebensmittelkonsumenten, die durch solche Vergiftungen gestorben sind, war die Rede.[4] Hinzu kommt eine stark gestiegene Zahl Krebskranker.

Über diese bedenklich stimmenden Entwicklungen wird unter Chinesen durchaus diskutiert. Doch angesichts der sich häufenden Lebensmittelskandale ist die Logik der Reaktion entwaffnend: »Ich muss mich entscheiden, ob ich verhungere oder langsam vergiftet werde. Wenn es wirklich so schlimm ist, entscheide ich mich lieber für die langsame Vergiftung.« Daher wird weiter mit Hingabe gekocht und werden immer noch neue Restaurants eröffnet. *Baixing* essen einfach zu gern, und das Essen als Glücksmoment ist so stark verinnerlicht, dass Entzug wahrscheinlich katastrophale Folgen hätte – für die Psyche des Individuums und die Stabilität des Landes. Manche suchen Ausweichstrategien, eine sehr verbreitete Lebenstaktik: Die Nachfrage nach alternativen Restaurants wie den medizinischen Kräuterrestaurants, die für Qualität garantieren, ist deutlich gestiegen. Metropolen wie Shanghai und Peking bieten neben sämtlichen Regionalküchen Chinas kulinarische Genüsse aus allen Teilen der Welt.

Verlässliche Zahlen über Restaurants in China finden sich nicht. Da für ein geschlossenes oft wieder zwei neue Restaurants eröffnen, sind solche statistischen Versuche auch zum Scheitern verurteilt. Da ist ein kurzer Blick in die unmittelbare Nachbarschaft aufschlussreicher: Bis vor kurzem lagen im Umkreis von rund einem Quadratkilometer um meine Wohnung zehn Restaurants, die unterschiedliche chinesische Regionalküchen anbieten. Darunter befanden sich kulinarische Schlager wie Peking-Ente, feuerscharfe Hunan-Chili-Gerichte, betäubend scharfe Sichuan-Köstlichkeiten, diverse Feuertopfvarianten, nordostchinesische Küche und schließlich Shanghai-Spezialitäten. Seit 2011 hat eine neue Shopping Mall in der Nähe eröffnet. Das kulinarische Leben konzentriert sich daher gegenwärtig in enger Nachbarschaft zu Kleider-, Schuh-, Sport- und Elektronikgeschäften auf mindestens 30 neue Restaurants, die drei Etagen füllen. Während kaum jemand wirklich Interesse an der neuesten Tennismode aus Frankreich oder sonstwo zu haben scheint, kauern vorrangig Menschen unter 30 auf Plastikhockern, Stühlen oder trommelartigen Sitzmöbeln, um auf ihre Chance zu warten, das neue Themenrestaurant endlich auszuprobieren. Zu dieser kulinarischen Konsumwelt im

Megaformat gesellen sich Garküchen und Imbissläden auf den alten Straßen in der Nähe, die von einfachen Nudeln bis zu den besten fleischgefüllten Teigklößchen Shanghais fast alles anbieten. Vor allem abends kommen zahlreiche fahrbare Küchen hinzu, seit kurzem erlaubt das Ordnungsamt sogar wieder einen kleinen Nachtmarkt, der nach Einbruch der Dunkelheit bis spät in die Nacht mit Fleisch- und Gemüsespießen, gebratenen Nudeln, gegrilltem Tintenfisch und vielem mehr den kleinen zum großen Hunger werden lassen kann. Sein Bier dazu besorgt man sich einfach im nächsten Supermarkt und stellt es dazu. Niemand nimmt daran Anstoß. Schwieriger hingegen wird es mit Bars oder gar den heimeligen Eckkneipen, die viele aus Deutschland kennen. In meinem ein Quadratkilometer großen Meer der kulinarischen Möglichkeiten gab es gerade eine einzige Bar, bis sie mangels Umsatz vor kurzem geschlossen hat. Wer also Lust auf ein Bier verspürt, muss dazu essen – auch wenn es nur eine kleine Kleinigkeit ist.

Chinesen ist oft kein Weg zu weit, um sich im wogenden Überangebot des Essens die wirklich guten Sachen herauszusuchen. Der kleine *xiaolong*-Teigklößchen-Imbissladen in der Shanyin Lu ist am Mittag und Abend absolut überfüllt, und selbst am ruhigen Nachmittag sind die Plätze in der kargen, gekachelten Stube oft alle besetzt, und die Dampfkörbchen der duftenden Köstlichkeiten stapeln sich auf den billigen Tischen. Wer in einem echten *baixing*-Restaurant Ambiente sucht, ist fehl am Platze. Ein wirklich gutes Restaurant muss in China nicht mit übertrieben teuren Designermöbeln ausgestattet sein, obwohl sich diese westliche Unsitte in den neuen Food Malls nun zusehends durchsetzt.

Die intensivste Erfahrung mit chinesischem Essen liegt schon einige Jahre zurück. Trotzdem prägte dieses Ereignis meine Erinnerung für mein weiteres Leben. Damals fuhr ich nach Shenzhen. Für ein Kulturinstitut suchte ich nach geeigneten Fotografen, um eine Ausstellung über das chinesische Land in Deutschland zusammenzustellen. Mein Bekannter Yang kam schnell zum Kern der Sache: »Wir probieren heute ein neues Restaurant aus. Ein Hunan-Restaurant. Schon einmal probiert?« Damals musste ich verneinen. Scharfes Essen war 1998 noch etwas Exotisches, die Domäne der Künstler. Das scharfe Essen, so hatte Yang, den alle nur den »alten Yang« nannten, geplant, sollte meine Reifeprüfung sein, die Aufnahme des *laowai* in die Kaste der Eingeweihten, der »mit dem Bauche Fühlenden«. Deren Fähigkeit bestand vor allem darin, große Schlucke Schnaps, literweise Bier und Platten mit höllisch scharfem Essen bäuchlings zu bewältigen.

30 Fotografen hatten mehrere Tische zu langen Reihen zusammengeschoben. Die übrigen Gäste des Restaurants waren, wohl in Erwartung dessen, was ihnen bevorstehen würde, in die Ecken des Raumes ausgewichen. Am Anfang wurde noch geredet, Einzelgespräche ließen eine fast westlich gemäßigte Kommunikationsatmosphäre aufkommen. Ich stand im Mittelpunkt, wurde selbstverständlich nach dem genauen Plan der Ausstellung befragt. Doch nachdem das Geschäftliche erledigt schien, begann der Abend sich auf das Wesentliche zu konzentrieren. Erste Happen Bauchfleisch à la Mao Zedong im feuerroten Chilibett. Schwarze Pfefferkörnergarnitur auf Grüngemüse im – wie könnte es anders sein – komplementären Chilirot. Die Stimmung stieg, und die Bäuche wurden angefeuert. Irgendwo noch sachliche Gespräche verebbten leise. Die Sprache wurde einsilbiger, mit jedem Chilibiss und jedem gemeinschaftlichen »Hoch die Tassen und hau weg« *(gan bei)* aber auch lauter. Ein Kollege aus der Inneren Mongolei stand auf, erhob das gut gefüllte Maotai-Schnapsglas. Nach einem einstimmigen *gan bei* aus 29 Männer- und einer Frauenkehle war eine weitere Flasche 50-prozentigen Schnapses zunichte gemacht. Nach drei kräftigen chiligefeuerten Rindfleischhappen folgte die Eruption: Der Mongole brachte seine Stimmbänder zum Vibrieren, graslandweite Obertöne entfuhren seiner bestens geölten Kehle. Alle anderen sahen bewundernd zu ihm auf, und als der letzte Wind über der Steppe verwehte, brandete Beifall auf. Lao Yang war nun nicht mehr zu halten. Entschieden spülte er einen Mund voll Hunan-Schinken mit geraspelten Chilispitzen mit Hilfe einer Bierglasfüllung hinunter und pumpte Luft in die Lungen. Seinem Mund entfuhr der kräftig und voll tönende Liebesgesang eines einsamen Bauern, wie er später erklärte, mitgebracht von den Höhen des Lößplateaus am Gelben Fluss. In seinem beachtlichen Bauch war nicht nur einer dieser sehnsuchtsvollen Gesänge der letzten Urchinesen gespeichert. Immer wieder setzte er zu neuen Liedbeiträgen an, im schnellen Duett mit dem wackeren Recken aus der fernen Mongolei. Alle wollten nun. Lieder aus Hunan, aus Guizhou und aus dem geschmacklich eher süß orientierten Ostchina erfüllten das Lokal. Dann war ich an der Reihe: *Gan bei* – ich hatte aufgehört, die Schnapsgläser zu zählen. Schnaps, Chilis, betäubungsmittelstar-

ker Sichuan-Pfeffer und was weiß ich noch alles ließen die Abgründe meines Magens förmlich aufkochen. Ich sang, ich brüllte, mit allem was Bauch und Brust an Klangkörper hergaben: Heine – Die Loreley. Szenenapplaus. Gefühle des Genusses, herrlich wohltuende Kopflosigkeit. Schon war die Reihe wieder bei Lao Yang. Schneller und schneller die Gesänge, lauter und lauter wurde die Runde. Bierflaschen stürzten um. Der Inhalt mischte sich mit den Saucenresten auf den Platten zu beachtlichen Pfützen. Auf und unter dem Tisch. Auf einmal war alles vorbei. Irgendwann konnte keiner mehr, irgendwann hatte irgendeiner es fertiggebracht, für alle zu bezahlen, uns auszulösen aus diesen Abgründen unserer Bäuche und den daraus entfesselten Gefühlen. Ich blickte mich um. Außer uns waren keine Gäste mehr im Lokal. Ich hatte meine chinesische Reifeprüfung bestanden.

Gesundheit: die Balance des Bauches

Jahre bevor ich nach China kam, war ich einmal während einer Party derart betrunken, dass ich nicht mehr wusste, wo oben und unten war. In den Augen meines Freundes Zhou hatte ich mich vergiftet. Entschieden griff er zur Gegenmaßnahme, fand irgendwo in der Küche eine angebrochene Flasche chinesischen Essig und flößte mir davon eine Schale ein. Ich spuckte und schrie, ob er mich nun wirklich vergiften wolle, doch Zhou wusste selbstverständlich, was er tat: Er kurierte mich mit einem Mittel, das das Ungleichgewicht meines Körpers wieder ausgleichen sollte. Der viele Alkohol führt zu übermäßiger Säurebildung im Körper, während der saure Essig den Stoffwechsel zur Basenbildung anregt. Essig kann auf diese Weise die Körperbalance des Betrunkenen wieder herstellen. Zhou wusste das einfach aus Gewohnheit, ohne in Chemie besonders gebildet zu sein.

Exzessiver Genuss scharfer Hunan-Küche und Alkoholkonsum sind Verführungen, die Chinas Gegenwart ständig bereithält. Beides widerspricht entschieden der Lehre vom guten und lebensverlängernden Essen. Chinesen haben keine exakten Naturwissenschaften begründet, verfügen dafür aber über einen enormen Reichtum an Erfahrung. In zahlreichen Büchern wurde das Wissen aus Jahrhunderten genau abgelegt, und das Wissen über Essen und Trinken füllte zahlreiche Werke schon in der Zhou-Dynastie, wie ein Auszug aus dem Buch *Riten der Zhou* beweist: »Essen und Trinken sind einerseits die Grundlagen, satt zu werden und guten Geschmack zu genießen, andererseits eine der Quellen von Medizin und Arzneikunde.«[5]

In unserem *chufang* blubbert es lautstark. Ein stattlicher Topf aus Ton steht gut gefüllt auf der Gasflamme. Neugierig hebe ich den Deckel und sehe Walnüsse, die ich gestern deutschen Freunden noch zum Wein angeboten hatte, Frühlingszwiebelstengel, Schwarzteeblätter und einige Ingwerwurzelstücke in der Suppe schwimmen. Diese äußerst kreativ zusammengestellte Suppe soll gegen die akute fiebrige Erkältung helfen, die AnDi sich bei den knapp über zehn Grad liegenden Raumtemperaturen zugezogen hat. Heizungen fehlen in den meisten Wohnungen, und ohne Einsatz der Klimaanlage sind Raum- und Außentemperatur dieselbe.

Chinesen unterscheiden zwischen Erkältungen durch äußere Kälteeinwirkung und anderen meist fiebrigen Infekten, die man sich mittels Viren im Sommer zuzieht. Beide Erkältungsformen dürfen nicht verwechselt werden, denn sie erfordern jeweils besondere Behandlung. Richtige und gezielte Ernährung spielt bei der Therapie eine wichtige Rolle. Die Grenzen zwischen gesunden, sogar heilenden Nahrungsmitteln und der Arzneimittelzubereitung sind absolut fließend: »In traditionellen chinesischen Haushalten hatte die Küche immer eine Doppelfunktion als Kräuterklinik. Sie war ein Platz, an dem sowohl Speisen als auch Medizin bereitet wurden, manchmal zusammen und manchmal getrennt, in jedem Fall zur Gesundheit und für das möglichst lange Leben der Familienmitglieder,« schreibt Daniel Reid in seinem *Handbuch der Chinesischen Heilkräuter.*[6] Die Zusammenstellung der Gemüse-, Getreide- und Fleischbestandteile in einer Speise sollte ebenfalls dem Yin-und-Yang-Grundprinzip entsprechen. Erfolgreich komponiert und gezielt eingesetzt, kann sie über einen längeren Zeitraum hinweg körperliche Leiden verringern. Wenn herkömmliche Nahrungsmittel bzw. esstherapeutische Maßnahmen nicht mehr ausreichen, dann setzt der medizinkundige Koch Kräuter ein, die konzentrierter die Stoffe enthalten, die der Körper braucht. Schon in den Quellen der Mythologie heißt es, dass der stierköpfige Gott Shennong, der »göttliche Landmann«, den Menschen das Wissen darüber gebracht hat, dass »Medizin und Nahrung die gleiche Quelle haben, genauso wie Arznei und Nahrung.«[7] Kochen ist dabei das Zauberwort, die wichtigste Technik unter den zahlreichen Formen der Speisenzubereitung, die braten, grillen, sautieren, dämpfen, lang auskochen, kurz anbraten und viele andere Tätigkeiten kennt, für die der deutschen Sprache die Begriffe fehlen. Kochen verbindet die Elemente der Zutaten miteinander und bringt sie in eine Form, die es dem menschlichen Körper erlaubt, sie leicht zu absorbieren und damit sein Gleichgewicht entweder zu erhalten oder, bei Krankheit, wieder herzustellen.

Bevor sich westliche Weltbilder in China durchzusetzen begannen, sahen Chinesen im Körper ein Modell der Welt. Große Außenwelt und kleine Innenwelt des Körpers funktionieren nach ähnlichen Grundprinzipien – Philosophien verfolgten die Aufgabe, die Welt ins Gleichgewicht und damit in einen stabilen Zustand zu überführen. Entscheidend dafür waren die fünf Beziehungen der menschlichen Gesellschaft. Die Welt selbst, die Natur wiederum, wird gebildet aus den fünf Elementen Holz, Feuer, Erde, Metall und Wasser, die in ständiger Wechselbeziehung zueinander stehen. Diese erklärt auf perfekte Weise dem Landmann die Dynamik der Welt, denn Holz verbrennt durch Feuer zu Asche oder wird zu Erde. Erde enthält metallische Bestandteile, die ihrerseits das Wasser anreichern. Das Wasser wiederum ist die Grundsubstanz alles Organischen, vor allem der Pflanzen und damit des Holzes, das es hervorbringt. So wird der Weltkreislauf geschlossen, und alles beginnt wieder von vorn. Hervorgebracht wurden die fünf Elemente von den Gegensatzpolen der sonnenbezogenen *yang*-Kraft und der mondbezogenen *yin*-Kraft, die beide zusammen das große Ganze *(taiji)* bilden.

Genau wie die Welt des Landes ist auch die »Welt« des Körpers beschaffen. Der besteht aus zwölf wichtigen Organen, die jeweils durch eine *yin*- und eine *yang*-Natur in festen Paaren verbunden und ausbalanciert sind. *Yin*-Herz passt zu *yang*-Dünndarm, *yin*-Leber zu *yang*-Gallenblase, *yin*-Niere zu *yang*-Galle und so weiter. Diese Paare haben Eigenschaften gemäß den fünf Elementen: Das Herz-Dünndarm-Paar passt zum Feuer, das Leber-Gallenblasen-Paar zum Holz, das Nieren-Gallen-Paar zum Wasser. Über Energiebahnen, angefüllt mit der Energiesubstanz *qi*, stehen diese Paare wieder in Wechselwirkung. Leidet jemand am Herzen, vermutet ein traditionell geschulter Mediziner, dass etwas mit den Nieren nicht stimmen könnte, da das Wasserelement der Nieren das Feuerelement des Herzens nicht mehr hinreichend beruhigt. Umgekehrt könnte eine Störung der Leberfunktion (Holz) dem Herzen zu wenig »Brennmaterial« liefern, was wiederum zu Funktionsstörungen des großen Ganzen, des Körpers, führt.

Auf diese Störungen können Speisen nun Einfluss ausüben. Manche Speisen sind eindeutig heißer und kräftiger, damit von *yang*-Natur, wie etwa Lammfleisch, »befeuern« den Organismus, andere kühlen und beruhigen, »wässern«, wie zum Beispiel viele Reisbreivarianten, Gemüse oder Obst. Zusätzlich können Speisenbestandteile, den fünf Elementen zugeordnet und damit richtig kombiniert, den Kosmos des Körpers ausbalancieren.

Doch Speisen wirken nicht nur in die Tiefe des Körpers bei entsprechenden Problemen, sondern auch chronisch über das Jahr hinweg: Im Frühjahr sollten eher feste, säuerliche Speisen gegessen werden, da der erste der »fünf Geschmäcker« *(wu wei)* – sauer, bitter, scharf, salzig, süß – die vom Winter geschwächten Knochen aufbaut. Bittere Speisen sollten im Sommer einen Ernährungsschwerpunkt bilden. Sie kühlen und lassen die Energiesubstanz *qi* im Körper besser fließen. Der Herbst braucht eher das scharfe, deftige Element der Sojasauce, denn diese stärkt die Sehnen. Salzige Speisen verdünnen das Blut im Winter und lassen es besser im Körper zirkulieren. Nicht zuletzt deshalb wird im letzten Monat des Mondjahres kräftig eingelegt und gepökelt.

Dies sind nur einige Grundbestandteile der komplexen und vielfältigen Lehre von Nahrung, Körper und Gesundheit. Sie zeigen einmal mehr, wie intensiv das chinesische Denken mit dem Land und dem Ausgleich bzw. dem komplementären Verhältnis scheinbarer Gegensätze verbunden ist. In den Städten gehen diese Kenntnisse weitgehend verloren, denn ein Leben mit ungesunden frittierten Pommes und viel zu fettigen und klebrigen Hamburgern, die immer mehr zur Nahrungsgrundlage der jüngeren Generation werden, kennt diese Gesetzmäßigkeiten nicht mehr. Aber auch die beliebige Verfügbarkeit sämtlicher Speisen und Nahrungsmittel zu allen Jahreszeiten in den Städten hat eine ähnliche Wirkung.

Kleine kulinarische Reise

In meiner Straße, der Xiangde Lu in Shanghai, gibt es ein kleines Restaurant, wo ich mir gern zum Tsingtau-Bier, der Urmutter der chinesischen Biersorten (es gibt auch noch einen Urvater, der aus Harbin nahe der russischen Grenze stammt), ein paar nette Gerichte zusammenstelle: Hühnchenwürfel in Knoblauch, Chili- und Bohnensauce mit Erdnüssen nach *gongbao*-Art, lebend aus dem hauseigenen Aquarium gefischte, superfrische Garnelen in Wasser gekocht, leicht säuerlich schmeckendes wiesengrünes Kleegemüse und am Ende eine deftige Schale mit *jiaozi*-Taschen, um den eigentlich schon längst wohlig gefüllten Magen komplett auszunutzen.

Ohne groß darüber nachzudenken, habe ich mit meiner Bestellung eine Reise durch China gemacht. Auf kulinarischer Basis versteht sich: Das Huhn wird eigentlich 2500 Kilometer westlich von Shanghai auf *gongbao*-Art so zubereitet, dass der Unerfahrene erst einmal vor dem zweiten Bissen zögert, da ihm doppelte Schärfe zunächst Stimmbänder und Lippen betäubt, bevor er dann mit gesteigerter Lust auf die vielen anderen Gewürznoten dieses Gerichts wieder zulangt. Die Garnelen entfalten ihren besten Meeresfrüchte-Eigengeschmack, wenn man sie in der Provinz Kanton (Guangdong), nahe Hongkong, genießt, dem Kleegemüse gewinnen die Shanghaier mit ein ganz wenig Reiswein und Essig seine leicht säuerliche Frische ab, und die deftigsten *jiaozi* kann der hungrige Reisende in den größten Portionen nahe der chinesischen Hauptstadt verspeisen. Auf den 20 Quadratmetern meines kleinen Stammrestaurants trifft diese Welt unterschiedlicher Esskulturen zusammen. Selbstverständlich haben sie viel von ihrem Ursprungscharakter verloren, bis auf den Klee und die Krabben vielleicht wirken die anderen Gerichte eher erschlafft und angepasst. Das ist so wie bei den vielen Zuwanderern der Großstadt, die gemeinsam miteinander unter ähnlichen Bedingungen zu leben beginnen, dabei ihre alten Dialekte ablegen und in einer einfachen Umgangssprache miteinander reden, die höchstens noch schwache Akzente ihrer Heimat vermittelt.

Fünf Elemente bilden traditionell den chinesischen Kosmos. Sie sind die Grundlage der großen Außenwelt genauso wie der kleinen Innenwelt. China wäre nicht China, wenn nicht auch die Esskultur von der Fünf bestimmte wäre: Peking und Shandong im

Norden, die Yangtse-Region im Osten, Sichuan und seine Nachbarprovinzen im Westen und schließlich Kanton im Süden. Der Einfachheit halber fassen die Gourmet-Geographen die beiden Nordküchen zu einer zusammen, und so kann sich auch jeder *laowai* die traditionellen Essregionen leicht merken, indem er sie ganz einfach den Himmelsrichtungen zuordnet. Vier Himmelsrichtungen, vier Küchenwelten, so einfach ist chinesische Geographie. Jede Kultur spricht eine eigene Sprache des Geschmacks, die so unterschiedlich voneinander sein kann wie die Sprachen der Menschen, die in der jeweiligen Gegend wohnen. Auch das liegt am Essen.

Im Norden ernähren sich die Menschen traditionell von drei Getreidesorten: Mais, Hirse und Weizen. Reis gab es früher nur sehr selten, und wenn, dann war er eine teure Delikatesse. Gerade die weite Verbreitung des Weizens hat im Laufe der Jahrhunderte zu so bedeutsamen kulinarischen Erfindungen wie der Nudel, des Dampfknödels *(baozi)* und der bereits erwähnten goldbarrenförmigen *jiaozi*-Schiffchen geführt, die bei keinem Neujahrsfest fehlen dürfen. Nudeln haben dann bekanntlich ihre Reise quer über den eurasischen Kontinent bis nach Italien angetreten, die Herkunft der *jiaozi,* die genauso an polnische Piroggen wie an koreanische Mandu erinnern, ist bis heute ungeklärt. Das raue und weithin trockene Klima des Nordens lässt nur begrenzt den Anbau vielfältiger Gemüsesorten zu. Ausgenommen davon sind die heute sehr zahlreichen Gewächshauskulturen. Chinakohl, Gurken, Staudensellerie sind typische Gemüse der Pekinger Region. Die südlich der Hauptstadt gelegene Provinz Shandong mischt dem Ganzen besonders kräftige Zwiebel- und Knoblauchnoten bei und wurde als *lu*-Küche daher führend im Norden.

Fleisch konnten sich früher nur wenige leisten, heute leiden viele Pekinger an Bluthochdruck und Überernährung, weil sie zu viel davon konsumieren. Traditionell wird, wie im ganzen Land, Schweinefleisch gegessen. Die Nähe der Mongolen, ihre lange Herrschaft und die ihrer Verwandten, der Mandschu, haben zur Küche des Nordens aber schon früh Hammel- bzw. Lammfleisch und Rindfleisch beigesteuert. Besonders lecker ist daher an kalten, grauen, versmogten Pekinger Wintertagen noch immer ein Schwenkfleischtopf *(shuanyangrou)* mit typischen Nordgemüsen in einem einfachen Restaurant kurz vor dem Abriss. Hier gilt oft: Je einfacher, desto besser.

Die berühmte Peking-Ente übrigens ist kein typisches Nordgericht. Ähnlich wie sich in Deutschland Hamburg und Berlin um die Erfindung der Currywurst streiten, so reklamiert die einstige südliche Hauptstadt Nanjing am Yangtse-Unterlauf die Erfindung der gebratenen Ente für sich. Ob die berühmte Ente mit der knusprigen, einzigartig schmeckenden Haut wirklich aus dem Süden kam, sei dahingestellt. Enten waren im Norden jedenfalls absolute Delikatessen, noch mehr als Hühner.

In der feinen Palastküche des Kaisers, die in extremem Kontrast zur simplen und etwas grob gestrickten Küche der *baixing* stand, wusste man Enten perfekt zuzubereiten. Vermutlich gehörte die Ente zu den wenigen Gerichten einer exorbitant dekadenten Küche, die selbst vor Affenlippen und Kamelhöckern als Zutaten nicht zurückschreckte, die den Kaisern wirklich schmeckte. Einem findigen Geschäftsmann des 19. Jahrhunderts namens Yang Renquan gelang es, einem angeheuerten ehemaligen Palastkoch das Geheimrezept der hohen Entenküche zu entreißen. Er gründete 1864 das Restaurant Quanjude, dessen Name, wie der des Tsingtau-Bieres, mittlerweile weltweit verbreitet ist. Dieses Restaurant gibt es mittlerweile in vielen größeren Städten des Landes, und noch immer ist sein Name Inbegriff für Peking-Ente schlechthin. Die Konkurrenz ist der Edelmarke allerdings heute oft schon ebenbürtig und manchmal sogar besser.

Wer von Shandong aus weiter nach Süden fährt, kommt bald in die Provinz Jiangsu. Mit dem Gelben Fluss hat er einen Esskulturgraben überwunden, der weit bedeutsamer ist als der kleine Weißwurstäquator Main, der deutsche Wurstkulturen voneinander scheidet. Jiangsu gehört bereits zur *SuZheHui*-Küche, drei Kürzel, die für die Provinzen Jiangsu, Zhejiang und Anhui stehen. Hier im chinesischen Osten regieren an den Herden bereits maritime Einflüsse. Das Wichtigste dabei ist die Frische der Produkte, die verwendet werden. Die Menschen rund um die Metropole Shanghai halten sich für kulinarisch weitaus kultivierter als die des Pekinger Umfelds, während die Pekinger den hochnäsigen Essern gern Allesfresser-Fetischismus bescheinigen – außerdem gewissen Geiz bei der Mengenportionierung, die schon deutlich übersichtlicher ausfällt. Dafür hat die Vielfalt der Speisen am Yangtse-Unterlauf wirklich zugenommen: Mehrere Ernten im Jahr machen Konservierungszwänge überflüssig, Reis ist allgemein verbreitetes Grundnahrungsmittel. Die Küstenlinie macht Meeresfrüchte gerade in Shanghai leicht verfügbar, der Yangtse und die zahlreichen Seen steuern traditionell Süßwasserfisch und die berühmten Krebse bei. Krebsfans aus dem ganzen Land reisen von Oktober bis Dezember gern nach Shanghai und in die umliegenden Regionen, um sich an den gekochten Schalentieren – von dem besten Essig des Landes aus der Stadt Zhenjiang und Ingwerpüree begleitet – zu begeistern. Die Grüngemüsesorten sind weit vielfältiger als im Norden, die Tofu-Varianten ebenso, und Weizen, das Grundnahrungsmittel des Nordens, wird in Shanghai und Umgebung zu kleinen Gaumenfreuden *(dianxin)* verarbeitet, wie etwa süßliche Nanxiang-Dämpfklößchen *(xiaolong)* oder leicht salzige Drei-Sorten-*hundun*-Teigtaschen *(sanxian hundun)* mit Krabbenklein.

Über die Provinz Fujian erreicht der kulinarische Reisende schließlich endgültig den chinesischen Süden. Hier zeigen chinesische Küchenmeister, was alles möglich ist, denn nun ist man im Herzen der bekannten Kanton-Küche angelangt. Köche verarbeiten hier fast alles, was schwimmt, fliegt oder sich zu Lande bewegt, »ausgenommen U-Boote, Flugzeuge und Panzer« vielleicht, wie vorurteilsbeladene Nordchinesen ihren unverständlich Kantonesisch redenden Landsleuten gern bescheinigen. Die kantonesische Küche ist auch Schuld daran, dass Lin Yutang mit einem Auge zwinkernd seinem westlichen Leser einreden will, dass man Angst vor chinesischen Chirurgen haben soll, denn sie könnten bei einer Operation angesichts einer appetitlichen Leber schwach werden.[8]

Am Ende haben die kantonesischen Köche nur eines im Sinn: Frische, absolute, kompromisslose Frische. Keine andere Region stellt so hohe Anforderungen an die Eigenqualität der Speisen, keiner gelingt es mit relativ simplen Gewürzen wie Ingwer, Frühlingszwiebel, Zucker, Salz, Reiswein, Stärke, Öl und etwas Pfeffer aus allen möglichen Zutaten von der Schlange bis zum simplen Huhn das Eigenaroma perfekt zur Geltung zu bringen. In der traditionellen kantonesischen Küche sollten selbst Kühe und Schweine am Tag des Verzehrs geschlachtet werden.

Wer in die Geheimnisse der kantonesischen Küche tiefer eindringen möchte, sollte einmal die perfekten, stundenlang behutsam gekochten Suppen probieren. Ihre Grundlage sind Schweinemarkknochen, aus denen der Koch mit durchdachtem Einsatz des Herdfeuers die Essenz heraussublimiert hat. In diesen unglaublichen Suppen bilden Kräuter, Meeresfrüchte, Früchte und vieles andere ein harmonisches Miteinander. Ziel des Gourmets ist jedoch einzig und allein die delikate Brühe, deren Genuss krönender Abschluss seiner oft halbtägigen Arbeit ist. Viele Privathaushalte können sich diesen Zeitaufwand heute nicht mehr leisten, so dass eine Kochtradition vom Aussterben bedroht ist.

Der Westen, die vierte Region, die man mit dem Zug von Kanton aus via Guangxi und Yunnan langsam erreicht, ist ein Schock. Zumindest für den eingefleischten kantonesischen Gourmet, denn hier erleiden seine fein ausgebildeten Geschmacksnerven den Supergau einer Gewürzexplosion. Sichuan und Hunan, die Kernprovinzen der vierten großen Regionalküche, liefern genug Stoff für jenes Totalereignis der Sinne, das ich bereits geschildert habe. Prinzipiell gilt die Faustregel: je weiter westlich, desto schärfer. Das gilt allerdings nur für die han-chinesischen Kernregionen. Sobald die Hochgebirgsketten und die Wüsten bzw. Steppen Xinjiangs erreicht sind, ist auch der Schärfepol der chinesischen »Gastro-Geographie« überschritten. In Sichuan und Hunan bereiten Berge roter Chilis fast jeder Zutat, von kurz und scharf angebratenen simplen grünen Bohnen bis zu Innereien, eine Verwandlung, die ähnlich radikal ist wie die einer unscheinbaren Musterschülerin in eine Diva. Subtropische Hitze und eine Vielzahl natürlich gewachsener Kräuter und Gewürze in den Bergländern der Region verführen die Menschen seit Jahrhunderten zu ausgesprochen verschwenderischem Umgang mit Würz- und Schärfemitteln: Taglilien-Stengel, Huajiao- oder Sichuan-Pfeffer, der zunächst die Lippen betäubt, bevor er mit einer scharfen Zitrusnote die Geschmacksnerven provoziert, sind traditionelle Gewürze der Region. Auch Knoblauch, Kampfer, Tee und vor allem fermentierte schwarze Bohnen erzeugen den charakteristischen Geschmack der Sichuan- und Hunan-Küchen. Vor allem die Sichuan-Küche ist der wahre *laowai*-Dauerbrenner der chinesischen Küche mit dem Gongbao-Huhn, den mit Kohlauch, Ingwer, Zwiebeln, Öl und etwas Reiswein wie »Fisch« gewürzten »Fischduft«-Schweinefleischstreifen *(yuxiang rousi)*, den »Fischduft-Auberginen« *(yuxiang qiezi)* und dem »Tante-Ma-Tofu« *(mapo doufu)*.

Kaum eine Küche Chinas zeigt sich heute so beliebt und dynamisch wie die Sichuan- und Hunan-Küche. In jeder Stadt entstehen neue Sichuan- und Hunan-Restaurants, und immer wieder werden neue Rezepturen auf Grundlage der klassischen Chili-Pfeffer-

Bohnen-Kombinationen kreiert. Um das Jahr 2000 herrschte in Shanghai und vielen anderen Städten geradezu ein Hunan-Restaurant-Hype, der inzwischen wieder abgeflaut ist. In der Verwendung von Chili überflügeln die Hunanesen sogar noch die Sichuan-Leute: Sie waren es auch, die Sichuan wieder bevölkerten, als die Einwohner der Provinz von nahezu der Größe Frankreichs zwischen den Dynastien Ming und Qing fast ausgerottet worden waren. Die Chilis jedenfalls waren in China ursprünglich nicht heimisch. Ihre Existenz verdankt die chinesische Küche dem amerikanischen Kontinent und den guten Handelsverbindungen.

Am Ende unserer kurzen Reise durch Chinas vier klassische Regionalküchen sind wir allerdings nicht wirklich am Ende angelangt. Dazu ist das Land zu groß: Das heutige chinesische Staatsgebiet überschreitet seiner Fläche nach deutlich die Grenzen des chinesischen Essens. Das ist logisch, denn rund die Hälfte davon besteht traditionell aus Minderheitenregionen, die deshalb vor allem Minderheiten im Lande sind, weil sie anders essen. Weit weniger raffiniert – als die Han-Chinesen versteht sich, denn wer würde in China einem ranzigen Käse mit öligem Buttertee verzehrenden Tibeter, der sich mit dem Hirtenmesser saftige Fleischstücke von der Yakkeule heruntersäbelt, schon Esskultur bescheinigen. Der türkischstämmige Uighure ist da schon weit »fortgeschrittener«: Schließlich hat er es im Lauf seiner kulinarischen Entwicklungsgeschichte verstanden, seine Nan-Brotfladen und Lammfleisch-Kebabs mit komplexeren, gut gewürzten Gerichten aus Fleisch und Gemüse aufzuwerten, die nach chinesischer Küchentradition hergestellt werden und selbst bei einigen han-chinesischen Gourmets Anerkennung finden.

Erlebnisse in Chinas kulinarischen Welten lassen sich übrigens am besten mittags und abends machen. Das zwar ebenfalls warme Frühstück ist oft sehr kurz angebunden und wenig attraktiv: Ölstangen, *baozi*-Knödel, Nudeln und Reisbrei vor allem südlich des Yangzi sind keine wirklichen Erlebnisse, sondern mehr oder weniger praktische Magenfüller. Allerdings gibt es eine Ausnahme: Kantonesischer Frühstückstee *(zaocha)* hat mit Teetrinken wenig zu tun, sondern eher mit dem Kosten Dutzender oder Hunderter kleinerer Köstlichkeiten *(dianxin)*, die auf Wagen durch die Reihen der Frühstückstische gefahren werden. *Zaocha* wird mittlerweile im ganzen Land angeboten, am besten ist es selbstverständlich in der Provinz Kanton und in Hongkong. Manche Kantonesen lassen übrigens dem Nachtimbiss, den man bis tief in die Nacht genießen kann und der aus den gleichen kleinen Leckereien besteht, wenige Stunden später das Frühstück folgen. Schlafrhythmus und Figur ist das weniger zuträglich.

Eine gesunde Verdauung macht glücklich

»Zu den wichtigsten Konsequenzen unserer animalischen Beschaffenheit gehört es, dass wir jenes unergründliche Loch, Magen geheißen, in uns tragen«, sagt Lin Yutang.[9] Das ist eindeutig Philosophie, denn der entzieht sich bekanntlich nichts, was in irgendeiner Weise für die Orientierungsbemühungen einer menschlichen Gesellschaft relevant ist. Für chinesische Ontologien oder Seins-Ergründungen ist das Essen der entscheidende Faktor. Woran sonst soll ich so umfassend spüren, dass ich bin?

Aus dieser Erkenntnis heraus ergeben sich weitreichende soziale und persönliche Konsequenzen für das Verhältnis der *baixing* zum Essen. Beginnen wir zunächst mit den persönlichen. Das Loch in uns, auch Magen genannt, kann entweder als existenzielle Tragödie aufgefasst werden oder als Quelle menschlichen Glücks. Folgt man der ersten Auffassung, dann fallen einem sehr schnell die zahlreichen Kriege und Migrationen der Geschichte ein, die sich oft einzig und allein um den Zugang zu Nahrungsquellen drehten. Unser eher kritikbereites, zum Negativen tendierendes »deutsches« Denken führt uns daher in Versuchung, im Zwang, essen zu müssen, etwas Tragisches zu erblicken. Chinesen aber denken lieber in die andere Richtung und tun das geradezu instinktiv:[10] essen als Quelle zum Glück. Lin Yutang beschreibt chinesisches Glücksgefühl mit den Worten: »Warm, gut gefüllt, dunkel und süß«, und denkt dabei an einen Menschen, »der nach einem guten Abendbrot schlafen geht«.[11]

In unserer Gegenwart, die von sterilen Tagen in gewaltigen Büroturmkonstruktionen ausgefüllt ist, ist die Glücksbedeutung eines guten Essens noch mehr gewachsen. Das liegt weniger an der immer aufwendigeren und raffinierteren Art der Zubereitung, sondern vielmehr daran, dass sich der chinesische Mitarbeiter beim guten Abendessen endlich des einengenden Schlipses und Kragens genauso entledigen kann wie standardisierter globaler Kommunikationsgewohnheiten einschließlich des eingeimpften

Distanzverhältnisses zum Chef. Ein nettes zwangloses Essen »danach« kann in seiner psychologischen Tiefenwirkung gar nicht hoch genug eingeschätzt werden – aber bitte: Chinesisch soll es sein.

Die westliche Küche bietet viele Beschränkungen für das traditionelle chinesische Glücksgefühl des Essens. Als mir während einer Seminarveranstaltung ein erfahrener österreichischer Geschäftsmann einmal sein Leid darüber klagte, seine chinesischen Mitarbeiter in der besten aller Absichten in ein schönes Restaurant mit französischem Ambiente eingeladen und am Ende nur betretenes Schweigen, distanzierte Höflichkeit und schnelles Verschwinden geerntet zu haben, gab ich ihm das Gegenrezept mit Erfolgsgarantie: »chinesischer Feuertopf« – das basisdemokratische Wundermittel für ausgelassenes Glücksgefühl. Alle sitzen im Kreis beisammen, köcheln gemeinsam Gemüse, Fleisch, Fisch, Tofu, einfach alles, was sich in dem herrlichen Topf versenken und garen lässt. Die absolut beste dieser chinesischen Urmutter aller Fondue-Varianten bietet dazu ein komplettes Unterhaltungsprogramm von der Maniküre für weibliche Gäste bis zum Schuhputzen an. Hier wird das Essen buchstäblich zum heißen Mittelpunkt des Lebens. Derzeit hat für mich als eingefleischten Hotpot-Enthusiasten die landesweit vertretene Kette »Haidilao« in Sachen ganzheitliches Feuertopf-Erlebnis klar die Nase vorn. Ähnliche Glücksgefühle zaubern nur die kupfernen Lamm-Feuertöpfe in Peking in den letzten kleinen Hutong-Gassen hervor. In solchen Läden wäre es fatal, wenn ein europhiler Chef den Menschen einer angeblich eleganten und gesitteten Atmosphäre zuliebe das laute Lachen, Schmatzen und das lautstarke *gan bei* verbieten würde. Wer wollte dort noch bleiben? Das mögliche Totalerlebnis des Essens inklusive einer perfekten Bedienung erklärt auch, warum Chinesen in guten Restaurants zu Hunderten lange Wartezeiten in Kauf nehmen. Gute Restaurants haben das einfach verdient, weil sie dem Menschen nach der Liebe vielleicht das zweitwichtigste Gut des Lebens bringen: Glück im Bauche. Chinesische Philosophen des Alltags, allen voran Lin Yutang, sind davon überzeugt, dass dieses »Ausleben« der Freude am Essen ein Heilmittel gegen Depressionen ist und vieles, was der chinesische Alltag der Gegenwart im Einzelnen aufstaut, durch ein befreiendes Essen unbedingt wieder abgebaut werden muss. »Das Essen ist eine der ganz wenigen soliden Freuden des Menschenlebens.«[12]

Tischsitten, Tischgewohnheiten und Tischlisten

Menschen am Esstisch brauchen Sitten – das weiß jeder mehr oder weniger gut erzogene Europäer. Das Essen mit Messer und Gabel, die richtige Haltung des Bestecks und am Tisch, das Vermeiden von Körpergeräuschen, die mit dem Essen in Verbindung stehen, gehören als Standardregeln dazu. Andy Mannhart, Schweizer Gastro-Unternehmer und Sittenexperte in Shanghai, hatte daher eine Vision: den Chinesen beizubringen, wie sie sich europäisch gesittet benehmen, und sie damit besser geschäftskompatibel zu machen. Dazu offerierte er 2003 als erster *laowai* in Shanghai ein Benimmtrainingsangebot, das mit Schweizer Akkuratesse aus ungeformten Essenskonsumenten international taugliche Besteck- und Weinglasjongleure macht. Die richtige Haltung am Esstisch ist dabei selbstverständlich inbegriffen. Mittlerweile hat sich das Tischsittentraining im immer größeren Reigen des Kulturtrainings gut etabliert und Nachahmer gefunden. Auch die deutsche Auslandshandelskammer bietet ab und an ähnliche Seminare zu guten europäischen Tischsitten an.

Andy Mannharts Erfolg lässt den Verdacht aufkommen, dass Chinesen nur ein unterentwickeltes Tischsittenbewusstsein haben oder zumindest ein gänzlich anderes und nicht euro-kompatibles. Doch Vorsicht! Wie so oft in China gilt auch hier die Regel: Alles hängt von der Situation ab! Erhalte ich eine Einladung zu einem formalen Essen oder gar einem offiziellen Empfang, weiß ich sehr genau, was mich erwartet: Ich strecke brav beide Hände vor und tausche dem üblichen Ritual gemäß die Visitenkarten. Der chinesische Sittenkodex wird zunächst tischweise entfaltet. Anfangs steht jeder und wartet, bis der Gastgeber Anweisungen zur Sitzordnung ausspricht. Bei größeren Empfängen übernehmen das Empfangsassistenten. Bin ich ein wichtiger oder sogar der Ehrengast, dann erhalte ich einen Platz neben dem Gastgeber, in der Regel zur Rechten. Oft erhält der Ehrengast den sogenannten Kopfplatz des Tisches, an dessen »Stirnseite«. Manchmal markiert eine größere Servietten-Rolle im Weinglas diesen Platz und weist ihn als besonderen aus.

Bin ich ein normaler Gast und in der Hierarchie eher unbedeutend, dann muss ich mich allerdings mit einer Tischgesellschaft »zweiter Ordnung« abfinden und speise am sogenannten Katzentisch. Ein aufmerksamer Gastgeber wird uns jedoch nicht in unserer

Zweitklassigkeit verkommen lassen, sondern zumindest im Lauf des Essens an unseren Tisch kommen, um mit uns anzustoßen.

Natürlich bin ich gern Ehrengast. Der Gastgeber wird dann während des Essens emsig besorgt sein, mit mir ein wenig Konversation zu treiben und mir seine *zhaogu*-Kompetenz unter Beweis zu stellen, in dem er mir eigenhändig die besten Stücke auflegt. Das kann dann auch schon einmal der weiche Panzersaum einer Flussschildkröte sein. Beim Essen geht es durchaus gesittet zu. Das klischeeartige Schlürfen und Schmatzen hält sich in Grenzen, Knochen werden artig auf bereitgestellten Tellerchen abgelegt, Zahnstocher nach dem opulenten Mal dezent hinter vorgehaltener Hand benutzt. Auch beim Anstoßen gibt es Regeln: Chinesische Bescheidenheit signalisiert der Gastgeber, indem er sein Glas ein wenig tiefer hält als sein Gast und in jedem Fall unterhalb des Glasrandes mit mir anstößt. Das gefürchtete *»gan bei«* – das chinesische Prost mit der direkten Aufforderung: »Mach dein Glas trocken«, bleibt meist aus. Man sagt: *»yisi, yisi«*, was ähnlich klingt wie englisch »easy, easy« und eher ein höfliches Anstoßen ist. Dabei ist es wichtig, dass der Gastgeber möglichst mit jedem separat und dann wieder mit allen zusammen anstößt. Auch der Gast darf durchaus einmal die Initiative ergreifen.

Empfänge und offizielle Essen sind so plötzlich vorbei, wie sie begonnen haben. Nach zwei Stunden ist in der Regel alles vorüber, der Gastgeber gibt das Signal zum Aufbruch, und alle folgen. Es wäre äußerst unhöflich und ungewöhnlich, jetzt in deutsche Gemütlichkeit zu verfallen, langsam sein Bier auszutrinken und sich am Esstisch einfach weiter zu unterhalten.

Doch in China haben alle Dinge bekanntlich ihre zwei Seiten: Das Gegenstück zu den eher etwas steifen Empfängen ist das informelle Essen, das man gern nach Feierabend mit Kollegen oder alten Geschäftspartnern praktiziert. Hier fällt alle oberflächliche Etikette, und die Esser stoßen endlich ganz zum Kern der Sache vor: dem vollendeten Genuss in der Gemeinschaft. Das ist schließlich der Sinn des runden Esstisches, an dem alle beisammensitzen. Individuelle Verhaltensweisen, wie die richtige Gabel- bzw. Stäbchenhaltung, sind am runden Tisch eher unbedeutend, und es kommt auch nicht darauf an, wie der Duft eines guten Weines zu erschmecken und erschnuppern ist. Lin Yutang meint dazu: »Ich habe auch den starken Verdacht, dass die westlichen Tischsitten, die uns anhalten, unsere Suppe geräuschlos zu essen und überhaupt beim Speisen möglichst wenig Genuss zu verraten, daran Schuld sind, dass dort aus der Kochkunst nie etwas Rechtes werden will.«[13] Auch ich kann mich manchmal des Verdachts nicht ganz erwehren, dass meine Landsleute in ihren Restaurants selbst zähes Fleisch und verkochtes Gemüse ertragen, nur um nicht negativ aufzufallen. Ein Chinese hätte schon längst den Küchenchef herausgetrommelt und das Gericht komplett zurückgehen lassen.

Bei aller Unverkrampftheit gibt es Situationen, wo es sich lohnt, einige »Regeln« zu beachten. Dazu ein Beispiel: Die Gastgeber sind schon da. Ich bin verabredet, werde herzlich empfangen, und dann heißt es: »Setz dich, wie du willst.« Die Speisen werden in schneller Folge aufgetragen, jeder langt sofort zu, und reichlicher Alkoholkonsum zur Begleitung droht. Um dem vorzubeugen, wende ich zwinkernden Auges meine fünf Listen des nüchternen Selbstschutzes an:

List Nummer eins: Gehe bei der Nahrungsaufnahme in medias res. Es gibt keine Etikette. Bearbeite mit Essstäbchen und Zähnen einen beachtlichen Knochen, um das begehrte Mark freizulegen. Knochensplitter sind erlaubt und dürfen auf Tisch- oder Knochenteller abgelegt werden. Die überflüssigen harten Körperteile beachtlicher Krebse knacke mit kräftigem Biss und entledige dich ihrer mit geschickter Zungenakrobatik. Dabei signalisiert du Kennerschaft, bist mit Knacken, Kauen und Spucken gut beschäftigt und musst nicht ständig den anderen zuprosten.

List Nummer zwei: Drücke dein Wohlempfinden aus und sage auch einmal: *»Hao« (»saugut«),* wenn es dir wirklich schmeckt und du wirklich eingetaucht bist in die Köstlichkeiten vor dir. Dann wird man dich darauf hinweisen, dass es noch viel bessere Dinge auf dem Tisch gibt, die du noch gar nicht probiert hast und dich damit versorgen. Auch das kann vom Trinken ablenken.

List Nummer drei: Wenn du Lust auf dein Bier verspürst, ohne es komplett herunterstürzen zu müssen, dann trinke kulturkompetent, ohne betrunken zu werden. Die List heißt: *»He dao zhongyang«* – Sprich es aus und trinke nur bis *(he dao)* zur »Mitte« *(zhongyang)* des Glases. Du wirst anerkennendes Nicken, vielleicht sogar wohlwollendes Lachen ernten und nüchtern bleiben. *Zhongyang,* die Mitte oder das »Zentrum«, ist eine Anspielung auf die Zentralregierung im fernen Peking. Da kann sich niemand versagen – und alle konzentrieren sich wieder stärker auf Hühner,

Hunde, Schweinebraten und Gemüsegarnituren, ohne die chinesische Sucht nach Wettbewerb auf das Wein-, Bier- oder Schnapstrinken zu übertragen.

List Nummer vier: »Täusche den Kaiser und überquere den Ozean.« Diese Tischlist habe ich den alten 36 Strategemen chinesischer Kriegskunst entlehnt: Hole das letzte bisschen Englisch aus den Schulzeiten deiner Tischnachbarn heraus, indem du ihre Aufmerksamkeit fesselst: *Talk about the pleasure to eat real Chinese food.* Streichle deinen Bauch, zeige auf die vielen guten Platten voller Essen, picke die besten, das heißt knochen- und grätenhaltigsten Stücke heraus, nage sie so kunstvoll wie möglich ab und warte, bis das *»hao«* erschallt. Keiner wird in der Zeit mehr an den Schnaps denken, sondern sich dir und dem Essen zuwenden. So bist du wieder auf der nüchternen Seite.

List Nummer fünf: Lerne mindestens drei deutsche Lieder komplett auswendig. Du wirst sie beim Essen anwenden können und darfst während des Singens auf das Trinken verzichten. Dabei schlägst du deinem Gegenüber ruhig auf die Schultern. Körperliche Nähe ist willkommen.

Chinesische Tischkultur hat etwas Universal-Kulturelles und sogar Auswirkung auf die Rechts- und Wirtschaftspraxis des Landes. Den Rechtsstreit vor Gericht haben Chinesen jedenfalls nicht erfunden. Noch heute benötigen sie relativ wenige Gerichte und Prozesse, weil sie viele Dinge am Esstisch regeln können. Einfachere Probleme lassen sich mit der ständigen Lust zu essen schlichten. Was für das Recht gilt, gilt auch für die Wirtschaft: Geschäftsleute verhandeln die Details ihrer Verträge, die sie vorher schon einmal unterschrieben haben, um der Pflicht genüge zu tun, bei einem guten Essen am runden Tisch. Wozu wurde schließlich der runde Tisch erfunden?

Vom Glück des Teetrinkens

Nach dem Essen sitzen wir zusammen und trinken Tee. Zwischen uns steht ein hölzernes Tablett, verziert mit chinesischen Glücksornamenten, darauf stehen kleine Schälchen, ein etwas größeres Gefäß und eine kleine Teekanne. Herr Ye, der Gastgeber, gießt den Tee in der kleinen Kanne mit nur wenig Wasser auf und schüttet es dann sofort über Tablett und Teegeschirr: »Zur Desinfektion und um eventuelle Schadstoffe in den Teeblättern loszuwerden.« Ein feiner unaufdringlicher Duft, gemischt mit frischem Holzaroma, steigt auf. Der erste Aufguss, der niemals getrunken wird, ist allein der Entfaltung der Duftnote bestimmt. »Das Wasser«, sagt Herr Ye, »darf nicht heißer sein als 80 Grad, damit es den Tee nicht verbrüht.« Er gießt zum zweiten Mal auf, lässt den Tee nur kurz ziehen und gießt ihn dann in einen kleinen Krug. Dieses Gefäß ist zunächst dafür bestimmt, den Duft des Getränks intensiver wahrzunehmen. Wie der Rotweinkenner die Duftnote auskostet, bevor er trinkt, so beginnt für den Teekenner der Genuss bei den Schnuppererlebnissen. Dann erst werden kleine flache Schälchen aus Ton gefüllt, und wir genießen den zweiten Aufguss, den des »guten Geschmacks«. »Das Teegeschirr sollte für chinesische Teekunst *(gongfu cha)* aus speziellem Ton sein. Die besten Stücke stammen aus Yixing in der Provinz Jiangsu, wo seit der Ming-Dynastie die Herstellung von Teegeschirr belegt ist. Seitdem wird Tee auch aus ganzen Blättern aufgegossen. Vorher verwendete man pulverisierte Blätter, die in der Song-Dynastie sogar zum ästhetischen und geschmacklichen Genuss aufgeschäumt wurden.«

Auch die Farbe des Tees schürt Glücksgefühle. Wir trinken Oolong-Tee, dessen Bernsteinfarbe sich angenehm von der hellen Porzellanbeschichtung der Tonschälchen abhebt. Oolong ist eine mittlerweile sehr beliebte und entsprechend weit verbreitete Teesorte, die in China meist aus der südostchinesischen Küstenprovinz Fujian stammt, in Deutschland oft von der Fujian gegenüberliegenden Provinz Taiwan. Herr Ye hat bereits zehn Mal heißes Wasser in die kleine Kanne nachgegossen. »Gut, dass wir hier zusammensitzen«, sagt er, »diese Aufgüsse sind die der langen Freundschaft und können mehr als zehn Mal wiederholt werden.« Der Tee ist mild und weich, denn Oolong ist ein halbfermentierter Tee, der in Geschmack und Wirkung eine harmonische Balance zwischen schwarzem und grünen Tee hält. Er hat mehr Koffein als grüner Tee, aber weniger Bitterstoffe, die den Magen reizen können. Wer kein Teeset wie Herr Ye zu Hause hat, der kann sich traditioneller chinesischer Teekunst übrigens seit einigen Jahren wieder in einem der zahlreichen neu eröffneten Teehäuser hingeben, die in vielen Städten *gongfu cha* anbieten.

Die verbreitetste Schwarztee-Sorte Chinas kommt in gelben Teebeuteln daher, heißt Lipton, ist englischer Abkunft und in vielen Supermärkten zu haben. Mehr als 150 Jahre nach den Opiumkriegen haben es die Engländer endlich geschafft, ihren Tee nach China zu bringen. Schwarztee, in China »roter Tee« genannt, ist kaum verbreitet. Das erklärt den überraschenden Erfolg der stillosen Teebeutel. »Roter Tee« wird ausschließlich in Yunnan produziert und findet nur regionale Verbreitung – ähnlich dem chinesischen Kaffee, der ebenfalls aus Yunnan und von der Tropeninsel Hainan stammt. Auch der populäre Pu'er-Tee stammt aus Yunnan: Pu'er Tee ist ein postfermentierter Tee, der erst nach langer Lagerung seinen besonderen Charakter entfaltet. Lagerung und Reife bestimmen den Wert dieses Tees, der in Teeauktionen geradezu absurde Preise erzielen kann. In diesem Punkt ähnelt Pu'er dem schottischen Whisky, da sein Reifegrad seinen Wert bestimmt. Pu'er Tee ist besonders populär, weil er den zunehmend mit Wohlstandsbäuchen ausgestatteten Chinesen beim Abnehmen helfen kann.

Doch noch immer ist Grüntee oder »grüner Tee« das Synonym für Tee. Er ist mit Abstand die verbreitetste Form, Tee zu genießen. Die Yangtse-Region, auch Jiangnan-Region genannt, ist die Heimat des besten Grüntees. Aus Zhejiang, besonders aus Hangzhou, stammt der mittlerweile weltbekannte Longjing- oder Drachenbrunnentee, benannt nach einer Quelle mit weichem Wasser in den Bergen westlich der Stadt. Longjing und viele andere Grüntees dürfen keinesfalls mit kochendem Wasser übergossen werden, da das zu heiße Wasser sofort ihr feines Aroma zerstört.

Das chinesische Kultgetränk hat seine eigene Geschichte, die, einmal mehr, bei der Sagenfigur des »göttlichen Landmannes« beginnt. Immerhin ist die Verwendung von Tee bereits in der Zhou-Zeit vor rund 3000 Jahren nachgewiesen worden. Yunnan im gebirgigen Südwesten des Landes ist die Ursprungsregion allen Tees. Von hier aus hat sich der Teestrauch *(camelia sinensis)* zunächst im benachbarten Sichuan, schließlich über die Wasserstraßen des Landes, den Mekong, den Yangtse, den Huai- und den Han-Fluss, in anderen subtropischen Regionen Chinas ausgebreitet, insbesondere in den Regionen an der Ostküste. Seit der Han-Dynastie sind Jiangsu und Zhejiang Heimat der besten Grüntees. Die Kaiser an ihren Höfen im fernen Chang'an (Xi'an) ließen sich gepressten Tee und selbst das weiche Quellwasser von dort importieren. In der Tang-Zeit war feiner Yangxian-Tee aus der Gegend um die Stadt Huzhou in Zhejiang die Grundlage für die jährlichen kaiserlichen Teefeste. Richtig bekannt gemacht haben die Buddhisten der Tang-Zeit den Tee. Sie durften während ihrer Meditationen weder schlafen noch essen. Teetrinken hielt wach und steigerte die Konzentration auf den meditativen Akt. Lu Yu (728–804), ein Waisenknabe, den ein buddhistischer Mönch schließlich adoptierte, dankte den Buddhisten ihre Fürsorge, indem er das Buch des Tees, den »Teeklassiker« *(chajing)* schrieb, der in viele Sprachen übersetzt wurde und die Teebräuche seiner Zeit, die wichtigen Utensilien, die richtige Kochmethode und Temperatur, Wasserbeschaffenheit, Herstellung und vieles andere vorstellt.[14] Lu Yu galt den Tee-Liebhabern seitdem als »Gott des Tees«. Allerdings war der Tee des Buddhisten-Adoptivsohns noch ein anderer als der, den wir heute meist kennen: Tee wurde bis in das 14. Jahrhundert hinein als Suppe gekocht, hergestellt aus feinem Quellwasser und Teepulver, das man aus dem gepressten Tee herausbröselte. Seit der Song-Dynastie setzte sich der Aufguss durch. Schließlich war es der aus dem dritten Kapitel bereits bekannte Tagelöhnersohn-Kaiser Zhu Yuanzhang, der per Dekret lose Teeblätter anstelle gepresster Teekuchen als Tribut-Zahlungsmittel einführte. Der 18. Sohn dieses fruchtbaren Mannes, Zhu Quan, war es, der Tee zum Ausdrucksmittel der eigenen Persönlichkeit machte. Der eigentliche Geschmack war dem Kult um den Tee nachgeordnet. Überhaupt prägten seit der Song-Zeit Gelehrte die Geschichte des Tees: Dichtergrößen wie Su Dongpo schrieben Lobgedichte auf den Blätterextrakt, und spätere gelehrte Teefans der Ming-Zeit bauten sich Hütten aus Stroh und gossen ihren Tee am liebsten einsam in der weiten Natur auf. Tee wurde zum Inbegriff von Naturverbundenheit, Ästhetik und taoistischer »Weltflucht«. Während der Mandschu-Zeit verlor der Tee seine Exklusivität. Teehäuser entstanden, und neue Märkte wurden erschlossen. Jetzt konnte sich auch der Durchschnitts-*baixing* endlich seinen Tee leisten, und für viele Städter wurde Tee das Getränk des Alltags, das es heute noch immer ist.

Von der Ming-Zeit an gelangte Tee in die Welt. Seine Verbreitungswege lassen sich linguistisch nachweisen, denn weltweit gibt es genau zwei Stammbezeichnungen für die anregenden Blätter. Die erste ist unser Wort Tee, englisch tea oder französisch thé. »Tee« stammt aus dem südostchinesischen Minnan-Dialekt *te,* ausgesprochen »tei«. Das Wort ist in den Ländern verbreitet, in denen Tee über den Seeweg auf den Markt kam. Die Holländer waren die führende Handelsnation in Südostasien. Sie brachten

Getränk und Bezeichnung im frühen 16. Jahrhundert nach Westeuropa. In vielen Ländern jedoch ist *cha* oder *chai* die Bezeichnung für Tee. Hier ist das Nordchinesische oder Peking-Idiom die Quelle gewesen. Von Nordchina aus gelangte *cha* über die alte Seidenstraße nach Zentral- und Westasien und über die mongolisch-sibirische Tee-Straße nach Russland, die seit 1689 sogar offizieller Handelsweg zwischen dem Mandschu- und dem Zarenreich war.

In China trinkt praktisch jeder Tee und, wer danach schlafen kann, auch den ganzen Tag über. Die *baixing* haben oft ihr eigenes Teeglas ständig dabei – vom einfachen Marmeladen-Schraubglas bis zum High-tech-Gerät sind unterschiedlichste Varianten im Einsatz. Leider vom Aussterben bedroht sind die netten Schraubgläser im selbstgehäkelten Halter, die früher in allen Zugabteilen baumelten. Die weite Verbreitung des Tees ist wieder ein Beweis für das chinesische Denken in komplementären Begriffen. Tee ist nämlich die stille und kühlende *yin*-Seite chinesischer Bauchkultur, denn die lauten Geschehnisse am runden Esstisch sind eindeutig eine »heiße« *yang*-Angelegenheit. Teegenuss umschließt das gute Essen. Beide zusammen bilden das große Ganze *(taiji)* chinesischer Genusskultur. Der Kenner trennt jedoch den geselligen Genuss am Esstisch und den zurückhaltenden Tee-Genuss. Lin Yutang mahnt: »Mit fünfen oder sechsen trinken nennt man ›gemein‹, und mit sieben oder acht ist es, und zwar in einem verächtlichen Sinn, ›ein Akt von Menschenfreundlichkeit‹.«[15] Oolong- und Drachenbrunnentee genieße ich daher am liebsten allein am Schreibtisch zwischen Büchern, im nachmittäglich-sonnigen Wohnzimmer, oder wirklich nur im engen Freundeskreis zu zweit, zu dritt oder zu viert. Zu einer lauten Party passt Tee einfach nicht.

大都市 Dadushi – Metropolen

Grundstoff Beton

Wenn ich in einem der superschlanken Hochgeschwindigkeitszüge von Shanghai nach Nanjing fahre, passiere ich kurz vor dem Hauptbahnhof der »Südlichen Hauptstadt« (Nanjing) das Werk. Die niedrigen Hügel, in die es eingebettet liegt, sind wie auch die Bäume und Büsche neben dem Bahngleis von einer weiß-grauen Staubschicht überzogen. Vor dem Werk hängt ein riesiges rotes Spruchband mit weißen Schriftzeichen. Im langsamen Vorbeifahren lese ich: »Lasst Chinas Zement in die Welt ziehen und den Zement der Welt nach China kommen.« Zement ist eine staatstragende Angelegenheit, der bestäubte Ort ist bedeutend. Erstarrt als grauer Beton bildet Zement den Grundstoff für Chinas neue Städte. Die Stadt ist die nahe Zukunft, denn China ist auf dem Weg von der Dorf- zur Stadtkultur.[1] 2011 wurde mit 51,3 Prozent gezählter Stadtbevölkerung ein historisches Datum gesetzt: Erstmals leben mehr Menschen zumindest zeitweise in Städte als auf dem Land. »Zeitweise« bedeutet, dass in diesen Zahlen auch mehr als 150 Millionen Wanderarbeiter erfasst sind, die mehr oder weniger permanent sich den Städten aufhalten, statt auf dem Land leben, wie noch vor gut 20 Jahren.[2]

Ausreichend Beton ist die Voraussetzung dafür, dass die Planer dieses Ziel auch umsetzen können. 2010 konsumierte China von weltweit 3,3 Milliarden produzierten Tonnen allein 1,8 Milliarden Tonnen und damit knapp 55 Prozent der weltweiten Produktion an Zement. Zement ist die Grundlage für Beton, den wichtigsten Werkstoff der Bauindustrie. Es kommt daher nicht von ungefähr, dass der reichste Chinese des Jahres 2011 das mittlerweile größte Betonmaschinen-Unternehmen der Welt betreibt. Weiteres Wachstum um fünf Prozent jährlich ist vorgesehen. Beton ist wichtiger als Öl. Kein anderer Stoff des Planeten wird im Reich der Mitte so stark nachgefragt wie Beton, kein anderer von Menschenhand geformter Stoff ist auf der Erde ähnlich verbreitet. Kein anderer

Baustoff lässt sich schneller, breiter und höher formen, um Tausende von Menschen gleichzeitig in einem Gebäude unterbringen zu können. Früher, als chinesische Städte überwiegend aus Holz bestanden, mussten viele Bäume gefällt werden, damit einige hundert Menschen ein Dach über dem Kopf bekamen. Wer Holz hatte, galt als privilegiert, insbesondere im dünnbewaldeten Norden. Viele hatten nur Lehm und Stroh zum Häuserbau. Da ist Beton einfach »reeller«.

»Big« ist im heutigen China immer »beautiful«. Neue Städte oder Stadtteile aus Kubikkilometern von Beton können Hunderttausende, sogar Millionen neuer Bewohner fassen. Wer möchte sich angesichts solcher Möglichkeiten mit nervigen Kleinigkeiten wie Sanierung, Anpassung und kleinräumiger Entwicklung herumschlagen? Schließlich wahrt Beton auch noch die Tradition, denn mit diesem Baustoff kann sogar die alte politische Maxime des ersten chinesischen Kaisers Qin Shihuang verwirklicht werden: Nach einheitlichen Plänen in Beton gegossen, lässt sich »das große Gleiche mit den kleinen Unterschieden« leicht umsetzen. Schon in der Kaiserzeit kopierten sämtliche Städte den Konfuzius-Tempel von Qufu. Die bekannteste Kopie findet sich als »Halle der höchsten Harmonie« in der »Verbotenen Stadt« Pekings, den offiziellen kaiserlichen Anlagen, und ist begehrtes Ziel von Touristen aus aller Welt. Heute kopiert man Shanghais Musterstadtteil Pudong oder sein schickes Vergnügungsviertel Xintiandi. Der graue Wunderstoff eignet sich bestens zum Nachbau. Das geht so fix, dass der Neubau fertig ist, bevor man überhaupt darüber nachdenken kann, ob er sich in das Bestehende einfügt.

Shanghai: Stadt ohne Gegenwart

Lange bevor die Menschheit Zement und Beton erfand, gab es schon die Stadt. Bereits zu Zeiten des Ersten Kaisers von China wurde in der Gegend des heutigen Shanghai ein Ort erwähnt, dessen Bewohner mit Bambusreusen *(hu)* fischten. Hu ist noch heute die amtlich übliche Kurzbezeichnung für die Stadt. Sie findet sich auf jedem Autokennzeichen. Um das Jahr 1280 erwähnen Quellen zum ersten Mal den Namen Shanghai, »Oberes Meer«. Damals gab es zwei Meeresarme, der eine schlicht das »obere Meer« *(shang hai)*, der andere das »untere Meer« *(xia hai)* genannt. Das untere Meer wurde als geographische Bezeichnung vergessen. Wer heute von *xia hai* spricht, meint damit »sich ins Meer hineinstürzen«. Und wer sich ins Meer stürzt, der macht Geschäfte in den wilden Gewässern des freien Marktes. Die besten Geschäfte macht man am »oberen Meer« – in Shanghai.

Shanghai ist ein Ort, der, »verglichen mit anderen chinesischen Großstädten, aus historischer Perspektive unbedeutend ist«.[3] Erst nach dem Opiumkrieg gegen England von 1840 bis 1842 und dem Abschluss der »ungleichen Verträge«, der den Ausländern einseitige Rechte auf chinesischem Territorium gewährte, konnte sich die Stadt entwickeln. Die Engländer waren die ersten *laowai*, die sich in Shanghai ansiedelten. Nachdem sie 1842 mit ihren überlegenen Waffen den chinesischen Verteidigern eine vernichtende Niederlage beigebracht hatten, erzwangen sich die stolzen Untertanen von Königin Victoria Eintritt in die Stadt. Ab 1843 öffnete sich Shanghai offiziell für den Handel mit dem Ausland, und die englischen Siedler erwarben Land, um ihr Konzessionsgebiet aufzubauen. Das provozierte wiederum die Franzosen, die sich beeilten, mit den Rivalen gleichzuziehen. 1849 begannen sie, sich das französische Viertel zu errichten. Zusammen mit der alten chinesischen Kleinstadt bestand Shanghai nun aus drei Teilen.

Franzosen und Engländer reservierten sich prompt das Recht für ihre Kaufleute, in fünf Städten an der Küste zu handeln: Kanton, Xiamen, Fuzhou, Ningbo und Shanghai. Die Amerikaner zogen nach, weitere Nationen, darunter auch Deutschland, folgten. Sie alle hatten leichtes Spiel. China musste jeder neuen ausländischen Nation die gleichen Freiheiten und Rechte einräumen wie denen, die bereits im Land waren. Dazu gehörten: Handel zu treiben, eigenes Recht zu sprechen oder eigene Institutionen zu gründen. Man nannte das »Meistbegünstigung«. Um mehr Raum für die eigenen Handelsaktivitäten zu haben, überschritten die Amerikaner den Suzhou-Fluss, der die britische Zone nach Norden hin abschloss, um im heutigen Stadtteil Hongkou zu siedeln. Der erste amerikanische Konsul bezog dort 1854 seine Residenz und zeigte Flagge. Auch der Bund, die prächtige Uferstraße am Huangpu-Fluss, begann zu wachsen. Siedler steckten sich ihre Parzellen am Flussufer ab und ließen einen Freiraum zwischen dem Ufer und ihren Grundstücken, um den Treidlern die Möglichkeit offenzuhalten, weiterhin Kähne den Huangpu hinaufzuziehen. Aus dieser Tradition und den ersten bescheidenen Siedlungen an den Treidelpfaden entwickelte sich Chinas Tor zur Welt, das zunächst Kanton und später Hongkong den Rang als internationalen Handelsplatz streitig machte.

Mehr als 150 Jahre später verschwinden die soliden Steinbauten des britischen Empires fast unter den neuen Wolkenkratzern aus Beton. Shanghai zählte 2011 rund 23 Millionen Einwohner. Davon sind 14 Millionen echte Städter, also über das *hukou*-System fest registriert. Weitere 9 Millionen leben unregistriert in der Stadt, 2 Millionen nur für kurze Zeit, andere immerhin für länger als 6 Monate im Jahr.[4] Shanghai ist Chinas Stadt der Superlative, denn sie verfügt über die höchsten Wolkenkratzer, die meisten Brücken und die meisten *laowai* in China außerhalb Hongkongs. Hochhäuser haben in der Huangpu-Metropole Tradition. Bereits 1920 überragte ein neunstöckiges Bauwerk, das North China Daily News Building, die Longhua-Pagode in der Nähe des heutigen Südbahnhofs, die über 900 Jahre lang das höchste Gebäude der Stadt gewesen war. Seitdem bilden westlich inspirierte Hochhauskreationen die »Krone« der Stadt. Das erste »richtige Hochhaus« Shanghais ist heute noch weltbekannt: 1929 baute der Unternehmer Victor Sassoon (1881–1961) das nach ihm benannte Gebäude, das zunächst das Cathay Hotel, seit 1956 das Peace Hotel beherbergt. 1934 folgte das Park Hotel. Mit gut 83 Metern war es höher als das Sassoon House und bis 1983 das höchste Gebäude der Stadt.

Fast 50 Jahre lang bewegte sich Shanghais Entwicklung in der Vergangenheit, um dann sofort in die Zukunft aufzubrechen: Die begann mit dem zweiten Hochhausschub, der den ersten nach 1920 um Dimensionen übertrifft. Tag für Tag, Monat für Monat und Jahr für Jahr erlebe ich seit 1992 das rastlose Wachstum des »neuen Shanghais«, das nicht allein, aber vor allem auf der östlichen Seite des Huangpu-Flusses, Pudong genannt, entsteht. Der Fernsehturm, die »Perle des Ostens«, war 1994 das erste, dann folgten der »Goldbambus-Tower« (Jinmao-Tower), das Weltfinanzzentrum Shanghai und 2014 dann der Shanghai Tower. Viele andere architektonische Wunderwerke, an denen sich Architekten aus aller Welt in kreativer Lust austoben konnten. Die Regierung bezahlte und bezahlt bis heute, denn der Großteil der Mammutprojekt-Investitionen stammt aus dem gewaltigen Devisentopf der Pekinger Administration.

In der immer wieder aktualisierten »Skyscraper Cities Ranking

List« von Gramsbergen und Kazmierczak lag Shanghai nach Punkten 2011 auf Rang 3 knapp hinter New York und noch deutlich hinter Hongkong. Die Stadt verfügt mit 785 Gebäuden über 90 Meter Höhe zwar bisher nur über rund ein Viertel aller Wolkenkratzer Hongkongs (3054), dafür aber über eine deutlich steigende Zahl von Gebäuden über 400 Metern Bauhöhe. Shanghais Höhenflug in die Zukunft kann jeder Besucher an der beängstigenden Nähe zwischen den beiden derzeit höchsten Häusern der Stadt erfahren, dem 1998 erbauten Jinmao-Tower, der mit Antenne 421 Meter misst, und dem zehn Jahre später fertiggestellten Shanghai World Financial Center, dessen 492 Meter hohe Beton-Glas-Konstruktion den schlanken Hochhaus-Bambus überschattet. 2014 soll der Shanghai Tower mit 632 Metern zum höchsten Gebäude Chinas werden. Allerdings kommt die Konkurrenz schon aus dem eigenen Lande: Ein Emporkömmling wie die Stadt Wuhan will die Bauwut der Shanghaier weiter anstacheln, indem er bereits einen 636-Meter-Turm in Bau angekündigt hat. Wer weiß, ob der Turmbau zu Babel unserer Gegenwart einmal ein abruptes Ende finden wird, weil die Erde ihn nicht mehr erträgt, oder der wirtschaftliche Boom aufhört? 2012 zeigten sich bedenkliche Bodenrisse um das Fundament des wachsenden »Shanghai-Tower«-Giganten.

Doch nicht nur der Büroalltag findet in Shanghai zunehmend in luftigen Höhen statt. Immer mehr Menschen ziehen sich nach Feierabend und am Wochenende in mehr als 30 Stockwerke hohe Wohntürme zurück, die mit großzügigen Appartements, kompletten Serviceeinrichtungen vom Kindergarten bis zum Einkaufszentrum und labyrinthartigen Tiefgaragen für den neuen Mittelklassewagen den Standard der Zukunft setzen. Hochhauswohnungen sind teurer als vergleichbare Wohnungen in niedrigeren Gebäuden. Hochhäuser sind Fortschrittssymbole und stehen daher für gestiegene Lebensqualität.

Die Planer an der Yangtse-Mündung gehen noch weiter: Wer die Zukunft nicht unbedingt in luftigen Appartements sucht oder gar an Höhenangst bzw. Klaustrophobie angesichts dicht bei dicht stehender Wohngebäude leidet, dem präsentiert Shanghai europäische Wohnkultur auf dem Silbertablett. Neun neue Vorstädte für eine halbe Million gut betuchter Mittelklasse-Shanghaier locken mit deutschem, englischem, skandinavischem oder einfach futuristischem Lebensstil nach Anting New Town, Songjiang Thames

Town oder nach Klein-Skandinavien in Luodian. Hier wird Zukunft nicht in Höhenmetermarken und Hochstraßen verbaut, sondern in Form eines geklonten Lifestyles architektonisch komprimiert. In einer Stadt, deren Geschichte zu einem guten Teil europäische Kolonialvergangenheit ist, dient das »alte Europa« noch immer als Symbol für Entwicklung und erstrebenswerten Lebensstil.

Albert Speer jun. und seine Mitstreiter haben in Anting New Town bereits deutsche Kleinstadtmoderne aus gediegener deutscher Ökoarchitektur in die Nähe des Shanghaier Volkswagen-Werks gebracht. Chinesische Immobilienfirmen vermarkten die deutsche Wohnsolidität zu oft mehr als deutschen Preisen an die, die es sich leisten können. Selbst die Stadt Weimar erwies mit Goethe- und Schiller-Umzügen zur Einweihung der neuen Stadt ihre Ehre.

In Shanghai dreht sich alles darum, immer schneller und komfortabler vorwärts zu kommen. Das Auto steht im Mittelpunkt das Vorwärtsdrangs. Es war auch der Anlass für die Entstehung von Anting New Town. Angenehmes deutsches Ambiente mit komfortablen Stellplätzen neben dem Volkswagen-Werk als Arbeitsplatz für Manager und leitende Angestellte. Autostädte sind ein Renner unter den Zukunftsplanungen, nicht nur in Shanghai. Nichts hat die Stadt in den letzten Jahren so verändert wie das Auto. Noch Mitte der 90er Jahre quälte man sich in stundenlangen Staus durch die Stadt, um vom alten Flughafen Hongqiao im Westen das Ufer des Huangpu, den Bund, im Osten zu erreichen. Pudong war damals noch irrelevant. Heute verlaufen Hochstraßen parallel zu den alten Straßen der Stadt.

In den letzten Jahren investierte Shanghai intensiv in sein U-Bahn-System. Sehr erfolgreich, denn nach der Weltausstellung EXPO 2010 war 2011 mit rund 420 Kilometern Streckennetz das längste U-Bahnsystem der Welt entstanden, nachdem noch bis in die 90er Jahre des 20. Jahrhunderts hinein Shanghai über keine einzige U-Bahnverbindung verfügt hatte.

Stadtentwicklung ist Entwicklungspolitik. Daher wurde Shanghai 1990 zum jüngsten Leitbild Chinas für den Fortschritt erhoben, nachdem Jahrhunderte vorher immer die Hauptstadt, lange Zeit damit Peking, den Ton angegeben hatte. Ein schon fast historischer Text aus der *Neuen Zürcher Zeitung* des Jahres 1994 belegt Shanghais Funktion als »Kopf für den Drachen China«: »›Vom Kopf ausstrahlend, wird der Fortschritt den ganzen langen Rumpf des Drachens erfassen‹, heißt das Motto des 1990 von der Pekinger Regierung abgesegneten Entwicklungsplans für die zweite Etappe der chinesischen Wirtschaftsreform. Der ›Drachenkopf‹ in der blumigen Formulierung ist die 13-Millionen-Stadt Shanghai und die umliegende Region des Yangtse-Deltas. Der langgezogene Körper des chinesischen Nationalfabelwesens wiederum steht als Symbol für den Yangtse-Strom. Nach der ersten Reformphase der 80er Jahre, während vor allem die südchinesischen Küstenregionen wirtschaftlich aufblühten, sollen nun Shanghai und die neugegründete Sonderwirtschaftszone Pudong zu einer chinesischen Megalopolis des 21. Jahrhunderts werden. Zugleich soll sich die Moderne dem Yangtse entlang auch ins ausgedehnte Hinterland ausbreiten.«[5]

Shanghai ist nicht nur chinesisches Vorbild, sondern auch chinesische Philosophie: Das klassische Yin-und-Yang-Symbol steht für das ausführlich besprochenen Prinzip der Komplementarität der Gegensätze. Shanghai ist die Ikone dieses Prinzips: Der Unternehmer Victor Sassoon baute 1929 das Cathay Hotel, das Vorzeigeobjekt am Eingang der Einkaufsstraße Nanjing Road. Die Ironie des Sassoon-Hauses besteht darin, dass es ohne den Opiumhandel, der Tausende von Menschen ins Verderben stürzte, wohl nicht existieren würde. David Sassoon, Gründer des Imperiums, das eigentlich in Bombay ansässig war, hatte keine Skrupel gehabt, einen guten Teil seines Vermögens aus dem Opiumhandel mit China zu beziehen. Er nutzte Chinas Niederlage im Opiumkrieg geschickt aus und machte 1845 Shanghai kurzerhand zum wichtigen Standort der Sassoon-Dynastie.

Ausländer und Chinesen prägten gemeinsam das *yin* und *yang* Shanghais, seine Unter- und Oberwelt: Gleich alt wie Victor Sassoon, stammte Du Yuesheng (1881–1951) aus Pudong, war also ländlicher Herkunft. Er brachte es zum Chef der Shanghaier Mafia, die Bordelle unterhielt, Mörder beauftragte und sich daran beteiligte, dass die Stadt ausreichend mit Opium versorgt war. In der Oberwelt galt Du als geschätzter Geschäftsmann und leitete unter anderem die Bank of China. Sein Komplize Huang Jinrong (1868–1953) scheute sich nicht, die chinesische Polizei in der französischen Konzession zu befehligen und gleichzeitig als einer der leitenden Köpfe in Du Yueshengs »Grüner Bande« Shanghais Unterwelt zu führen. Das Doppelleben dieser Männer trug zu Reichtum und Glanz der Stadt bei. Ohne sie hätte Shanghai nie zum Drachenkopf Chinas werden können.

Trotzdem behaupten viele, dass Shanghai doch nicht das richtige China sei. Auch dafür gibt es Argumente. Auffällig ist die enge Verbindung der Stadt mit Europa, die bereits mit dem Mathematiker und Übersetzer Xu Guangqi (1562–1633) begann. Sein Name steht für die Einführung europäischer Mathematik, insbesondere der Geometrie. Der frischgetaufte Shanghaier aus Xujiahui, dem Teil der Stadt, der den Namen seiner Familie trägt, hieß mit europäischem Namen Paul und schrieb glühende Traktate zur Verteidigung der christlichen Religion. Vielleicht war Xu nicht der erste, aber sicher der bekannteste frühe Europa-Fan aus Shanghai.

Europäisches Erbe und europäische Entwicklungen prägen das Leben der Menschen stärker als in anderen Städten Chinas: Shanghais Männer gelten als »emanzipiert«, kümmern sie sich doch mehr als andere männliche Chinesen um Haushalt und Familie. Besonders interessant ist ein spezieller Typus älterer Herren, die ihre frühe Kindheit noch unter ausländischem, vor allem englischem Einfluss verbracht haben. Sie sind nicht nur der englischen Sprache mächtig und verfügen über oft detaillierte Kenntnisse europäischer Kultur, sondern sie praktizieren auch einen eigenen Stil europäischer Höflichkeit: Sie sind leiser als der oft sehr laute Durchschnitts-Shanghaier, sie wahren die Privatsphäre und grüßen distanziert-freundlich. Die wirklich Wohlhabenden dieser Bildungselite bezeichnen Shanghaier als *lao kele,* was so viel heißt wie »the old colourful«, *kele* gleich »colour«, oder nach einer anderen Interpretation des Wortes als »the old class«, wobei *kele* sich nach dieser Lesung vom englisch »class« ableitet. *Lao kele* waren die Söhne solcher Unternehmer wie Du Yuesheng und anderer Wirtschaftsbosse. Ihr »colour« kommt daher, dass sie als *xiao kai* (»die kleinen Offenen«) zum Studium in die Welt geschickt wurden. Dabei ging es oft und gern nach Europa oder Amerika.

Mein Nachbar Lao Xing bewohnt zwar nur eine winzige Mansardenwohnung und besitzt nicht die materiellen Werte eines echten *lao kele,* doch sein freundlich-höflicher Stil, der weiche distinguierte Klang seiner Stimme, seine Englischkenntnisse und die Vorliebe für Rosen, die zu jeder Jahreszeit in seinem kleinen Gärtchen blühen, machen ihn zu einem jener typischen Bildungsbürger-Gentlemen, die zu Shanghai gehören wie die koloniale Bund-Fassade oder die Art-deco-Wohnungen der französischen Konzession. Zu ihnen passt die modern und durchaus geschmackvoll gekleidete ältere Dame, die auf ihr Äußeres mehr Wert zu legen scheint als manche gleichaltrige Europäerin. Ihre chinesischen Altersgenossinnen aus dem Binnenland schämen sich dagegen noch immer, im höheren Alter auch nur ein wenig weiblichen Putz zu zeigen. Das bringt ihnen in den Augen mancher Shanghaierin das vernichtende Urteil ein, »eine Landpomeranze« zu sein. Wenn diese Generation einmal nicht mehr ist, geht mit ihr mindestens so viel »eigenes« Shanghai verloren wie mit den alten Häusern, die abgerissen werden. Die Jungen, die sie ersetzen, werden in globalem Stil »white collars« (Weißkittel, Angestellte) genannt. Sie lieben ähnliche westliche Dinge, ein deutsches Auto oder einen guten Rotwein, die auch schon die *lao kele* zu schätzen wussten. Doch ihnen fehlt die spezielle chinesisch-westliche Bildung, das »gentleman-like«-Niveau der *lao kele.* Moderne »white collars« gibt es nicht nur in Shanghai, sondern überall in China.

Was *lao kele,* junge Neureiche und *laowai* in Shanghai eint, ist die Vorliebe für eine kulturelle Tradition der Stadt: Jazz. Jazz gehört zu Shanghai seit den Goldenen Zwanzigern, als Chicago das Jazz-Zentrum Amerikas war. Im Ballsaal der alten Windhund-Rennbahn, des Canidrome in der französischen Konzession, begeisterte der spätere Count-Basie-Trompeter Buck Clayton mit seiner Band, den Harlem Gentlemen, bereits die Sun-Yatsen-Witwe Song Qingling und andere führende Persönlichkeiten jener Zeit. Gemeinsam mit Teddy Weatherford war Clayton für die chinesische Gesellschaft eine Instanz, während seine weißen Landsleute, US-Marines, stationiert in Shanghai, ihn einmal sogar als »Nigger« mit Steinen bewarfen. Shanghai zählte damals zu den freiesten Städten der Welt, und chinesische Intellektuelle luden die Welt zu sich ein, was man von weißen Zeitgenossen jener Zeit nicht gerade behaupten konnte. Die großen Zeiten des Shanghai-Jazz begannen nicht erst mit der Altherren-Band im Peace Hotel, die in jedem Shanghai-Reiseführer erwähnt wird. Die alten Herren spielen seit 1980 ihre eingefahrenen Stücke uhrwerkartig herunter. Das Durchschnittalter der sechs Musiker lag 2011 bei 77 Jahren. Doch für Nachwuchs ist bereits gesorgt: Mit Theo Croker trat 2011 ein führender junger Nachwuchsmusiker aus den USA langfristig im frisch renovierten Peace-Hotel auf. Immerhin Enkel von Doc Cheatham, der mit Louis Armstrong gemeinsam trompetete. Shanghai-Jazz wird heute von den *laowai* aus aller Welt wie Theo Croker und jüngeren chinesischen Jazz-Musikern in den zahlreichen Jazz-Kneipen der Stadt, im JZ, im Full House, im Mao Live House oder im Cotton Club hervorgezaubert, improvisiert und äußerst spontan. Das House of Blues and Jazz des Lin Dongfu ist eine weitere erste Adresse.

Leben in der Vergangenheit

Ich selbst bevorzuge die wenigen ruhigen Orte der Stadt. Dazu gehört das eigene Zuhause. An der Seite meiner alteingesessenen Nachbarn Zhang und Xing, dem »Gentleman«, lebe ich seit Jahren mitten in Shanghais Vergangenheit. Die »Sida Lu« gehört zu den zehn »historischen Schutzzonen« Shanghais. Das Haus, in dem ich wohne, die Nummer 266, wurde 1937 von japanischen Besatzern für einen führenden Armeekommandanten gebaut. Nach der Niederlage der Japaner 1945 übernahmen die Kommunisten die alten Häuser, die eine merkwürdige Mischung aus japanischem und südeuropäischem Baustil charakterisiert. Der Vater unseres derzeitigen Vermieters war ein wichtiger Kader in Maos Truppen und erhielt das ganze Haus als »Lehen«. Seitdem hat es den Stürmen chinesischer Geschichte einschließlich diverser kultureller Revolutionen erfolgreich widerstanden.

Genau genommen wohne ich in einer Art frühem Anting New Town, denn schon in den späten 30er und frühen 40er Jahren wurden hier auf den Sumpfbrachen des Shanghaier Nordens Siedlungskomplexe in den unterschiedlichen Stilformen von spanisch über englisch bis japanisch angelegt. Doch meine Nachbarn und ihre Vorfahren haben es verstanden, die ausländisch anmutende Hülle dieser *yang*-Häuser mit ihrem eigenen Leben zu bereichern. Aus meinem Arbeitszimmer eröffnet sich mein »chinesischer Blick«: Gardinenlose Fensterfronten zeigen die engen Behausungen meiner Gegenüber. Die meisten Bewohner sind so alt wie das Viertel, oft schon weit jenseits der 60. Stehend lesen sie die Tageszeitung mit dem Vergrößerungsglas oder sitzen einfach da, an kleinen Tischen direkt am Fenster. Brillen sind teuer ohne vernünftige Krankenversicherung, und die Anfertigung von Brillen ist *mafan*, umständlich. Die morschen Holzrahmen der Fenster halten die einfachen Scheiben nur mit Mühe, an die Staubschichten darauf verschwenden die Bewohner kaum einen Gedanken. Meine Nachbarin unten, weit über 80, liebt Blumen. Gerade schüttet sie behutsam zu stark gechlortes Shanghaier Wasser an ihre Lieblingskamelie. Schräg über ihrer Wohnung bahnt sich der Schlauch einer Klimaanlage durch ein unverputztes und eigentlich viel zu großes Loch den Weg in das Innere der Erdgeschosswohnung. Klimaanlage muss sein, auch wenn diese Klimaanlagen die Wohnungen im Winter kaum erwärmen, im Sommer oft unterkühlen und die Alten ohnehin das ganze Jahr über Strom sparen. Ein Fenster, also eine Wohnung weiter klacken Mahjongg-Dominosteine auf einen alten Holztisch. Schnelle Hände mischen die Steine zu einem neuen Spiel: »Deinen Einsatz bitte – nichts geht mehr.«

Shanghai: Stadt der Deutschen

Deutsche sind überall in der Stadt, selbst in den kleinsten Gassen leben sie. Sie schauen ihrem chinesischen Nachbarn auf den Esstisch, sitzen mit Merian-Reiseführern getarnt als Touristen in Shanghaier Traditionsrestaurants, stehen verschanzt hinter *Shanghai Daily*-Zeitungen in den Aufzügen der neuen Business-Wolkenkratzer oder versuchen sich als beherzte Verkehrsteilnehmer im VW Passat im Shanghaier Verkehrschaos. Besonders mutige Deutsche fahren sogar zur Stoßzeit U-Bahn, quetschen sich dabei mit neuer deutscher Flexibilität in die letzten Quadratzentimeter freien Luftraums in Shanghais Unterwelt. Sie sind jung und machen Praktika dort, wo sie Praktikumsplätze bekommen. Wenn sie älter sind und seltener in der U-Bahn auftauchen, dann leiten sie meist Unternehmen, Repräsentanzen oder Büros einer Auslandsvertretung und reden besonders gern über deutschen Teamgeist. Viele von ihnen haben eine ausgeprägte Shanghai-Schwäche. Betroffen ist vor allem das männliche Geschlecht, denn immer mehr Deutsche aller Altersklassen erliegen der Suzie-Wong-Schönheit junger Shanghaierinnen im modischen Outfit.

Deutsche diskutieren auch in Shanghai mit Vorliebe über individuelle Lebensführung, aber als pflichtbewusste Bürger gehen sie dann doch dorthin, »wo man sich schon kennt« und es ein wenig bequemer ist. Besonders bequem ist es im Westen der Stadt, im Stadtteil Hongqiao nahe dem zweiten Flughafen, und im Osten, in Pudong, wo der erste Großflughafen liegt. Am westlichen und östlichen Stadtrand befinden sich die meisten Firmensitze und neuen Industrieparks, dort sind die beiden deutschen Schulen, und dort, in Pudong, befinden sich das German Centre for Industry and Trade und die deutsche Auslandshandelskammer, wo man als geschäftlicher China-Neuling Beratung und Betreuung kaufen kann. Weil die Arbeitsinfrastruktur dort ist, wohnen viele in den neuen Wohnanlagen, von denen manche schon über eine eigene deutschsprachige Gemeinde verfügen.

Keiner hat genau registriert, wie viele Deutsche es wirklich sind, die in Hongqiao, Pudong, in den neuen Außenbezirken und Vorstädten, der französischen Konzession und anderen Teilen der Stadt wohnen. Die offizielle Zahl der in der Yangtse-Region von Nanjing bis Ningbo ansässigen Deutschen – mit Shanghai als Zentrum – liegt bei über 10 000, Schätzungen gehen realistischerweise von mehr als 12 000 Deutschen aus, die länger als ein Jahr oder immer wieder in regelmäßigen Abständen für einige Zeit die Bevölkerungszahl der unteren Yangtse-Region unbemerkt erhöhen.[6]

Ein wichtiger Indikator für den kräftigen Zuzug sind die Schülerzahlen der Deutschen Schule Shanghai, die seit 1995 nach deutschem Schulcurriculum unterrichtet. Nachdem die Schule mit vier Schülern in einem Privathaus im deutschen Lieblingsviertel Hongqiao klein angefangen hat, lärmen und lernen mittlerweile 1200 Schüler und Kindergartenkinder auf zwei Campusanlagen. Die größere ist eine deutsch-französischer Gemeinschaftsunternehmung im Shanghaier Außenbezirk Qingpu. Dort wurden vor wenigen Jahren noch in Handarbeit Gemüsefelder bestellt. Weitere deutsche Kinder teilen sich neue Räume einer kleineren im Ostbezirk Pudong, weil die gerade errichteten Schulgebäude im Westen schon nicht mehr ausreichen und immer mehr Deutsche auch in Pudong siedeln. Die Shanghaier Deutsche Schule ist die größte und am schnellsten wachsende deutsche Schule außerhalb Deutschlands.

Deutschlands Bildungsexport nach Shanghai hat Tradition. Eine erste deutsche Schule existierte bereits 1911 als »Kaiser-Wilhelm-Schule« in der Weihai Lu. Maximal 200 deutsche und europäische Schüler besuchten die Lehranstalt. Eine der heute wichtigsten Hochschulen der Stadt, die Tongji-Universität, wurde 1907 als Gemeinschaftsprojekt des deutschen Arztes Erich Paulun und des deutschen Diplomaten Wilhelm Knappe errichtet. Überhaupt gehören Deutsche genauso zu Shanghai wie die Empire-Kolonialgebäude am Bund und der Jinmao-Tower. Sichtbarer Ausdruck ihrer Präsenz war »ihr« Club, der deutsche, der schon nach 1866 ganz in der Nähe des heutigen Goethe-Instituts, Abteilung Kultur und Bildung des Generalkonsulats, in der Fuzhou Lu untergebracht war.

Von 1907 bis 1934 gaben sich die »Vorfahren« der heutigen deutschen Shanghaier mit einem eigenen repräsentativen Gebäude am Bund ein selbstbewusstes Erscheinungsbild. Ihr Club war bis 1920 – vor dem Bau des Sassoon Hauses – mit 48 Metern das höchste Gebäude am Bund. Die Architekten Becker und Baedeker, Vorläufer von Speer, Gerkan und Co., hatten damals anders als ihre aktuellen »Nachfahren« noch eine Vorliebe für die Kopie des Vergangenen: Neorenaissance und Neobarock waren die Bauformen, mit denen Becker und Baedeker Shanghais architektonisches Potpourri im frühen 20. Jahrhundert bereicherten. Der Club hatte zu seinen besten Zeiten 540 Mitglieder und war ausgesprochen international, denn um Mitglied zu werden, brauchte man nicht die deutsche Staatsbürgerschaft. Heute erinnert noch der Deutsche Club Shanghai, gegründet 1998, mit seinen mehr als 400 Mitgliedsfamilien ein wenig an dieses »Stück Deutschland« in Shanghai. Wer die Aktivitäten dieses Clubs, angefangen vom gemeinsamen Kaffeetrinken über Themenabende bis hin zu Exkursionen wahrnehmen möchte, muss sich heute in die Nähe der deutschen Gemeinde im Westen der Stadt begeben. Die »alten Deutschen« Shanghais wohnten damals zentraler. Ihr Viertel lag zwischen Suzhou- und Huangpu-Fluss direkt am Bund. Doch nicht nur im Club vergnügte man sich auf Deutsch: Deutschsprachige Zeitungen wurden gedruckt, Theaterstücke in deutscher Sprache aufgeführt, und Hockey, eine Sportart, bei der Deutsche schon damals Titel abräumten, übte man im Deutschen Hockey Club Shanghai.

Der Arbeitgeber eines mir bekannten Ingenieurs hat mehrere Immobilienobjekte angemietet, um die heimatferne Unterbringung leitender Angestellter in komfortablem Ambiente sicherzustellen. Die Wahl fiel auf den Jiushi Xijiao Garden am Hu-Qing-Ping-Highway. Hier ist Klein Germania, Little German Town mit echten Deutschen. Mindestens 80 deutsche Familien mit Kindern lebten bereits 2005 dort, noch bevor der Neubau der Deutschen Schule in die Nähe kam.[7]

Vor den Häusern befinden sich gepflegte Rasenanlagen in Rechteckform. Makelloses grünes Gras, fast so gleichmäßig wie Kunstrasen und den ganzen schwülen Sommer bis tief in den Herbst hinein feuchtgehalten von Rasensprengern. Vor ein paar Wochen hatte Rainer, der Ingenieur, Dandan und mich zu sich nach Hause eingeladen. Seine Frau Sumei servierte Tee mit viel Wasser und wenig Teeblättern für sich und Dandan. Rainer und ich tranken Singapurs Tiger Bier aus 0,3-Liter-Flaschen, der Luxusverpackung für Bier in China mit dem halben Fassungsvermögen und dem doppelten Preis der Standardportion. »Haushaltshilfe und Fahrer auf Firmenkosten«, referierte Rainer. »Am anderen Ende der Anlage findest du einen Golfplatz, 18-Loch-Standard, eine Schwimmhalle mit 50-Meter-Bahnen, Sauna, Solarium, Fitnessraum, dort schräg gegenüber den Montessori-Kindergarten. Die Kleine von nebenan geht da hin, weil im deutschen Kindergarten kein Platz mehr war. Warteliste wegen der vielen Neuankömmlinge in der Stadt.« »Es ist unglaublich«, meinte Sumei. »Die chinesischen Frauen hier, die deutsche Männer haben, geben an einem Tag so viel Geld aus, wie ich vor wenigen Jahren in Zhenjiang im ganzen Monat. Da hinten gibt es einen Supermarkt mit vielen deutschen Produkten. Eine Packung Kaffee kostet dort fast 100 Yuan (10 Euro), grüner Tee aus Hongkong fast dasselbe. Unseren Biluochun-Tee aus Jiangsu gibt's da gar nicht.« »Expat-Leben«, entgegnete Rainer trocken, »Du verdienst das Doppelte und gibst aber auch leicht das Doppelte aus, wenn du nicht aufpasst. Ein Wahnsinn, diese Stadt mit dem Konsumangebot hier.«[8]

Viele *laowai* kommen in Shanghai an, doch kaum jemand bleibt länger als fünf Jahre – je nach Firmenkontrakt. Nur wenige glauben, in Shanghai wirklich so etwas wie Heimat gefunden zu haben. Tess Johnston, bekannte Chronistin des alten Shanghai und selbst seit vielen Jahre in der Stadt, äußerte sich während eines Vortrags skeptisch: »Ich möchte den kennenlernen, der für immer bleibt.«[9] Sie könnte ihn vielleicht finden, denn es gibt viele Existenzgründer in Shanghai, darunter auch eine Reihe deutschsprachiger. Ein Österreicher beispielsweise erfüllt seit 2004 mit seinem kleinen Vienna Café in der Shaoxing Lu die Sehnsucht nach Gemütlichkeit. Die beginnt beim Kaffeeduft und endet bei der lebhaften Diskussion am Kaffeetisch. Tess Johnstons Äußerung jedenfalls öffnet den Blick auf ein neues Shanghaier Zukunftsthema.

Antithese Peking

Der Zug ist bequem, luxuriös, fährt über Nacht und braucht nur elf Stunden. Nur rund fünf Stunden benötigt der Hochgeschwindigkeitszug tagsüber, oder das Flugzeug überbrückt die reichlich 1000 Flugkilometer in einer Stunde und zwanzig Minuten. Auch die Autobahn, ein 1262 Kilometer langer Asphalt- und Betonstrich durch die flache Landschaft dreier Provinzen, ist seit Jahren fertiggestellt. Die Strecke ist in 10 Stunden Fahrzeit zu bewältigen – allerdings ohne die üblichen Staus in den Metropolen gerechnet. Viele Menschen, die diese schnellen Verbindungen nutzen, sind Pendler. Längst beachten sie nicht mehr die unterschiedlichen Grundeigenschaften der beiden Städte, zwischen denen sie pendeln. Wenn man nur ein einziges Adjektiv nutzen möchte, um Shanghai zu charakterisieren, dann ist es das Wort »hoch«: Die Entwicklungsgeschwindigkeit der Stadt ist hoch, die Häuser ebenso, immer mehr Straßen ziehen sich in zweiter Ebene »hoch« durch die Stadt. Shanghai-Chinesisch, die Umgangssprache der Shanghaier, hat einen hohen, manchmal etwas dissonanten Klang.

Peking oder Beijing, Chinas »Nördliche Hauptstadt« und Endpunkt der Reise, ist dagegen »breit«. Im Unterschied zum gar nicht geometrisch angelegten Shanghai bestimmt Geometrie, genauer: das Viereck, die Grundform Pekings. Ringstraßen umgeben die Stadt in Form gerundeter Vierecke. Die beiden äußersten dieser Ringstraßen, der fünfte und sechste Ring, wurden exklusiv für die Olympischen Spiele gebaut und beeindrucken mit einer Streckenlänge von 99 bzw. 188 Kilometern. Damit bekam Peking einen Ring mehr als das Symbol für das Weltsportereignis. Wenn der sechste Ring die gleiche Verkehrsdichte haben wird wie die weiter innen gelegenen Ringstraßen, dann weitet sich das Autofahren in Peking zu einer Tagesangelegenheit aus. Weit genug entfernt vom urbanen Zentrum sind diese Ringe ohnehin schon. Wer hier rotiert, bewegt sich durch die weitere Peripherie der Satellitenstädte.

Seit kurzem setzt das breite Peking auch auf Höhe und verfügt mit seinem 330 Meter hohen World Trade Center mittlerweile über einen Wolkenkratzer Shanghaier Formats. Das Erscheinungsbild einer entgrenzten Flächenstadt symbolisiert allerdings nichts besser als das neue Gebäude des Staatsfernsehens CCTV, zwei ineinander verkeilte riesige L mit 230 Metern Höhe. Diese »Stadt in der Stadt« verfügt über eine gewaltige Grundfläche von 400 000 Quadtratmetern oder 2500 Einfamilienhäusern und genügend Raum für 10 000 Mitarbeiter, die das Milliardenvolk auch zukünftig vor die virtuellen Welten der Bildschirme bannen sollen. Der Architekt dieses Superbaus heißt Rem Koolhaas. Er steht stellvertretend für den grenzenlosen Ehrgeiz der internationalen Architektenzunft beim Urbanisierungsprozess Chinas. »Ich möchte eingebunden sein in die Zukunft dieser Stadt – nicht nur in ein Gebäude«, sagt Koolhaas.[10] Ob ihm das langfristig gelingt, wird genau diese Zukunft entscheiden.

Wer Pekings Moderne heute kennenlernt, glaubt kaum, dass es vor noch nicht allzu langer Zeit eine »Nördliche Hauptstadt« gab, die eine komplette Antithese dazu war. Das alte Peking war verschlossen und unvorstellbar konservativ. Der Hongkonger Erzdiakon John Henry Gray schrieb in seinem 1878 in London erschienenen China-Buch, dass schon die Annäherung an die alte Stadt Ehrfurcht einflößte: »Die Mauern sind 30 bis 50 oder 60 Fuß hoch. Diejenigen, von denen Peking umgeben ist, sind bei weitem die beeindruckendsten.«[11] Nicht jeder konnte in die Stadt gelangen. Wer hinein wollte, musste sich zunächst anmelden. Ausländer wurden an die zuständige Behörde verwiesen. Der Besucher achtete besonders darauf, durch welches Tor er die Stadt betreten durfte. Das Südtor galt in der Regel als »Ehrentor« und war dem Kaiser und Offiziellen vorbehalten. In Peking wurde diese Regel besonders strikt befolgt: Das Südtor hielt man verschlossen, um es dann zu öffnen, »wenn der Kaiser dort entlang kam«.[12]

Wenn der Besucher jedoch einmal die Stadt betreten hatte, dann öffnete sich ihm eine der schönsten Städte der Welt. Pekings Schönheit lag in der Harmonie der kaiserlichen Anlagen und der zahllosen Tempelbauten mit den Wohnhöfen der Stadtbevölkerung. Der Plan der Stadt passte sich dem harmonischen Prinzip von »Himmel und Erde« an. Er symbolisierte den Kosmos. Noch heute lässt sich die »kosmische Anlage« Pekings an den fünf Himmelsrichtungen ablesen, nach denen die Stadt erbaut wurde. Vier Tempel für Sonne, Mond, Erde und Himmel luden im alten Peking zum Opferritual ein. Sie umgaben die Mitte, die »Verbotene Stadt«, als fünfte Himmelsrichtung. Noch eine weitere Kosmosvorstellung lässt sich an der Anlage Pekings ablesen: Der Himmel ist rund und hoch, die Erde eckig und niedrig. Runde Stilelemente dominieren daher die wichtigsten Gebäude der Stadt, der Himmelstempel im Süden der alten Stadt ist eine Hommage an das Prinzip des Runden, während nichts besser die Verbundenheit mit der eckigen Erde ausdrückt als die »Viereck-Wohnhöfe« *(siheyuan)* an den alten *hutong*-Gassen. Der Name Hutong bedeutet so viel wie »Wasserquelle« und geht zurück auf die Mongolenzeit – die Anfänge von Pekings Hauptstadtfunktion. Hutongs gleichen chinesischen Drachen: lang, manchmal schmal und eingefasst von nicht allzu hohen Mauern, hinter denen die Hofhäuser liegen. Hutongs scheinen über den Boden Pekings zu kriechen, und die einstöckigen Hofhäuser schmiegen sich an sie. »Sie brüten über der Erde und sind zufrieden mit ihrem Schicksal«, schreibt Lin Yutang über traditionelle chinesische Stadthäuser.[13] Die städtische Architektur des Westens von gotischen Kirchen und Patrizierhäusern bis zu den Bauten von Rem Koolhaas strebt dagegen dem Himmel entgegen.

In der Nähe des alten Trommelturms nordwestlich der »Verbotenen Stadt« befindet sich Pekings Antwort auf Shanghais mondänes Vergnügungsviertel Xintiandi. Dort, an den künstlichen Seen Qianhai und Houhai, findet man westliche Restaurants, Bars und Nachtleben, aber auch die letzten Überbleibsel der Vergangenheit: die »Viereck-Wohnhöfe« alten Stils. Der *siheyuan* ist der privat gewordene Ausdruck der Gesamtanlage Alt-Pekings. Von außen sieht man fast nichts als Mauern, dann plötzlich stößt man auf ein Tor mit einer beachtlichen Schwelle. Dahinter liegen vier Gebäudekomplexe, die einen rechteckigen Innenhof umgeben. Im Hof stehen alte Bäume und einige Bonsai-Bäumchen, liebevoll gepflegt. Die alten Bäume wirken, als seien sie eins mit der Architektur, so unvermittelt natürlich wachsen sie aus derselben heraus. Jeder Baum, der hier vor Generationen gepflanzt wurde, symbolisiert die Wünsche derer, die hier lebten: Der »Baum der Gelehrten« ist einer der wichtigsten chinesischen Bäume überhaupt, denn er verhieß Erfolg bei den Beamtenprüfungen. Auch der Grantapfelbaum darf nicht fehlen, denn nach einem alten Sprichwort verspricht seine runde Frucht mit den vielen Kernen eine glückliche und gesunde Familie mit viel Potenzial. Jujube-Dattelbäume, in Nordchina weit verbreitet, heißen chinesisch *zaoshu,* was fast genauso klingt wie »früh reif«, sollten also die Geburt der heißbegehrten Stammhalter fördern. Es gab aber auch Tabus: Pinien und Pappeln fand man selten in Pekinger Privathäusern, denn diese Bäume standen in der Nähe traditioneller Grabanlagen wie den Ming-Gräbern nördlich der Stadt. Das Leben der Menschen und der Lauf der Natur waren auf das Engste mit der Gestaltung des Zuhauses verbunden.

Auch die Kalligraphie trägt zur Anlage eines alten Pekinger Hauses bei: Jedes Schriftzeichen besteht aus einer, oft geraden, Grundachse und mit ihr harmonierenden Bögen, Häkchen und Schwüngen. Die Grundstruktur kann je nach kalligraphischem Typus variiert werden und schließlich im individuellen Genius des einzelnen Kalligraphen immer wieder überraschende Charakterformen annehmen. Entsprechend verfügt das alte Pekinger Haus über eine symmetrisch-strenge Grundachse in der Fläche und jedes einzelne Gebäude über gerade, rechtwinklige Pfeiler und Balkenstrukturen. Das Dach darüber ist der Kontrapunkt. In Schwüngen und Bögen, oft verziert mit gewundenen Drachen, Wolken- oder Wunschpilzornamenten, ergänzt es das Gebäude zu etwas Organisch-Natürlichem. Häufig befinden sich an den Stützmauern unterhalb der Dächer dann noch in Stein gehauene Blumenornamente oder Glückssymbole, die wiederum das Leben im Haus glücklicher werden lassen sollten. Schreibkunst und Architektur folgen so der Natur, die aus geometrischen Grundstrukturen und unzähligen, immer wieder anderen Oberflächen und Gebilden besteht.

Hinter der gesamten Anlage des Innenhofes steckt ein Plan. Der heißt *fengshui* und basiert im Falle des alten Peking-Hauses auf den acht Trigrammen *(ba gua)*. Das Trigramm *kan* mit der Bedeutung »erhöhter Ort« symbolisiert den Norden. Entsprechend birgt der Nordteil des Pekinger Hauses den wichtigsten Raum bzw. den Raum zur Ahnenverehrung. Das Trigramm *xun* mit der Bedeutung »günstig« oder »zerstreuen« steht damit in Verbindung. Hier befindet sich die günstige Stelle für das Betreten oder Verlassen eines Ortes. Nach der Lehre der acht Trigramme repräsentiert *xun* in der *fengshui*-Tradition den Südosten. Also muss hier die Eingangspforte liegen. Das Tor war ein wichtiger Ort. Es verriet dem Besucher gleich beim Eintritt, welchen Status sein Gastgeber hatte: Bereits die Höhe der Schwelle ließ erahnen, wie hoch der Rang und das Vermögen des Hofhausbesitzers waren. Andere Indizien waren der Reichtum an Schmuck, insbesondere Malereien mit Glückssymbolen oder Ausschnitten aus bekannten Opernstücken. Weitere Trigramme stehen für die anderen Teile des Wohnhofes. Alles ist miteinander vernetzt, so dass man vor dem Bau jeder Anlage einen *fengshui*-Meister konsultierte.

Bei der heutigen Stadtplanung spielen derart komplizierte *fengshui*-Beziehungen keine Rolle mehr. Eine Ausnahme bildet Hongkong, wo Geomanten nach wie vor sehr gefragt sind. Allerdings sollten auch in Peking neue Gebäude nicht in unmittelbarer Nähe von Friedhöfen oder ähnlichen Orten mit starker Negativ- oder *yin*-Kraft liegen. Da lassen sich selbst heute keine hohen Renditen erzielen.

Die Peking-Oper ist noch immer das Aushängeschild der Hauptstadtkultur, und eine erste Adresse dafür ist das Peking-Opern- Theater der Stadt Peking im Distrikt Fengtai. Viele Opernstars haben jedoch in Hofhäusern gewohnt, und noch mehr wurden dort gedrillt, um sich eine genügende Biegsamkeit des Körpers und damit die Fähigkeit zu akrobatischen Einlagen auf der Bühne anzutrainieren, von den gerade Kampfszenen der requisitenarmen Peking-Oper leben. Die körperlichen Talente des Schauspielers, sein mimisch-gestischer Ausdruck und seine Fähigkeit, den eigentümlich hohen Gesang des Falsetts, eine Peking-Opern-Spezialität, zu beherrschen, bestimmen dann auch den Erfolg. Der wohl beste Film des Pekinger Starregisseurs Chen Kaige, geboren 1952, »Lebe wohl, meine Konkubine« zeigt, welche Torturen bis hin zu folterähnlichen Praktiken mit der Ausbildung zum Peking-Opern-Star verbunden waren. Die musste auch der berühmteste Peking-Opern-Darsteller, Mei Lanfang (1894–1961) – selbstverständlich Viereck-Hofhausbewohner – über sich ergehen lassen. In seinen Frauenrollen, *Dan* und *Huadan* genannt, wurde er unsterblich. Traditionell spielten Männer die Peking-Oper. Frauenrollen waren jedoch enorm wichtig, und ohne Mei Lanfeng hätte es keine Renaissance der fast vergessenen Oper im 20. Jahrhundert gegeben. Das war Chen Kaige eine Verfilmung wert.

Weniger bekannt ist, dass Peking-Opern genauso in die Hauptstadt importiert wurden wie der Jazz nach Shanghai. Ihr Ursprung ist die wesentlich ältere Kun-Oper, die interessanterweise aus der Gegend um Shanghai stammt und heute noch in Shanghai und Suzhou gespielt wird. Kaiser Qianlong (1736–1795) war während einer Visite im Süden so begeistert von einer Kun-Opernaufführung des Ensembles aus der Provinz Anhui, dass er die Künstler kurzerhand nach Peking beorderte, um die Singspiele dort zu etablieren. Die Peking-Oper war geboren.

Nirgendwo in China wirken die Gegensätze zwischen Moderne und Tradition schärfer als in seiner Hauptstadt. Was sind das für Menschen, die in einer derartigen urbanen Antithese leben? Der geborene Pekinger jedenfalls ist resistenter gegenüber Veränderungen als die architektonischen Hüllen, die ihn umgeben. Er wirkt gleichgültiger als der hektische und dem Westen stärker angepasste Shanghaier. Dessen schnell gesprochenen Dialekt versteht er sowieso nicht. Das braucht er auch nicht, denn als Spross des Regierungszentrums wird sein breiter und ein wenig an texanisches Englisch erinnernder Tonfall im ganzen Land als »ästhetisch und verständlich empfunden«. Der Komiker Zhao Benshan, der eigentlich aus Nordostchina stammt, kolportiert in seinen Sketchen zusammen mit seinen Partnerinnen und Partnern typische Pekinger und andere nordchinesische Charaktere, ihr besonderes Phlegma und die »texas-chinesische« Aussprache. Auch der vielleicht beste Charakterdarsteller Chinas, der 1957 in der Hauptstadt geborene Schauspieler Ge You, ist eine unbedingte Empfehlung, wenn man, selbst ohne Chinesischkenntnisse, ein Gefühl dafür bekommen möchte, wie Menschen in Peking reden und handeln. Ge You gilt vielen als unverwechselbarer Hauptstadtvertreter.

Die meisten Shanghaier finden Pekinger ungehobelt und typisch »nördlich«: behäbig, unflexibel und bürokratisch. Umgekehrt halten die Hauptstädter, wie der Rest Chinas, »Shanghaier im Allgemeinen« für überheblich, verwestlicht, verweichlicht und fremdenfeindlich. Da allerdings weder Shanghai noch Peking in ihrer Geschichte über mangelnden Zuzug aus anderen Landesteilen klagen konnten, verschwimmen die alten Gegensätze durch das Wachstum beider Städte.

Zukunft: hellgraue Megastadt-Region

Einmal in der Woche steige ich in den G 7303, der mich vom Hochgeschwindigkeitsbahnhof Shanghai-Hongqiao direkt nach Hangzhou bringt. »G« steht für »gaosu tielu« – zu deutsch »Hochgeschwindigkeitszug«. Die Optik des Gefährts erinnert unverkennbar an einen deutschen ICE 3. Pünktlich um acht Uhr schließen sich die Türen automatisch. Mit mir reisen rund 1000 andere Pendler, um in der 170 Kilometer entfernten Nachbarstadt ihre Geschäfte zu erledigen. 56 Minuten später ist die Strecke zurückgelegt, für die ich noch vor wenigen Jahren vier Stunden Fahrtzeit benötigte. Die Rückfahrt ist bereits gebucht: Um 16 Uhr wird mich der G 7320 noch schneller, nämlich in nur 49 Minuten, sicher zurück nach Shanghai bringen.

Immer mehr Shanghaier und Hangzhouer pendeln täglich zwischen Wohnort und Arbeitsstätte in der jeweils anderen Stadt. Gleiches gilt für die Verbindung zwischen der alten Hauptstadt der Republikzeit, Nanjing, und Shanghai. Nanjing ist etwas größer als Hangzhou, liegt dafür aber fast 300 Kilometer von Shanghai entfernt. Die schnellsten Intercity-Hochgeschwindigkeitszüge schaffen die Strecke in gut einer Stunde. Damit ist das tägliche Pendeln zwischen der 23-Millionen-Stadt Shanghai und der Acht-Millionen-Stadt Nanjing ebenfalls möglich geworden. Die Verbindungen sind so häufig, dass eine Art Super-S-Bahn entstanden ist, die auch Pendlern kleinerer Orte dazwischen das schnelle Erreichen beider Zentren ermöglicht. Mittlerweile fahren viele Hochgeschwindigkeitszüge über Nanjing hinaus in das über 1300 Kilometer von Shanghai entfernte Peking, das sie in rund fünf Stunden erreichen. Damit ist die Bahn endgültig zur direkten Konkurrentin des Flugzeugs geworden. Als ich Anfang der 90er Jahre in Nanjing studierte und nach Shanghai reiste, waren sechs Stunden Fahrzeit keine Seltenheit und Fahrkarten oft nur schwer zu bekommen. Ein immer dichteres Autobahnnetz erhöht auch den Personen- und Warenverkehr zwischen den Stadtzentren der Region. Andere Millionenstädte wie Suzhou, Changzhou und Wuxi, die auf der Strecke liegen, werden en passant in das neue Pendlernetz integriert.

Die Zukunft der Stadt heißt »Megastadt-Region«, vertraut in Deutschland durch das Rhein-Ruhr-Gebiet, das immerhin das größte zusammenhängende Ballungszentrum Europas ist. Dort sind viele einst voneinander klar getrennte Städte durch schnelle und dichte Verkehrsverbindungen, auf denen über eine Million Pendler täglich unterwegs sind, de facto zusammengewachsen. Netzwerke zwischen Arbeits- und Wohnort haben sich gebildet, und die kulturellen Aktivitäten der Bewohner überschreiten längst alte Stadtgrenzen.

Die Rhein-Ruhr-Region unterscheidet sich von der Yangtse-Delta-Region vor allem hinsichtlich der Größe. Gegenüber rund 11 Millionen Einwohnern der Rhein-Ruhr-Region lebten im Jahre 2011 in der Yangtse-Delta-Region rund 105 Millionen Menschen – fast so viele Menschen wie im Nachbarland Japan. Die Gegend war schon in der Geschichte jahrhundertelang die am dichtesten besiedelte Region Chinas, und nun ist sie das unbestrittene Wirtschaftszentrum des Landes mit globaler Bedeutung. Mit geschätzt bis zu 120 Millionen Menschen ebenso dicht besiedelt ist die Perlfluss-Delta-Region mit den Zentren Kanton (ca. 13 Millionen Einwohner), Shenzhen (ca. elf Millionen Einwohner) und Hongkong (rund sieben Millionen Einwohner). Shenzhen ist dabei das neue Shanghai, das den Sprung vom Fischerdorf zur Zehn-Millionen-Stadt in nur rund 30 Jahren, also einer Generation, geschafft hat. Shanghai hat dafür noch mehr als 100 Jahre gebraucht.

Yangtse-Delta- und Perlfluss-Region sind mit jeweils über 100 Millionen Einwohnern auf dem Weg zu den größten Megastadt-Regionen der Welt. Die Geschwindigkeit, mit der sich Verkehr und Arbeitsteilung erhöhen, ist ein Indikator für die rasante Entwicklung. Dabei nimmt die beispielsweise die Yangtse-Delta-Region – trotz einer Ost-West-Ausdehnung zwischen Nanjing und Ningbo von beeindruckenden 400 Kilometern – gerade mal ein Prozent der chinesischen Landfläche ein. Ökonomisch betrachtet ist sie jedoch alles andere als unbedeutend. Angesichts der Dynamik in der Perlfluss-Delta-Region Südchinas sagte schon 1999 Tung Chee-Hwa – damals Regierungschef der Sonderverwaltungszone Hongkong: »Wir erleben [in Hongkong], dass Ökonomie eher eine regionale Angelegenheit wird als eine auf die Stadt konzentrierte.« Was für Hongkong und das Perlfluss-Delta gilt, gilt genauso für die Städte nahe der Yangtse-Mündung. 20 Prozent des gesamten chinesischen Bruttosozialprodukts werden allein dort erwirtschaftet. Rund ein Drittel aller Exporte Chinas laufen über die Region mit der Kernstadt Shanghai.

Noch handelt es sich bei diesen Riesengebilden nicht um einheitliche Stadtzonen. Doch der Blick aus dem Zugfenster zeigt die Zukunft. Zwischen Shanghai und Hangzhou und auch zwischen Shanghai und Nanjing ist das Land bereits von der Stadt absorbiert worden. Fabrik reiht sich an Fabrik, neue Wohnkomplexe für die einstigen Bauern sind im Rohbau fertiggestellt oder stehen bereit für den Einzug. Die Städte der Region wachsen aufeinander zu: Shanghai beginnt mit Suzhou zu verschmelzen, Suzhou mit Wuxi, Wuxi mit Changzhou und so weiter. Bei mir weckt das Bild Erinnerungen: So habe ich das Ruhrgebiet als Kind kennengelernt und war oft überrascht, als ich plötzlich wahrnahm, dass die neue Häuserreihe, an der wir vorbeifuhren, zu einer anderen Stadt gehörte.

Das Ruhrgebiet des 21. Jahrhunderts ist eine grüne Region. Von meiner chinesischen Heimat, der Yangtse-Delta-Region, kann ich das nicht behaupten. Grau und verhangen zeigt sich oft das Wetter, grau sind die Hallen der Fabriken, grau die Wohnblöcke, und grauschwarz ist noch immer der Rauch, der aus vielen der älteren Fabrikschlote quillt. Selbstverständlich ist Chinas Regierung sich der Problematik bewusst. Umweltschutz steht spätestens seit den Olympischen Spielen 2008 und der Weltausstellung EXPO 2010 ganz oben auf der politischen Agenda des Landes. Die offizielle Darstellung jüngster Erfolge zeigt zumindest das Bemühen, das dunkle Grau aufzuhellen und in Richtung Weiß zu verschieben. Ein Blick auf die Homepage der chinesischen Botschaft in Deutschland[14] beispielsweise feiert die Erfolge chinesischer Umweltpolitik:

- Die Kohlendioxidemissionen der Stromproduzenten seien zwischen 2005 und 2010 um 1,74 Milliarden Tonnen zurückgegangen.
- Der Anteil erneuerbarer Energien am Energiehaushalt des Landes solle auf 11 Prozent steigen.
- Am 20.12.2011 wurde die siebte nationale Umweltschutzkonferenz durchgeführt, dass Regionalregierung und die acht größten Staatsunternehmen zum Umweltschutz verpflichten soll.
- Schwere Umweltprobleme sollten laut designiertem Ministerpräsidenten Li Keqiang »umgehend gelöst« werden.
- Bis 2015 seien 1184 Fabriken zur Abwasserreinigung aufzubauen.
- Im Einklang mit den trilateralen Verhandlungen zwischen Japan, Korea und China soll die hohe Feinstaubbelastung, die insbesondere Großstädte wie Peking sehr stark beeinträchtigt reduziert werden.

Doch alle offiziellen Maßnahmen werden langfristig nur greifen, wenn sich das Bewusstsein der Städter ändert. Noch 2007 erregte ein Vorfall im alten Pekinger Sommerpalast Aufsehen, als bedenkenlos eingesetzte Pestizide, die für ein makelloses Pflanzenkleid sorgen sollten, von starkem Regen in den See der Anlage gespült wurden. 1000 tote Fische trübten die schönen Ökopläne der Stadtregierung. Und Menschen, die es vor wenigen Jahren noch gewohnt waren, ihren Müll durch offene Zugfenster einfach in die Landschaft zu werfen, parken ihre neuen Autos manchmal stundenlang mit laufendem Motor, um gut gekühlt oder gut beheizt in der eigenen Karosse einen Mittagsschlaf zu halten. Dagegen gibt es also noch einiges zu tun.

Doch Bemühungen einzelner Menschen sind in China sichtbar. In Peking und anderen Städten engagieren sich seit Anfang der 90er Jahre Umweltschützer. Viele sind jung und studieren an einer Universität. Ihr Mentor ist Liang Congjie, ein Enkel des bedeutenden politischen Reformers Liang Qichao (1873–1929), der zu den führenden Denkern Chinas auf dem Weg aus der Kaiserzeit in die Moderne gehörte. Der Historiker Liang gründete 1994 zusammen mit drei Kollegen der Akademie für Chinesische Kultur die private Organisation »Freunde der Natur«. 2002 zählte Chinas erste NGO 1500 Mitglieder und war eine »erste politische Interessengemeinschaft«, »die nicht von der kommunistischen Partei kontrolliert wird«.[15] Die Geisteswissenschaftler setzen bei ihren Aktivitäten weniger auf spektakuläre Abenteueraktionen à la Greenpeace, sondern auf Chinas kulturellen Wert Nummer eins: die Bildung. Professor Liang redet und diskutiert an Schulen und Universitäten mit der neuen Generation Chinas über Umweltthemen, auch über den Umweltschutz auf dem Land und den Artenschutz in Tibet. Chinas Intellektuelle haben damit ein neues politisches Tätigkeitsfeld entdeckt. Sie können und wollen dabei nicht die Partei provozieren, die weiter eine Politik von oben nach unten betreibt. Demgegenüber setzen sie auf die Kooperation mit Regierung und Medien und etablieren dabei eine für die Volksrepublik China neue Form gesellschaftlicher Aktivität: eine Politik von unten nach oben. Anfänge erst, aber immerhin ein Anfang.

Offiziellen und zivilgesellschaftlichen Bemühungen gegenüber steht Chinas weiterhin ungebrochenes Streben nach Wachstum und einem Lebensstandard, der sich dem der »alten Industrienationen« wie USA, Deutschland oder Japan annähert. China ist nach den USA zur Wirtschaftsnation Nummer zwei geworden und hat auf ökologischen Karten, die die jeweilige Umweltbelastung einzelner Länder abbilden, fast schon die Größe derselben. Innerhalb von 40 Jahren hat sich der ökologische Fußabdruck eines durchschnittlichen Chinesen vervierfacht, auch wenn er noch deutlich leichtfüßiger die Umwelt unseres Planeten zertritt als der schwergewichtige US-Amerikaner und der ebenfalls nicht gerade leichtfüßige Deutsche. China, Deutschland und die USA haben schon heute eines gemeinsam: Sie verbrauchen weit mehr Ressourcen als sie selbst sogenannte Biokapazität haben. Von überall her werden ferne Rohstoffe ausgebeutet, ob es nun die Ölreserven am Persischen Golf für deutsche Heizungen sind oder Afrikas Anbauflächen für immer anspruchsvollere chinesische Konsumenten. Diese Realitäten verdunkeln die schönen Umweltschutzerfolge der Regierung.

Vor diesem Hintergrund wirkt der graue Himmel über Shanghais Flughafen Pudong, den ich heute Richtung Deutschland verlasse, sehr reell. Grau ist die Farbe chinesischer Gegenwart – nicht nur die seiner Städte. Der Blick auf Shanghais Himmel verleitet dazu, Mephistos berühmten Ausspruch »Grau, teurer Freund, ist alle Theorie, doch grün des Lebens goldner Baum« aus Goethes Faust I in »Grün ist alle Theorie, doch grau des Lebens wahres Sein« abzuändern. Grau aber ist keine schlechte Farbe, schon gar keine Farbe der Hoffnungslosigkeit. Das ist kein Zynismus, sondern eine Erkenntnis, die gelassen macht. Denn China gehört zu Ostasien – und dort gibt es weder ein eindeutiges Schwarz, noch ein eindeutiges Weiß. Der ostasiatische Realitätssinn weist Grautönen und Schattenstrukturen eine enorme Bedeutung zu. Grau muss demnach keine negative Farbe sein, enthält sie doch alle Möglichkeiten der Entwicklung. Denn Grau enthält immer auch Weiß-Anteile. Chinas Zukunft und die der ganzen Welt, die zunehmend mit China eng verflochten sein wird, liegt im »Hellgrauen«, das hoffentlich mit genug Farbtupfern des Lebenswerten attraktiv scheinen wird. Das ist die einzig realistische Zukunftsperspektive. China lehrt uns, sich von unseren alten Weltbildern des »Guten« und »Schlechten«, des »Weißen« und »Schwarzen« endgültig zu verabschieden. Es ist an der Zeit.

Anhang

Anmerkungen

Vorwort (S. 7–9)

1 Klimaschutz-Index 2012, Germanwatch Dezember 2011.

Laowai – Ausländer (S. 13–41)

1 Wikipedia, »World's busiest airports by passenger traffic«.
2 Wikipedia, »World's busiest airports by cargo traffic«.
3 Kynge, James: China. Der Aufstieg einer hungrigen Nation, Hamburg 2006, S. 39.
4 english.people.com.cn/200604/04/eng20060404_255781.html, eingesehen am 28.8.2012.
5 http://shanghaiist.com/2011/04/30/total_number_of_foreigners_in_mainl.php, eingesehen am 28.8.2012.
6 Lu, Xun: Zawen Quanji [Sammlung der Essays], Henan 1994.
7 Zum Kanadier Da Shan. Vgl. www.dashan.com.
8 Genauere Informationen zur Erlangung der »Green Card« erhält man unter www.shanghai.gov.cn/shanghai/node8059/ServiceforCitizen/node8154/index.html, eingesehen am 28.8.2012.
9 »China meine Liebe, mein Leben, Eva Siao – ein Porträt«, Dokumentarfilm von Gitta Nickel (1990).
10 Die beste und sehr ausgewogene Biographie über das aufregende Leben des Rewi Alley bietet Anne-Marie Brady mit *Friend of China – The Myth of Rewi Alley,* London 2003.
11 www.handelsblatt.com/unternehmen/mittelstand/unternehmensgruendung-deutsche-goldgraeberstimmung-in-china/6278970.html, vom 3.3.2012.

Baixing – Inländer (S. 42–79)

1 http://news.xinhuanet.com/newscenter/2008-04/16/content_7989013.htm, eingesehen am 28.8.2012.
2 http://www.ifjc.org/de/tibetchina-freiheit-f%C3%BCr-rongye-adak, eingesehen am 28.8.2012.

3 Zeit online vom 14. 1. 2012 und vom 25. 1. 2012, Süddeutsche.de vom 23. 1. 2012, oder die Online-Ausgabe des Handelsblatts vom 25. 1. 2012.
4 http://www.wienerzeitung.at/nachrichten/politik/welt/434434_Saeuberungswelle-nach-Tibet-Unruhen.html, eingesehen am 28. 8. 2012.
5 Lin, Yutang: Lin Yutang sanwen [Die Essays des Lin Yutang], Hangzhou 2002, S. 19.
6 Das *Huangdi Neijing* [Der Innere Klassiker des Gelben Kaisers].
7 Gernet: Die chinesische Welt, S. 135. Die »gelben Turbane« kennt jedes chinesische Schulkind, da sie im klassischen Roman *Die drei Reiche* vorkommen.
8 Vermeer, Manuel: China.de. Erfolgreich verhandeln mit chinesischen Geschäftspartnern, Wiesbaden 2002, S. 74.
9 Lin: Lin Yutang sanwen, S. 20.
10 Zhang Li: »Shanghai coming to grip with its aging population problems«, EAI Background Brief No. 517, April 2010.
11 »Missing girls in China«, www.itsagirlmovie.com/blog/missing-girls-in-china, vom 4. 4. 2012, eingesehen am 10. 6. 2012.
12 Han Fei Zi, 18. Buch, Kap. 46.
13 BBC News South Asia vom 23. 5. 2011, www.bbc.co.uk, eingesehen am 10. 6. 2012.
14 »Beijings average marriage age rises to 27«. China daily.com.cn. vom 27. 2. 2012, eingesehen 10. 6. 2012.
15 www.chinatoday.com.cn/chinaheute/chinaheute-3/hunyin.htm, eingesehen am 28. 8. 2012.
16 Alekseev, Vasilij Michailovic: China im Jahre 1907 – Ein Reisetagebuch, Leipzig 1989, S. 49.
17 www.berlin-institut.org/online-handbuchdemografie, eingesehen am 10. 6. 2012.

Lishi yu zhengzhi – Geschichte und Politik (S. 80–105)

1 http://www.chinadaily.com.cn/en/doc/2003-11/11/content_280475.htm, eingesehen am 28. 8. 2012.
2 Analekte *(Lunyu)* 3.14.
3 Menzius, 2. Kapitel Gao Zi: »Der große Yu hat das Wasser reguliert, das dann zum Weg wurde.«
4 Gernet: Die chinesische Welt, S. 58.
5 Ess, Hans van: Der Konfuzianismus, München 2003, S. 16 ff.
6 Aus dem konfuzianischen Begriff *yi* wurde später die chinesische Entsprechung für Ideologie abgeleitet, wie sie etwa in den Begriffen Sozialismus *(shehuizhuyi)* oder Kapitalismus *(zibenzhuyi)* ihren Ausdruck findet.
7 East China Morning Post *(dongfang zaobao)* vom 16. Oktober 2007, S. A2, A5.
8 Dies betont ausdrücklich Gernet: Die chinesische Welt, S. 139.

9 Fairbank, John King: China – A New History. Cambridge/London 1992, S. 88.

10 Gernet: Die chinesische Welt, S. 297.

11 »*Da sui jiu shijie, chuangli xin shijie*« war einer der programmatischen Losungen der sogenannten Großen Proletarischen Kulturrevolution der Jahre zwischen 1966 und 1976.

12 Zitiert nach: Chang, Jung/Halliday, Jon: Mao – Das Leben eines Mannes. Das Schicksal eines Volkes, München 2007, S. 188.

13 Zitiert nach: ebd., S. 81.

14 Ebd., S. 642.

15 Ausführliche Dokumente zum 4. Juni 1989 enthält: Nathan, Andrew J./ Link, Perry: Die Tiananmen-Akte. Die Geheimdokumente der chinesischen Führung zum Massaker am Platz des Himmlischen Friedens, München/Berlin 2001.

16 Pressemitteilung der Reporter ohne Grenzen vom 18.3.2008 unter: http://www.reporter-ohne-grenzen.de, eingesehen am 28.8.2012.

17 http://www.amnesty.org/en/death-penalty, eingesehen am 28.8.2012.

18 http://www.amnesty.org/en/death-penalty/death-sentences-and-executions-in-2011, eingesehen am 28.8.2012.

19 »China hits back at US on rights«, in: BBC News, 13.3.2008, http://news.bbc.co.uk/2/hi/asia-pacific/7293469.stm, eingesehen am 28.8.2012.

20 Richard Wilhelm, einer der einflussreichsten deutschen Sinologen und Übersetzer chinesischer Klassiker, selbst evangelischer Missionar, berichtet in seinem autobiografischen Werk *Die Seele Chinas* aus dem Jahre 1926 davon, dass die Verehrung der Ahnen bis in seine Zeit von christlichen Missionaren als »Götzendienst gebrandmarkt« wurde (S. 213).

Jiaoyu bisai – Bildung als Wettbewerb (S. 106–115)

1 Nach www.indexmundi.com/china, eingesehen am 28.8.2012.

2 Nach http://edu.people.com.cn/GB/5831357.html, eingesehen am 28.8.2012.

3 Ebd.

4 Financial Times, chinesische Ausgabe vom 29.3.2007, http://jczqd.blog.51cto.com/144338/23083, eingesehen am 28.8.2012.

5 Mit einer einfachen rhetorischen Frage »Xue er shi xi zhi, bu zi yue hu – Lernen und das Gelernte immer wieder üben, ist das nicht eine Freude?« (LY 1,1) beginnen die *Analekte (Lun yu)* des Konfuzius.

6 Arthur H.Smith: Zhongguo xiangcun shenghuo [Original: Village Life in China], Beijing 1998, S. 77.

Caishen – Der Geldgott (S. 116–131)

1 Thamm, Ludwig/Thamm, Hedi: Glück, Geld und langes Leben – Tradition und Volksreligion im heutigen China, Regensburg 1995, S. 60.
2 So urteilen die Volkskundler Wen Xin und Xue Maixi in ihrem Buch *Brauchtum der Provinz Shanxi (Shanxi minsu,* Taiyuan 1991, S. 395) über die Unbestechlichkeit dieses Geldgottes.
3 Alekseev, V. M.: China im Jahre 1907, Leipzig 1989, S. 122.
4 In Ludwig und Hedi Thamms Buch findet sich eine sehr treffende Abbildung eines Mao-Glücksanhängers mit all diesen guten Eigenschaften. Solche Anhänger gibt es in ähnlichen Varianten im ganzen Land.
5 Quan, Yanchi: Mao Zedong. Man, Not God, Beijing, 5. Aufl. 2006, S. 76.
6 Ebd., S. 77.
7 Chang/Halliday: Mao – Das Leben eines Mannes, S. 366.
8 http://www.stats.gov.cn, eingesehen am 28. 8. 2012.
9 Zum Beispiel http://de.statista.com/statistik/daten/studie/14560/umfrage/wachstum-des-bruttoinlandsprodukts-in-china und http://www.welt.de/wall-street-journal/article107809053/Die-Volksrepublik-steht-vor-dem-Absturz.html, eingesehen am 28. 8. 2012.
10 Consulate General of Switzerland in Shanghai Commercial Section: Shanghai Flash, 6, December 2005.
11 »Aus der Immobilienblase entweicht die Luft«, www.faz.net vom 1. 5. 2012.
12 http://www.immowelt.de/immobilien/immomarktkauf.aspx?geoid=108110&etype=1&esr=1, eingesehen am 28. 8. 2012.
13 http://welt-in-zahlen.de/laendervergleich.phtml?indicator=126, eingesehen am 28. 8. 2012.
14 http://www.handelsblatt.com/auto/nachrichten/autoabsatz-audi-und-bmw-haengen-daimler-in-china-ab/6716742.html, eingesehen am 28. 8. 2012.
15 http://www.buntgrau.de/index.php/2012/02/15/die-10-beliebtesten-autos-in-china-2011-nach-absatzzahlen, eingesehen am 28. 8. 2012.
16 Serviceanbieter rund um das Thema Führerschein gibt es viele. Ein Beispiel ist: www.driverlicence.cn, eingesehen am 28. 8. 2012.
17 »Chinas neue Vorbilder: Vom Fabrikarbeiter zum Börsenmillionär«, in: Welt online, 29. 6. 2007; www.welt.de/finanzen/article983204/Vom_Fabrikarbeiter_zum_Boersen-Millionaer.html, eingesehen am 28. 8. 2012.
18 http://www.dailyreckoning.co.uk/article/chinesestockmarketreadytocrash0182.html, eingesehen am 28. 8. 2012.
19 http://blogs.hbr.org/cs/2011/12/warning_signs_for_the_chinese.html, eingesehen am 28. 8. 2012.
20 Deng Xiaoping am 23. Oktober 1985 vor den versammelten Spitzen der US-amerikanischen Wirtschaft.
21 Giga ist die Bezeichnung für eine Milliarde Einheiten. Giga-Geldgötter sind daher (über-)menschliche Wesen, die über eine Milliarde US-Dollar als persönliches Vermögen verfügen.

22 »Reichste Chinesen haben 288 000 000 000 Dollar«, in: Welt online, 5.11.2007, http://www.welt.de/wirtschaft/article1324201/Reichste_Chinesen_haben_288.000.000.000_Dollar.html, eingesehen am 28.8.2012.
23 http://www.merkur-online.de/nachrichten/wirtschaft-finanzen/reichste-chinese-zr-1394892.html, eingesehen am 28.8.2012.
24 Damit diese Aussage nicht zum Plagiat, sondern zum Zitat wird, sei auf Johnny Erlings geistige Urheberschaft hingewiesen: »Harry Potter – achter Band«, in: Berliner Morgenpost, 30.3.2006 (http://www.morgenpost.de/printarchiv/kultur/article267705/Harry-Potter-achter-Band.html, eingesehen am 28.8.2012).
25 Nach Informationen der Agence France Press vom Oktober 2007 gab es Ende 2006 etwa 345 000 Chinesen mit einem Vermögen von mehr als einer Million US-Dollar im Land, daher verwende ich die Bezeichnung Mega = eine Millionen. Die Zahl der Mega-Geldgötter steigt weiter stark an.
26 »Lebe hoch, meine Konkubine«, in: Neue Zürcher Zeitung am Sonntag vom 7.1.2007, http://www.nzz.ch/2007/01/07/vm/ articleER6G6.html, eingesehen am 28.8.2012.
27 Radio China international vom 27.4.2006.
28 Die entsprechenden Hinweise liefert: Delegation of German Industry and Commerce Beijing unter http://china.ahk.de, eingesehen am 28.8.2012.
29 Übersetzt und kommentiert in mehreren Buchausgaben von Harro von Senger, z.B. Strategeme, Bd. 1 und 2, München 2000.
30 Dies ist eines der geflügeltsten Worte chinesischen Denkens und bezieht sich ursprünglich auf das Lernen »guter und wahrer Dinge«. Ban Gu (32–92), der Verfasser eines Geschichtswerkes über die frühe Han-Dynastie, prägte diesen Begriff. Mao Zedong, Hua Guofeng und schließlich Deng Xiaoping wendeten ihn auf die Reform der sozialistischen Gesellschaft an.
31 http://www.welt.de/regionales/hamburg/article1455165/Terrakotta-Ausstellung-wird-dicht-gemacht.html, eingesehen am 28.8.2012.
32 Zitiert und übersetzt in: Täubner, Thomas: Chinas neuer Heiliger, Frankfurt a.M. 2004, S. 234.
33 Lu, Xun: Nalaizhuyi (Herhol-ismus), Essay vom 4.6.1934, in: Lu, Xun: Gesammelte Essays, Henan 1994, S. 714f.
34 http://www.numbeo.com/cost-of-living/compare_countries_result.jsp?-country1=Germany&country2=China, eingesehen am 28.8.2012.

Xiangxia – Reisen aufs Land (S. 132–151)

1 »China world's third most visited country«, AFP vom 26.1.2011.
2 »Tourism Trends to Countryside«, in: China pictorial (renmin huabao) online 10/2006 (www.rmhb.com.cn), eingesehen am 28.8.2012.
3 »Chinese Peasants Benefit from ›Golden Week‹ Holidays«, in: www.chinaview.cn vom 2.10.2006, eingesehen am 28.8.2012.

4 »Die Chinesen kommen«, in Frankfurter Allgemeine Sonntagszeitung vom 13.11.2005, S. 49 und www.bundestag.de vom 20.7.2006, eingesehen am 28.8.2012.
5 http://www.welt.de/reise/Fern/article13013343/China-loest-Deutschland-als-Reiseweltmeister-ab.html, eingesehen am 28.8.2012.
6 Zitiert und übersetzt nach Gao Jianqun: »Die Wohnhöhlen von Nord-Shaanxi«, in: Xu, Yong: Yaodong ji [Wohnhöhlen], Zhejiang 1993, Vorwort.
7 Mao bezog seine »Kompetenz« in den 1920er Jahren aus seinen revolutionären Aktivitäten in der Provinz Hunan.
8 Mao Zedong: »Report on an Investigation of the Peasant Movement in Hunan« (March 1927), unter: http://www.fordham.edu/halsall/mod/1927mao.html, eingesehen am 28.8.2012.
9 Farnsworth, Robert M.: From Vagabond to Journalist: Edgar Snow in Asia 1928–1941, Beijing 2003, S. 277.
10 Pearl S. Bucks Roman über das Leben des Bauern Wang Lung, einer Ikone des chinesischen Landes, gehört seit über 70 Jahren zu den lesenswertesten Geschichten über das ländliche China. Kaum ein westlicher Autor hat so intensiv wie Pearl Buck für die Menschen auf dem Land empfunden und seine Empfindungen in ähnlich gelungener Form Geschichte werden lassen.
11 Farnsworth: From Vagabond to Journalist, S. 290.
12 »Oh Papa, wie kannst du nur so dumm sein?«, in: brand eins, 11/2006.
13 http://factsanddetails.com/china.php?itemid=150&catid=11&subcatid=72, eingesehen am 28.8.2012.
14 »Die Mauer zwischen Stadt und Land«, in: Frankfurter Rundschau vom 9.10.2001.
15 Krieg, Renate u.a.: Provinzporträts der VR China – Geographie, Wirtschaft, Gesellschaft, 2. Aufl., Hamburg 1998, S. 473, 525 und 553.
16 »Chinas Bauern klagen an«, in: Handelsblatt vom 5.3.2006.
17 http://www.ftd.de/lifestyle/luxus/:private-vermoegenswerte-chinas-zahl-der-millionaere-erstmals-ueber-der-million/60059765.html, eingesehen am 28.8.2012.
18 »China's Urbanization Rate to Reach 60% in 20 Years«, in: People's Daily Online vom 17.5.2001, http://english.people.com.cn/200105/17/eng20010517_70205.html, eingesehen am 28.8.2012.

Yinshi zhi mei – Speis und Trank (S. 152–176)

1 *Ayi* bedeutet eigentlich »Tante«. In Shanghai ist *ayi* die übliche Bezeichnung für Haushaltshilfe. *Ayis* sind weit verbreitet in Shanghaier Haushalten. Die meisten *laowai* beschäftigen mindestens eine *ayi* für die unterschiedlichsten Aufgaben.
2 Lin, Yutang: Die Weisheit des lächelnden Lebens, Frankfurt a.M. 2004, S. 295.

3 http://www.e-to-china.com/2011/0721/95303.html, eingesehen am 28.8.2012.
4 »Gehen Sie niemals in ein Restaurant«, in: Spiegel Online, 15.12.2007, http://www.spiegel.de/wirtschaft/lebensmittel-horror-in-china-gehen-sie-niemals-in-ein-restaurant-a-522693.html, eingesehen am 28.8.2012.
5 Zhongguo shiliao daquan [Kompendium über chinesische Therapie des Essens], S. 8.
6 Reid, Daniel: A Handbook of Chinese Healing Herbs, Singapur 2001, S. 32.
7 Zhongguo shiliao daquan, S. 8.
8 Lin: Die Weisheit des lächelnden Lebens, S. 67.
9 Ebd., S. 62.
10 Ebd., S. 66.
11 Ebd.
12 Ebd., S. 68.
13 Ebd., S. 66.
14 Lu, Yu: Das klassische Buch vom Tee. Deutsche Übersetzung des chinesischen Tee-Klassikers von Wang Jian und Karl Schmeisser, Graz 2002.
15 Lin: Die Weisheit des lächelnden Lebens, S. 270.

Dadushi – Metropolen (S. 177–201)

1 Volkszeitung *(renmin ribao)* vom 6.12.2006.
2 http://www.ft.com/intl/cms/s/0/6bca8058-b2d4-11e0-bc28-00144feabdc0.html#axzz1yUOHKps6.
3 Hawks Pott, F.L.: A Short History of Shanghai, Shanghai, S. 2.
4 »Shanghai population may top 23 million«, China Daily vom 23.3.2011.
5 Zitiert nach: »Der Drache mit dem Januskopf«, in: NZZ Folio 11/94.
6 http://www.china.diplo.de/Vertretung/china/de/092-shan/region/yangtze_20delta.html, eingesehen am 28.8.2012.
7 www.schanghai.com.
8 Zitiert nach: »Heimkehr, noch nicht«, in: Postillion – Das Infoblatt des Deutschen Clubs Shanghai, April 2007, S. 14.
9 Tess Johnston am 27.1.2008 während eines Vortrags im Glamour Café am Bund.
10 Zitiert nach: »Cool enough for Beijing?«, in: China Daily vom 2.3.2004 (www.chinadaily.com.cn).
11 Gray, John Henry: China. A History of the Laws, Manners and Customs of the People, Bd. 1, Mineola 2002, S. 5 (unveränderter Nachdruck der Ausgabe von 1878).
12 Ebd., S. 7.
13 Lin, Yutang: My Country and My People, Beijing 2000, S. 306.
14 http://www.china-botschaft.de.
15 Zitiert nach: »Die sanften Rebellen«, in: Frankfurter Rundschau vom 11.5.2002.

Liebe Leserin, lieber Leser,

wir danken Ihnen für Ihr Interesse an unseren Büchern. Wenn Sie diese Karte ausgefüllt zurücksenden, erhalten Sie kostenlos unser aktuelles Gesamtverzeichnis mit allen Neuerscheinungen. Unter den Einsendungen verlosen wir zudem regelmäßig Bücher unseres Verlages. Gern informieren wir Sie auch per E-Mail, oder besuchen Sie uns unter **www.christoph-links-verlag.de** im Internet.

Ich interessiere mich für

- ❑ Politik und Zeitgeschichte
- ❑ Historische Reiseführer
- ❑ Geschichte in Bild und Text
- ❑ Länderporträts
- ❑ Lebenswelten/Lebenshilfe
- ❑ Literarische Publizistik
- ❑ DDR-Forschung und -Militärgeschichte
- ❑ Kolonialgeschichte

Aufmerksam wurde ich auf das Buch

- ❑ in einer Buchhandlung
- ❑ durch eine Besprechung in den Medien
- ❑ durch eine Veranstaltung des Verlages
- ❑ durch die Verlags-Homepage
- ❑ durch das Internet (google-Buchsuche/libreka!)
- ❑ durch eine Anzeige in einer Zeitung/Zeitschrift
- ❑ durch ein Werbemittel des Verlages
- ❑ durch eine persönliche Empfehlung

Ich habe dieses Buch gekauft

- ❑ Buchhandlung
- ❑ Onlinehandel
- ❑ ________________
- ❑ Verlag
- ❑ Versandbuchhandel
- ❑ geschenkt bekommen

Diese Karte fand ich im Buch: ________________

Kommentare, Hinweise, Kritik: ________________

____

Ch.Links

Literaturverzeichnis

Kursiv gedruckt sind persönliche Literaturtipps des Autors zu den acht Kapitelthemen.

Acuna, Christina: Bildung und Berufsbildung in der Volksrepublik China: Strukturen, Probleme und Perspektiven, Hamburg 2011.

Alekseev, Vasilij Michailovic: China im Jahre 1907 – Ein Reisetagebuch, Leipzig 1989.

Anderson, Eugene N.: The Food of China, New Haven 1988.

Brady, Anne-Marie: Friend of China – The Myth of Rewi Alley, London 2003.

Buck, Pearl S.: Die gute Erde, München 2007.

Chang, Jung/Halliday, Jon: Mao. Das Leben eines Mannes – Das Schicksal eines Volkes, München 2007.

Chen, Guidi/Wu, Chuntao: Zur Lage der chinesischen Bauern, 2. Aufl., Frankfurt a. M. 2007.

Die drei Reiche. Roman aus dem alten China, Frankfurt a. M. 1981.

Ess, Hans van: Der Konfuzianismus, München 2003.

Fairbank, John King: China. A New History, Cambridge/London 1992.

Farnsworth, Robert M.: From Vagabond to Journalist: Edgar Snow in Asia 1928–1941, Beijing 2003.

Gernet, Jacques: Die chinesische Welt, Frankfurt a. M. 1988.

Gray, John Henry: China. A History of the Laws, Manners and Customs of the People, Bd. 1, Mineola 2002 (unveränderter Nachdruck der Ausgabe von 1878).

Hawks Pott, F. L.: A Short History of Shanghai, Shanghai 1928.

Heilmann, Sebastian: Das politische System der Volksrepublik China. 2. Aufl., Wiesbaden 2004.

Hernig, Marcus: Eine Himmelsreise. China in sechs Gängen. Berlin 2012.

Jansen, Gregor (Hg.): Totalstadt / Beijing Case. High Speed Urbanisierung in China, Köln 2006.

Jullien, François: Über die Zeit. Elemente einer Philosophie des Lebens, Zürich/Berlin 2004.

Jullien, François: Der Umweg über China, Berlin 2002. Konfuzius – Kungfutse: Gespräche – Lunyü, Wiesbaden 2005.

Krieg, Renate, u. a.: Provinzporträts der VR China – Geographie, Wirtschaft, Gesellschaft, 2. Aufl., Hamburg 1998.

Kuan, Yu-Chien / Häring-Kuan, Petra. Der China-Knigge: Eine Gebrauchsanweisung für das Reich der Mitte. 9. Aufl., Frankfurt a. M. 2012.

Kynge, James: China. Der Aufstieg einer hungrigen Nation, Hamburg 2006.

Lin, Yutang: Die Weisheit des lächelnden Lebens, Frankfurt a. M. 2004.

Lin, Yutang: Lin Yutang sanwen [Die Essays des Lin Yutang], Hangzhou 2002.

Lin, Yutang: My Country and My People, Beijing 2000.

Lu, Xun: Gesammelte Essays, Henan 1994.
Lu, Xun: Zawen Quanji [Sammlung der Essays], Henan 1994.
Lu, Yu: Das klassische Buch vom Tee. Deutsche Übersetzung des chinesischen Tee-Klassikers von Wang Jian und Karl Schmeisser, Graz 2002.
Maslow, Abraham H.: Motivation und Persönlichkeit, Reinbek 2002.
Messmer, Matthias: China – Schauplätze west-östlicher Begegnungen, Wien 2007.
Messmer, Susanne: Chinageschichten, Berlin 2009.
Mönnighoff, Dominik. Chinas Bauern im Schatten des Aufstiegs: Chancen und Probleme für die ländliche Bevölkerung in China, München/Ravensburg 2010.
Nathan, Andrew J./Link, Perry: Die Tiananmen-Akte. Die Geheimdokumente der chinesischen Führung zum Massaker am Platz des Himmlischen Friedens, München/Berlin 2001.
Needham, Joseph: Wissenschaft und Zivilisation in China, Frankfurt a.M. 1988.
Quan, Yanchi: Mao Zedong. Man, Not God, 5. Aufl., Beijing 2006.
Reid, Daniel: A Handbook of Chinese Healing Herbs, Singapur 2001.
Schmidt-Glintzer, Helwig: Kleine Geschichte Chinas. Frankfurt a.M. 2010.
Schwartz, Daniel: The Great Wall of China, London 2001.
Senger, Harro von: Strategeme, Band 1 und 2, 2. Aufl., München 2000.
Shi, Qi/Xia, Xiang: Zhongguo shiliao daquan [Kompendium über chinesische Therapie des Essens], Shanghai 1995.
Siao, Eva: China – Mein Traum, mein Leben, Düsseldorf 2003.
Simoons, Frederick: Food in China. A Cultural and Historical Inquiery, Boca Raton 1990.
Smith, Arthur H.: Zhongguo xiangcun shenghuo [Landleben in China], Beijing 1998.
Täubner, Thomas: Chinas neuer Heiliger, Frankfurt a.M. 2004.
Thamm, Ludwig/Thamm, Hedi: Glück, Geld und langes Leben – Tradition und Volksreligion im heutigen China, Regensburg 1995.
Vermeer, Manuel: China.de. Erfolgreich verhandeln mit chinesischen Geschäftspartnern, Wiesbaden 2002.
Wei, Yuqing: Das Lehrer-Schüler-Verhältnis bei Rousseau und Konfuzius. Eine vergleichende Untersuchung zu zwei klassischen Erziehungsparadigmen, Münster 1993.
Wen, Xin/Xue, Maixi: Shanxi minsu [Brauchtum der Provinz Shanxi], Taiyuan 1991.
Wilhelm, Richard: Die Seele Chinas, Berlin 1926.
Xu, Yong: Yaodong ji [Wohnhöhlen], Zhejiang 1993.

Wichtige Medien

Asia Source – Asiatische Gesellschaften (www.asiasource.org)
China Daily (www.chinadaily.net)
China Fokus (www.chinafokus.de)
China Heute (www.chinatoday.com.cn/chinaheute)
China Infos (www.china9.de)
China Pictorial (www.rmhb.com.cn)
Chinaseite. Leben und Arbeiten in China (www.chinaseite.de)
Chinesische Botschaft (www.china-botschaft.de)
Da Shans Seiten (www.dashan.com)
Deutsche Schule Shanghai (www.ds-shanghai.de)
East China Morning Post (dongfang zaobao)
Expat in Shanghai – deutsch (www.schanghai.com)
Expat in Shanghai – englisch (www.shanghaiexpat.com)
Index mundi – Die Staaten der Welt (www.indexmundi.com/china)
Neues China (Xinhua) Agentur (www.chinaview.cn)
People's Daily Online (english.people.com.cn)
People's Daily Online Bildungskanal (edu.people.com.cn)
Radio China international (german.cri.cn)
Shanghai offiziell (www.shanghai.gov.cn)
The World's Best Skylines (http://homepages.ipact.nl/~egram/skylines.html)

Bildnachweis

Marcus Hernig: vordere Umschlagklappe,
Umschlag hinten (Konfuzius-Statue)
imago/blickwinkel: Umschlag vorn (Skyline Shanghai)
Christopher Volle: Karte S. 10/11
Ye Fang: hintere Umschlagklappe

Chinesisch-deutsches Glossar

ayi	阿姨	Tante, Bezeichnung für Haushälterin (Shanghai)
bagua	八卦	die acht Trigramme
baijiu	白酒	Schnaps
bainian	拜年	Gute Wünsche und Besuche zum Neujahrsfest
baixing	百姓	Inländer, Einheimische
baozi	包子	Dampfknödel
biaoyan	表演	schauspielern
bisai	比赛	Wettbewerb
caishen	财神	Geldgott
cha	茶	Tee
chajing	茶经	der Klassiker des Tees
chufang	厨房	Küche
daban	大班	Klasse der Großen
dan	旦	Oberbegriff für Frauenrollen in der Peking-Oper
datong	大同	große Gleichheit
datong xiaoyi	大同小异	große Gemeinsamkeiten, kleine Unterschiede
Deguo	德国	Deutschland
dianxin	点心	Dessert, Süßigkeiten
didi	弟弟	jüngerer Bruder
duanwu	端午	Drachenbootfest
fada	发达	entwickelt, fortschrittlich
fazhan	发展	Entwicklung
fengshui	风水	Fengshui, Geomantik
fu	福	Glück
gan bei	干杯	Prosit!
gao	高	hoch
gao	糕	Reiskuchen
gaokao	高考	Hochschulaufnahmeprüfung
gaoliang	高粱	Sorghum-Hirse
gaoshanzu	高山族	Urtaiwanesen
gege	哥哥	älterer Bruder
gemenr	哥们儿	enger Freund, Kumpel
gongbao jiding	公爆鸡丁	Huhn nach Kungpao-Art
gongfu cha	功夫茶	chinesische Teekunst
guo	国	Land, Reich
guanxi	关系	Beziehungen
hanmen	寒门	arme Häuser
Hanyu Da Zidian	汉语大字典	Großes Lexikon der Schriftzeichen
hao	好	gut
he	喝	trinken

hexie	和谐	Harmonie
Hu	沪	Bambusreuse, Bezeichnung für Shanghai
huadan	花旦	spezielle Frauenrolle (dan) in der Peking-Oper, meist junge Mädchen in bunter Kleidung
huang	黄	gelb
Huang Di	黄帝	Gelber Kaiser
Huang He	黄河	Gelber Fluss
huangji	黄籍	gelbe Listen
huangjin	黄巾	Gelbe Turbane
huangse	黄色	gelbe Farbe
huangtu gaoyuan	黄土高原	Land der gelben Erde
hutong	胡同	Gasse im alten Peking
jiao	轿	Sänfte
jiaoyu	教育	Bildung
jiaoche	轿车	PKW
jiaozi	饺子	chinesische Maultaschen
jiejie	姐姐	ältere Schwester
jinshi	进士	dritter Grad der kaiserlichen Beamtenprüfung, klassische »Doktorprüfung«
juren	举人	zweiter Grad der kaiserlichen Beamtenprüfung
kang	炕	traditionelle, aus Ziegeln gemauerte, beheizbare Bettstelle in Nordchina
lao	老	alt
lao kele	老克勒	wohlhabende westlich Gebildete im alten Shanghai
laowai	老外	Ausländer
laowai laolao	老外姥姥	*laowai*-Oma
li	礼	Ritus, Sitte
lishi	历史	Geschichte
liu shu	六书	sechs Bildungen der Schriftzeichen
lu	录	ein Amt innehaben
lu	鲁	Provinz Shandong
mafan	麻烦	Ärger, Umstand, Schwierigkeiten
maodun	矛盾	Gegensatz
maolun	猫论	Katzentheorie Deng Xiaopings
mapo doufu	麻婆豆腐	Tante Ma-Tofu
mei you banfa	没有办法	keine andere Wahl haben
meimei	妹妹	jüngere Schwester
meiyuan	梅园	Pflaumengarten
meiyuan	美元	US-Dollar
mingjia	名家	namhafte Familien
minzu	民族	Nation
muqin he	母亲河	Mutterfluss

ni hao	你好	Guten Tag
niangao	年糕	Reiskuchen zum Neujahrsfest
pengyou	朋友	Freund, Bekannter
pinpai	品牌	Marke
pinyin	拼音	lateinisches Umschriftsystem für Chinesisch (VR China)
qi	气	Körperenergie
qingming	清明	Totenfest
ren	仁	Menschlichkeit
renqing	人情	menschliche Gefühle
ruozhi ertong	弱智儿童	schwachsinniges Kind
sanminzhuyi	三民主义	Drei Volksprinzipien
sanxian hundun	三鲜混沌	Drei-Sorten-Teigtaschen
sao mu	扫墓	das Grab säubern
shehuo	社火	»Feuerfest«-Folkloreumzug
shi	时	Moment
shou	寿	langes Leben
shu	恕	vergeben
shu	树	Baum
shu	输	verlieren
shuangxi	双喜	Doppel-Glück
shuanyangrou	涮羊肉	Schwenkfleisch nach Pekinger Art
siban	死板	starrsinnig
siheyuan	四合院	traditionelle Pekinger Wohnhöfe
songzi	松子	Klebreispäckchen zum Drachenbootfest
taiji	太极	das Große und Ganze
Taiwan wenti	台湾问题	Taiwan-Problem
teshu ertong	特殊儿童	spezielle Kinder
waiguo yuangong	外国员工	ausländischer Arbeitnehmer
weishu	伪书	Scheinbuch, Raubdruck
wu wei	五味	fünf Geschmacksrichtungen
wulun	五论	Lehre der fünf Beziehungen
xia hai	下海	sich eine Existenz aufbauen
xiangsheng	响声	chinesisches Rededuett
xiao	孝	Pietät
xiao	小	klein
xiao kai	小开	die, die in die Welt geschickt wurden
xiaokang	小康	kleiner Wohlstand
xiaolong	小笼	Shanghaier Teigklößchen-Spezialität
xiexie	谢谢	danke
xin jiang	新疆	neues Territorium
xingsheng	形声	Bild und Laut
xingshi	形式	Form
xionghuangjiu	雄黄酒	chinesischer Heilalkoholtrunk
xiucai	秀才	erster Grad der kaiserlichen Beamtenprüfung

yang	阳	die positive, männliche Seite
yangge	秧歌	Fächertanz
yangguizi	洋鬼子	ausländische Teufel
yaodong	窑洞	Höhlenwohnungen der Lößland-Region
yi	义	Recht(schaffenheit)
yin	阴	die negative, weibliche Seite
yinshi	饮食	Essen und Trinken
youxiu	优秀	ausgezeichnet
yuanxiao	元宵	Klebreis-Klößchen
yuxiang qiezi	鱼香茄子	pikant scharfe Auberginen
yuxiang rousi	鱼香肉丝	pikant scharfe Schweinefleischstreifen
zaocha	早茶	kantonesisches Frühstück
zaoshu	枣树	Jujube-Dattelbaum
zhaogu	照顾	für jemanden sorgen
zhengzhi	政治	Politik
zhi	智	Wissen
zhongguo	中国	Land der Mitte, Reich der Mitte
zhongyang	中央	die Mitte, das Zentrum
zhongyong	中庸	Maß und Mitte
zhuanjia	专家	Experte